高职院校教师绩效评价研究

邢广陆／著

中国海洋大学出版社
·青岛·

高职教师绩效评价的价值属性应该包括：教师绩效评价的作用应该充分体现学校的目的性，发挥评价的导向作用；评价内容应该符合评价目的的功能需要，评价标准应该符合学校的价值导向和价值标准，评价信息资料应该全面、可靠；评价方法应该符合事实、逻辑、规范、目的性；评价主体应该是利益相关方的多元参与，评价者应该具有价值判断和自我反思的能力。

——邢广陆

序言

该书的作者在一所高职院校任副院长，从事管理工作，事务繁忙，但她乐于思考，善于研究。更可贵的是，能把管理实践与学术思考融于一体，深入研究所做的管理工作，并将之作为博士学位论文的选题，知行合一，相得益彰，在实践与学术上均有收获，既促进了工作，又提升了研究能力，发表了诸多成果，博士论文答辩时得到大家的充分肯定。我有缘和有幸担任她在北京师范大学攻读博士学位的导师，见证了她从论文选题到论文写作的整个过程，深深感受到她作为一名教育管理者对教育的热爱、对师生的关爱和对求知的挚爱。她的认真努力和严谨求实给我留下了非常深刻的印象。

本书以高职教师绩效评价为研究内容，极具现实意义。评价是一种价值判断的活动，是对客体满足主体需要程度的判断。绩效评价是管理的重要工具，也是实践中比较困难的一项工作。合理的教师绩效评价能够激励教职员工的积极性，而不合理的教师绩效评价不仅不能发挥应有的激励作用，反而会挫伤教职员工的工作热情，甚至于导向上出现问题。作者能够借助评价理论从评价活动具备的认知性、合理性、功能性三大价值特征出发，关注评价手段和程序的工具理性和表现为信念、理想的价值理性，探索如何实现评价以导向功能为核心功能的功能性价值，反映评价主体的评价目标。在高职教师绩效评价合理性的分析和方案设计的过程中充分体现高职教育及高职教师工作的特点，充满人本和民主思想，将组织协同战略应用于教师绩效评价工作，以期实现教师的专业化发展和学校办学质量提高的双赢局面。

作者做了大量实地调研。对某高职院校的普通任课教师、院系和职能部门负责人等45位进行了访谈，形成了近30万字的访谈记录；对404位专任教师进行了问卷调查，回收有效问卷393份。问卷的编制历时1年半时间。访谈和问卷的过程非常辛苦。较高水平的信效度量表实现了对教师绩效评价合理性（评价内容合理性、评价方法合理性、评价主体合理性）以及影响因素组织承诺和民主参与的可测量，为研究提供了扎实的数据资料。

作者通过质性和量化相结合的顺序性探究的混合式研究方法，在扎根理论研究范式下借助 MAXQDA12 软件对访谈资料进行了编码分析，建构了“评价合理性”的概念，形成了以教师绩效评价内容、评价方法、评价主体以及民主参与、组织承诺为核心概念的研究内容框架。综合定性研究和 SEM 分析结果，深入剖析高职教师绩效评价现状、影响因素，对研究假设进行了验证并提出改进高职教师绩效评价方案的对策与建议。研究发现不同的高职教师对教师绩效评价合理性的认知存在差异；高职教师绩效评价内容合理性、评价方法合理性、评价主体合理性之间正相关；教师民主参与程度对教师绩效评价合理性存在正向影响；高职教师绩效评价合理性对教师组织承诺存在正向影响。

大量的问卷数据和访谈资料、规范的研究方法、具有创新价值的研究发现和作者对教师绩效评价工作的系统思考，对研究者和管理者都有较高的参考价值。作者将论文付梓成书，能够让更多的人分享她的研究成果，也是她教育情怀的体现。祝福作者永葆对教育事业的热爱，心系师生，运用所学更好地服务师生，实现自己的教育理想。

褚宏启

2018.11

前言

伴随我国高等职业教育改革的深入，高职教师绩效评价机制和体系的确立对高职教师专业发展与高职人才培养质量影响深远。本研究基于评价理论、激励理论和民主参与理论，采用质性和量化的混合研究的顺序性探究策略，旨在明确目前高职教师绩效评价存在的问题，解释影响评价的因素和提出评价改进策略。

研究发现目前高职教师绩效评价总体上没有有效体现学校发展战略，对教师专业发展和工作绩效达成的支持力度不够；没有明确师德、教师岗位职责和专业素质标准，对教师规范导向作用不够，进而导致教师的组织承诺水平偏低。在操作层面上目前教师绩效评价存在的主要问题包括：缺少顶层设计评价指标体系，评价内容面面俱到、导向不明，忽视岗位核心职责和教师的胜任力，评价标准缺少民意基础，评价方法没有区分教师专业发展阶段和能力差异，绩效评价反馈不及时，奖惩性评价没有建立在工作机会均等基础上，发展性评价不足，评价的信息化平台没有有效整合，教师、同行、上级、用人单位等评价作用低效，缺少对包括学生评价主体在内的评价主体胜任力培训。

研究发现，性别、教龄、年龄、职称、学历、任课类型、科研能力、年度考核结果和评教结果等不同的教师对教师绩效评价合理性的认知存在个体差异；评价内容合理性、评价方法合理性、评价主体合理性之间存在正相关关系；评价合理性对教师组织承诺存在正向影响；教师民主参与（参与权、知情权和申诉权）水平对评价合理性存在正向影响。

基于实证研究结论，提出的改进措施包括：评价内容方面强调对学生学习效果、应用技术和教研类高职特色科研和企业研修方面指标的设置和评价标准的科学确定；评价方法方面实施部门与教师绩效相关联的评价和基于教师类型和职称阶段的分类评价，平衡奖惩性和发展性评价指标体系，建立及时有效反馈评价信息的教师专业素质发展的导师支持计划，有效使用评价信息化系统，提升评价效率；评价主体方面，构建用人单位、教师本人、上级和同行以及学生协同的多元评价主体，评价主体与评价内容相适应，关注主体的参与形式和胜任力培育，提升教师民主参与程度。通过强化教师自评、他评等评价主体身份的认知，提高教师民主参与意识；通过学校价值观、评价标准等相关培训，提升评价主体的民主参与能力；通过增加民主参与渠道，保证教师民主参与权；通过完善评价听证、反馈、公示、申诉等民主参与的制度建设，保证教师的民主参与知情权和申诉权。重视高职教师绩效的元评价制度建设，关注民主参与的实效，实现高职教师绩效评价的持续改进。

教师民主参与程度的提高，可以保证教师绩效评价更加合理，提高教师的组织承诺水平；评价内容更有针对性和导向性，更能体现学校发展战略目标，提高教师对学校价值目标和政策的认同，加强对教师的道德规范、专业规范和岗位规范；评价方法更加民主科学，体现学校与教师战略协同，提高教师对学校的依赖性；评价主体关注利益相关者的共同参与，突出教师的主体身份，提高教师对学校的归属感。

作为一名教育管理工作者和一名教育理论学习者，本人通过质性和量化的混合式研究方法，对教育管理实践过程中教师绩效评价这一难点工作进行抽丝剥茧地研究探讨，希望扎根于教师之中聆听体会教师的心声，在绩效评价理论指导下，找寻到能够激励教师工作热情、提高教师专业素养、助推教师专业化成长，并最终提高人才培养质量，实现教师和学校组织共赢局面的教师绩效评价方案。

目录

第一章 / 绪论

第二章 / 研究工具开发与实施

第三章 / 教师绩效评价现状与问题

第四章 / 教师绩效评价影响因素研究

第五章 / 教师绩效评价改进措施

第六章 / 研究结论与展望

第一章

绪 论

第一节　问题的提出及研究意义

一、研究背景与缘起

在全球化背景下，我国高等教育进入了历史上发展最快、规模最大的时期。2017 年 7 月，教育部公布的《2016 年全国教育事业发展统计公报》显示，2016 年全国各类高等教育在学生总规模达到 3699 万人，高职（专科）院校 1359 所，比 2015 年增加 18 所，高职教育地位逐年提高。自 1999 年高校扩招以来，国家对高职教育的投入逐年增加。据《中国统计年鉴（2016 年）》统计，截至 2015 年，我国高职（专科）院校教职工近 64 万人，其中专任教师 45 万余人。《国家中长期教育改革和发展规划纲要（2010—2020 年）》提出要大力发展职业教育，加强高职教育质量保障体系建设。2014 年，教育部职成司对部分职业院校教学负责人问卷调查结果显示，从学校管理者角度来看，影响教学质量的主要因素是师资水平。有研究者通过对 2011 年事业发展数据中湖南省 34 所高职院校上报的数据分析认为，高职院校所拥有的教师数量与质量对院校整体绩效产出水平影响最大、贡献度最高，进行高职教师绩效评价可以为提升教师的绩效水平指明路径（李科，2013）。

德鲁克（1954）认为："没有评价就没有管理，没有科学的评价就没有科学的管理。"教师绩效评价是学校人力资源管理的关键环节，有效的绩效评价能够激励和引导教师的专业化成长，提高教师职业能力，进而提升师资水平和学校办学效益，因而对高职教师绩效评价进行研究具有重要的理论和实践意义。

（一）高职教师的专业化水平与提高人才培养质量的现实需求存在差距

2015 年 6 月，全国人大常委会委员长张德江在检查《中华人民共和国职业教育法》实施情况的报告中指出，"教师队伍建设仍是当前发展职业教育中的薄弱环节"，"专业技术课教师紧缺，'双师'型教师尤为不足，仅占职业教育教师总数的 25.2%"。该问题固然受招聘政策等外部条件影响，但学校教师绩效评价相关政策对在校专任教师发展双师素质的重要性导向不够、促进不够，更是重要的原因。

《教育部关于深化职业教育教学改革全面提高人才培养质量的若干意见》（以下简称《意见》）强调："以立德树人为根本，以服务发展为宗旨，以促进就业为导向，坚持走内涵式发展道路，适应经济发展新常态和技术技能人才成长成才需要，完善产教融合、协同育人机制，创新人才培养模式，构建教学标准体系，健全教学质量管理和保障制度，以增强学生就业创业能力为核心，加强思想道德、人文素养教育和技术技能培养，全面提高人才培养质量。”同时，《意见》提出建立职业教育质量保障机制的四项具体措施，其中第一项措施便是“加强教师培养培训”，对与教师专业化水平息息相关的教师专业技能、实践教学能力、信息技术应用和教学研究能力，从制度上提出明确要求，为教师绩效评价提供了依据和目标方向。

“立德树人”必然离不开德技双馨的教师。高职教师不仅要创造高效课堂，而且还要创新开发优质课程；不仅谙熟理论知识，而且还会技术技能的实践操作；不仅熟悉教学流程，而且熟悉职业岗位流程；不仅能与学生交流沟通，而且擅长与企业和社会人员交流合作。师资建设任重道远，每一所高职院校都应该将其上升到学校战略高度去认识和发展。目前，如何通过实施有效的高职教师绩效评价来全面提升高职教师职业能力，提高教育质量和办学水平，对高职院校而言至关重要。

研究者作为学校的一名管理人员，在多年的工作中深刻体会到高职教师绩效管理水平严重滞后于高职教育发展的需要，教师对目前的绩效评价满意度和关注度整体偏低，存在制约评价作用发挥的若干问题。

（二）高职教师绩效评价实践现状与国家政策要求存在差距

《国家中长期教育改革和发展规划纲要（2010—2020）》明确要求在未来10年中实现我国高等教育质量的全面提高。提出“改进管理模式，引入竞争机制，实行绩效评估，进行动态管理”的绩效评价任务。国务院《关于加快发展现代职业技术教育的决定》和教育部《现代职业教育体系建设规划（2014—2020）》要求高职院校教师发展要建立符合职业院校特点的教师绩效评价标准。

国家一系列政策确立了高职教师绩效评价的法律地位，对教师绩效评价工作提出了明确要求。但是高职教师绩效评价的理论研究和实践水平，与国家政策要求存在较大差距，绩效评价应有的作用远远没有发挥到位。在实践操作层面，各高职院校教师绩效评价欠缺科学的体系、规范的标准、完善的流程和有效的保障机制，评价项目分散、无序，评价方案没有融入学校的价值理念，没有充分体现学校的战略发展目标和任务，没有站在战略高度顶层设计、系统规划。

（三）高职教师绩效评价的理论研究对实践的指导作用不够

高职教师绩效评价理论研究与评价实践脱节，尤其对高职教师绩效内涵研究不足，高职特色不鲜明。一些直接且深度影响高职教师绩效评价理念和方案制订的基本理论问题，比如高职教育本身的特殊性、高职院校的功能定位、高职人才培养的目标定位、高职教师绩效内涵界定等，没有被系统地研究和运用到高职教师绩效评价中。

教师绩效评价的过程就是引导教师实现绩效目标的过程，通过引导和调整教师的个体行为，实现整个学校的组织战略目标。高职教师的劳动集教育性与职业性于一体，兼顾理论知识和实践技能，其工作绩效主要包括教学、科研、社会服务等三方面的内容。高职教师绩效评价的内容、方式、主体具有一定的特殊性、复杂性。好的教师绩效评价方案，既能起到激励教师良好的态度、能力、行为发展和表现的作用，又能起到惩罚教师劣质的态度、能力和行为表现的作用，还能够提升教师的事业心、责任感和组织归属感，是促进教师职业发展的重要手段。因此，本研究拟从高职教师绩效评价现存问题、影响因素和解决措施等方面进行系统研究，期待解决目前高职教师绩效评价工作中存在的问题。

二、选题的意义

建立科学完善的教师绩效评价体系是打造高质量教师队伍的重要措施。本研究缘起于在产业经济迅猛发展的背景下，随着社会对高素质技术技能型人才的需求不断增长，大力发展高职教育已经上升为国家战略，高职教育的育人质量受到高度重视，高职教师的专业化水平和师资队伍建设被高度关注。高职院校应如何科学地评价高职教师的绩效水平，目前还存在哪些影响高职教师绩效评价的因素，如何有效改进高职教师绩效评价等一系列问题直接影响教师绩效评价对提高高职教师专业化水平和促进高职师资队伍建设的作用效果，这些问题亟须进行深入系统的研究。

（一）实践意义

高职院校承担着培养服务于地方经济发展的高素质技术技能型人才的使命，多数院校面临着师资缺乏问题，尤其是理论与实践兼备的“双师”素质型教师不足。教师在专业知识和技能、信息化教学手段、教研和科研以及服务社会能力方面都需要适应经济和技术发展要求，以保证人才培养质量，不负育人使命。

无论从组织还是个人的视角分析，教师的绩效评价工作都非常有意义，这一点在预访谈中大家是共同认可的。从组织角度来讲，将组织发展目标与个人发展目标有效结合，将个人的思想和行动导向实现组织的价值目标和成果。学校的价值理念、发展战略目标和愿景要融入对教师的绩效评价过程。学校借助评价了解每一位教师的工作情况，从而发现整体问题，全面地反映各个工作岗位的工作内容和效果，力争人尽其用。从个人角度来看，通过职称评聘、评先推优、年度考核评价等教师绩效评价项目，教师首先对自己的工作进行盘点，自我反思教学工作、科研工作、管理和社会服务工作之间的内在关联，调整自我以实现自我完善，这是从一个教师自我反省、自我发展层面的思考，对自己一年的工作内在结构方面的反思。同时，通过在考核评价中的对比，发现自己与他人的差异，可以更了解与其他教师之间的关系，以利于加强同事间的合作。

目前高职教师绩效评价应有作用的发挥明显不足。本研究基于高职教师绩效评价现状，深度挖掘目前学校教师绩效评价存在的问题，探究影响教师绩效评价的因素，提出改进绩效评价的策略，以期改善教师绩效评价现状，提升教师的专业素质尤其是“双师”素质，激发教师对应用技术类的科研以及社会服务的热情，提高育人质量，为解决高职教师绩效评价存在的现实矛盾和评价困境，进行有意义的探索与实践。

（二）理论意义

较之高职教育的快速发展，目前有关高职教育管理的相关研究明显滞后，尤其是高职教师绩效评价的研究更是近几年才刚刚开始，现有诸多高职教师的绩效评价理论和研究分析框架还只是停留在学术探讨或者宏观管理层面，对制约高职教师绩效评价作用的关键问题、难点问题缺少深入系统的研究。

高职院校作为非营利性组织，既具有类似政府部门的管理特征，也具有专业性机构的技术特征；高职教育既具有高等教育的特点，又具有职业教育的特点。目前的高职教师绩效评价研究大多是关于教师绩效评价基本理论和管理视角的研究，研究成果很难对高职教师实践提供支持。特别是随着我国高职院校的不断扩容和教师队伍的壮大，作为高校微观层面的高职教师绩效评价迫切需要得到理论指导，但目前高职教师绩效评价的理论研究明显滞后，有关高职教师绩效评价的理论多是套用企业的或研究类普通高校的绩效评价理论，甚至借用基础教育的绩效评价理论，没有体现高等职业院校教师特点的绩效评价理论明显不能满足对实践指导的需要。

高职教师绩效评价的研究是一个复杂的、涉及面广的跨学科研究领域，研究内容涵盖高等教育管理中的诸多方面，需要更多研究者的关注。本研究立足于对一所高职院校教师绩效评价现状的深度分析，明确界定相关概念、构建评价模型和提出绩效改进对策，力求能够体现高等职业院校特点，进一步丰富高等教育的绩效评价理论。

第二节　核心概念界定

一、绩效评价

“绩效”是源自人力资源管理中的概念。《现代汉语词典》对它的解释是“成绩、成效”；“绩效”的原词是“Performance”，从《牛津现代高级英汉词典》以及《美国传统词典（双解）》等工具书中，可以看到对“Performance”的解释主要集中在五个方面：①已完成的事，成就或成绩；②完成的能力水平，指效率；③某人或某事起作用的方式；④实行某事的行为或过程要求、允诺或请求的满足和履行；⑤在戏剧中扮演角色的表演公开的演出或展出（原义）。

“绩效是多维建构，测量的因素不同，其结果也会不同。”（Bates，Holton，1995）一般可以从组织、团体、个体三个层面上给绩效下定义，层面不同，绩效所包含的内容、影响因素及其测量方法也不同（Armstrong，1998）。

在管理学中，对绩效的界定主要有结果观、行为观和潜力观三种观点（胡伶，2010）：一是结果观，将“绩效”看作“工作结果”或“产出”，其代表性解释有“绩效应该定义为工作的结果，因为这些工作结果与组织的战略目标、顾客满意度及所投资金的关系最为密切”（Bernadine，1995）。二是行为观，认为绩效就是行为，“绩效是行为的同义词，它是人们实际的行为表现，并是能够观察到的。绩效不是行为后果或结果，而是行为本身。绩效由个体控制下的与目标相关的行为组成，不论这些行为是认知的、生理的、心智活动的或人际的”（Campbelletal，1993）。在行为观视角下，有学者提出了绩效的二维模型，认为行为绩效包括任务绩效和关系绩效两方面，其中，任务绩效指所规定的行为或与特定的工作熟练有关的行为，关系绩效指自发的行为或与非特定的工作熟练有关的行为（Bormannetal，1993）。三是潜力观，认为应该将员工个人潜力、素质等也纳入绩效考核的范畴，用发展的眼光看待员工的绩效，不仅仅关注员工已经做了什么，还看员工未来能做什么（肖鸣政，2007）。除以上三种观点外，有学者认为绩效是执行者表现出来的并实施的行为和结果，行为既是实现结果的工具，也是脑力劳动和体力劳动的结果，并能与结果分开进行判断（Brumbrach，1988）。

本文认同绩效指行为和结果观点。绩效（Performance）是个体或组织在一定期间所付出的行动及取得的成绩，具体包括完成工作的数量、质量、取得的经济效益和产生的社会效益等方面。

“评价”一词作为哲学范畴中的概念，一般解释为人们对事物价值关系的认识。约翰·杜威认为，“评价不是陈述，而是分析、权衡、预测和判断，是一种认识性活动，是关于价值的最后的决定性的判断”，“价值判断与其他判断的真正重要的区别在于：被称之为价值判断的这种特别题材在指导生活行为方面比其他判断更为重要。因为与价值判断的题材对人生影响的深度和广度相比，其他判断的题材是相对狭窄和更技术化的”（杜威，2007 6）。评价是依据一定的价值标准，对人或事物的价值做出判断，通过系统地收集资料，对评价所需要的质量、水平、效益及其社会意义进行价值判断的过程（陶西平，1998）。

综合上述分析，本研究对评价及绩效评价的概念做如下界定：

评价（Evaluation）是一种认识性活动，是关于价值的分析、权衡、预测和判断。评价的过程是评价主体接受组织者委托，按照确定的评价标准、评价程序和具体评价方法，运用评价工具，通过佐证资料，对确定阶段的评价内容的价值做出判断，并形成最终结论的过程。

绩效评价（Performance Evaluation）是对绩效的认识性活动，是关于组织、个人绩效价值的分析、权衡、预测和判断。评价的过程是评价主体接受组织者委托，按照确定的评价标准、评价程序和具体评价方法，运用评价工具，通过佐证资料，对确定阶段的组织或个人工作行为和结果做出判断，以此来揭示被评价组织或个人工作的成果和有效性。

二、高职教师

教育部《关于“十三五”时期高等学校设置工作的意见》（教发〔2017〕3 号）将我国高等教育总体上分为研究型、应用型和职业技能型三大类型。研究型高等学校主要以培养学术研究的创新型人才为主，开展理论研究与创新。应用型高等学校主要从事服务经济社会发展的本科以上层次应用型人才培养，并从事社会发展与科技应用等方面的研究。职业技能型高等学校主要从事生产管理服务一线的专科层次技能型人才培养，并积极开展或参与技术服务及技能应用型改革与创新。由此，可以看出职业技能型高等院校是不同于研究型和应用型高等学校的。高等职业院校（以下简称高职院校）即是分类中所界定的职业技能型高等学校，同样肩负着人才培养、科研和社会服务的办学功能，但区别于研究型和应用型高等院校，高职教育是以培养从事生产管理服务一线的专科层次技能型人才为主要任务的高等院校，同时学校还需要积极开展或参与技术服务及技能应用型改革与创新。

本研究高职教师是指在职业技能型高等院校工作的专任教师。职业技能型高等院校在本文中主要指高职院校。专任教师指在教学院部工作，每周担任课程不少于 2 课时的教师，不包括在教学院部兼课的行政人员和外聘教师。

三、高职教师绩效评价

高职教师绩效评价（Higher Vocational Teacher Performance Evaluation）是绩效评价理论在高职院校专任教师这一特定对象上的具体应用。高职教师绩效评价是对高职教师绩效的认识性活动，是关于高职教师绩效价值的分析、权衡、预测和判断。评价的过程是评价主体接受学校委托，按照规定的评价标准、评价程序和具体评价方法，运用评价工具，通过佐证资料，对确定阶段的高职教师个人工作行为和结果做出判断，以此来衡量和评鉴被评价的高职专任教师在某一时段工作的成果和有效性。本文对高职教师绩效评价主要从评价的主体、评价的方法和评价内容三个方面进行研究。

第三节 文献综述

笔者分别以“高职教师绩效评价”“高校教师绩效评价”“教师绩效评价”为关键词，通过CNKI检索博硕论文、期刊论文（核心期刊以上），通过WOS（Web of Science）和Science Direct数据库检索国外相关研究文献，检索到相关文献830篇（其中硕、博士论文63篇），时间自2000年至2015年年底。梳理这些文献发现，国内外学者关于教师绩效评价的研究主要集中在评价作用、评价内容、评价方法、评价主体、影响因素等方面。

目前国内有关高校教师评价的研究基本可以分为四类：第一类是有关高职教师绩效内涵、理论依据及制度建设的研究；第二类是有关高职教师绩效具体情况的研究，包括评价内容、评价方法、评价主体的研究；第三类是关于高职教师评价系统模型的应用研究；第四类是关于教师绩效影响因素的研究。但总体分析发现，对不同类别的研究的深入程度不平衡，有一些亟待解决的现实问题需要进一步深入研究。

一、高职教师绩效评价的作用研究

蔡永红等（2003）认为，正式的教师评价开始于20世纪中叶的西方发达国家，我国对教师进行评价开始于20世纪60年代，但是直到20世纪80年代以后才出现比较正式的教师评价。产生的主要原因为：公众和政府对教育质量的关注，最终落脚在对教师教学质量的要求上；教学中对学生主体地位的重视；组织管理的研究与实践对教育的影响。

（一）高职教师绩效评价的作用

Danielson等（2000）提出，教师评价的两个首要目的在于质量保证与职业发展需对教师工作的要素过程与效果进行全面客观的评定。同时，需将各种数据来源运用于合宜的不同目的，将适合于总结性评价的指标与奖酬性应用结合起来，将适合于形成性评价的指标与发展性应用结合起来。关于奖惩性评价与发展性评价的讨论也是绩效评价理论和实践关注的焦点。美国教师绩效评价曾经突出奖惩性作用，相反，英国教师绩效评价经历了以发展性作用为目的的实践阶段，但最终两种形式均出现了评价效果不理想的局面，现在高校教师评价奖惩性与发展性相统一已经成为一种主流观点（夏茂林等，2011）。

段丽等（2003）认为绩效评价不是目的，评价的初衷是改进教师的教学质量，使教师在有效的激励下获得发展空间。而当前，高职院校的教师绩效考核结果通常与评定职称、评优选先、工资晋级挂钩，根据量化考核结果对教师分等排队，考核成绩好的教师受到表彰奖励，成绩不好的教师受到批评或经济处罚，教师绩效评价只注重考核结果的简单运用，忽视了发展人的精神实质，偏离了评价目的。

部分研究者对高校教师绩效评价具体作用的观点基本分为：一是从教师个体发展角度，部分学者认为通过客观的教师绩效评价，能够较好地反映教师的工作实绩，为高职院校人才队伍建设和各级人才的竞聘、选拔提供较为充足的参考，为教师的合理使用、培养、岗位调整、晋级、晋职、薪酬奖励等方面提供客观依据，形成公平、公正、合理的人才选拔竞争环境，解决好责任机制，落实责权利（冯萍，2014；黎荷芳，2015）。二是从组织发展角度，有学者认为教师绩效评价对组织发展有重大意义。有效的教师绩效评价能够激发工作热情、改善工作业绩、提高组织运行效率（李晓华等，2008）。三是从教师和组织协调发展角度，也有部分学者提出教师绩效评价的目的和作用在于“通过客观、科学的评价，对教师的劳动做出价值判断，为教师改善绩效和职业发展提供信息和指导，实现教师职业理想和学校发展目标的协调统一”（房国忠等，2006）。总之，“高校教师绩效评价并不是以得出评价结果，简单将其作为鉴别教师工作质量好坏的标准为唯一目的”（夏茂林等，2011）。

（二）高职教师绩效评价作用定位及作用发挥方面存在的问题

教师绩效评价在高校人力资源管理中占有极其重要的地位。从理论研究角度已经充分证明教师绩效评价在组织管理和人力资源管理中的重要作用，但在实践中，教师绩效评价作用定位模糊、作用发挥不理想的情况也受到大家的关注。

高职教师绩效评价作用的目标定位仍然模糊且存在偏差，评价目标定位不明确，缺乏科学合理的定位（唐玲，2009；王亿等，2009；郭妍等，2012；胡英芹等，2012；朱彧，2015）；忽视了评价的发展性功能，发展性评价未得到足够的重视，评价结果主要用于奖罚，“奖惩性”大于“发展性”，结果使用较为单一，绩效评价仍停留在传统经验性和具体事务性评价层次，重管理，轻激励，教师深层次的发展需要被忽视（胡伶，2010；郭妍等，2012；何宇媚，2012；李建国等，2013）；考核结果应用不足（康伟等，2011；周捍东，2014）；绩效评价缺乏激励作用和机制（郑腾芳等，2007；陈卫等，2009；王亿等，2009；康伟等，2011；李建国等，2013；袁金宇，2014）；缺乏系统的绩效管理思想，重视评价结果，轻视评价过程和绩效原因分析，“即时性”大于“长期性”，忽视教师成长的过程性，重视过去，忽视发展（唐玲，2009；郭妍等，2012）；被评价教师对绩效评价体系缺乏了解和认识（何宇媚，2012）；忽视教师享有的话语权，教师应付参与，主观能动性差，“被动性”大于“主动性”（胡伶，2010；李建国等，2013）。

二、高职教师绩效评价现状、问题及对策研究

高职教师绩效评价现状、问题及对策的研究基本可以涵盖评价内容、评价方法、评价主体等各方面，但就某个方面的具体问题研究聚焦不够，研究的深度不够。通过对近10年高职教师绩效评价研究的文献分析，对于高职教师绩效评价目前存在的问题，研究观点总体来说趋于分散，在重点参考的17篇高职教师绩效的研究文献中，涉及37个高职教师绩效评价存在的问题，其中有5篇以上文章同时提到的相对集中的问题只有5个。

（一）高职教师绩效评价内容现状、问题及对策研究

1. 高职教师绩效评价内容的现状

在教师绩效评价研究中，有关评价内容一般通过评价指标体系的建立来体现，相关指标体系建构的研究文献基本围绕高校的三大职能即教学、科研和社会服务的维度研究分析。不同的研究者基于对三大职能的理解和评价数据的可获得性，对指标体系对应维度的具体指标进行选择，并确定相应权重。

多位学者集中于对指标体系维度的研究，有学者认为高校教师绩效评价体系应包含以下维度：一是高校教师的素质（师德素质、专业素质、职业素养），二是教学和科研工作（教学效果、科研项目、学术论文、成果转化情况），三是其他工作（学科建设、学术交流、自我发展、社会服务等）（张宁，2012）。有学者提出高校教师个人绩效评价的六个一级指标：教学工作、科学研究、学科建设、师德、人才培养和社会服务（田国双等，2013）。有学者认为应该从更广的视域看待教师的工作，评价指标体系应该包含教师的全范围行动，指标体系要体现出教师的多种角色和多种学术道路，具体指标由教师自主选择、有效搭配，评价标准贴合实际，具有相应弹性，避免一刀切，具体维度涵盖教学效能、科研水平、社会服务与师德建设等三大职能方面（周景坤等，2013）。

美国高校教师绩效评价内容与大学的功能相对应，主要采用“教学”“研究”和“服务”的三维法（王中林，2002），在三维度确立的一级指标下面又分设若干二级指标、三级指标。加拿大高校教师的绩效评价内容从教学、学术和学术服务三个维度展开，在内容上与美国的基本一致。评价指标采用定性与定量结合，评价方法采用统一标

准的教师档案系统、学生评价系统及专家评审系统。在同一的评价指标系统和运行平台上操作，使结果不但清晰客观，而且便于比较分析（戴者华等，2007）。我国高校教师绩效评价受美国的高校教师绩效评价三维结构的直接影响，目前基本按照教学、科研和社会服务来确定（陈绍辉等，2012）。

社会服务绩效评价指标无论在传统的研究型本科院校，还是强调应用技术教学的高职院校，都应该受到重视。社会服务涉及教学管理和科研管理的工作内容，既是学校应有的办学功能，也是社会对学校的期许。教师应该具备一定的奉献精神，乐于、善于发挥自己的专业优势，参与各种协会、公共政策的咨询，企业顾问，公益讲座，等等，承担一些社会责任。教学、科研和社会服务作为高校教师绩效评价的核心内容，是学校办学功能不可或缺的，但具体实践情况不一。在对美国的系主任进行调查时表明，只有 2%的人认为评价教师时社会服务是一个重要的因素，而占 1/3 的人认为，它是一个次要的因素（张将星等，2011 ）。目前，社会服务项目在我国的高职院校教师绩效评价内容中也处于非常次要的地位。

2. 高职教师绩效评价内容方面存在的问题

评价内容存在的问题多集中在评价指标环节。评价指标的确定是有效实施高职教师绩效评价的重要前提。学者们普遍认为：目前教师评价指标体系的设计内容不全面，指标选择缺乏有效依据，缺少对考评对象的研究与分析（李薇等，2012；刘长慧，2012）；高职特色不鲜明，没有强调“双师”素质，忽视高职教育的专业性，过分强调指标的通用性，忽视教师工作内容的差异性、个体的差异性（教学型、学术型、操作型），指标与学校的发展目标和改革发展方向脱节（郑腾芳等，2007；王彦春，2010；康伟等，2011；胡英芹等，2012；李越恒，2014；朱彧，2015；黎荷芳，2015；李文娟，2015）；指标体系不科学，指标设置不全面，轻视师德和社会服务，重点不突出（王亿等，2009；康伟等，2011；何宇媚，2012；李建国等，2013；冯萍，2014；周捍东，2014；黎荷芳，2015；朱彧，2015）；过于看重科研，轻视教学能力和实际教学效果（胡英芹等，2012；刘长慧，2012）；评价标准设置不科学，部分指标缺乏操作性（何宇媚，2012；郭妍等，2012；冯萍，2014）；指标之间缺乏等值性（黎荷芳，2015）；评价指标体系一成不变，滞后于学校和教师发展的需要（王亿等，2009；胡英芹等，12）；注重显性指标，忽视隐性指标（李建国等，2013；黎荷芳，2015）。

现代绩效评价理论认为同时存在两种具有不同意义的绩效，分别是任务绩效和关系绩效。其中，关系绩效反映了个体自愿奉献、敬业助人等非传统任务绩效范畴的行为，对组织更具有促进作用。现行的高校教师绩效评价体系主要关注了其任务绩效方面，而普遍忽视了关系绩效的重要性（胡坚，2010）。

3. 评价内容的改进策略与措施

研究者们普遍认同教师绩效评价内容应该体现综合性的要求，并在此观念下构建教师绩效评价指标体系，一级指标基本包含师德、教学、科研、社会服务等内容，二级指标则根据各自研究的关注点设计，结果呈现出较大差异。但总体特点是高职院校的研究者比普通高校的研究者更关注企业实践和社会服务方面的评价内容。

房国忠等（2006）建议学校通过调整权重的设置，来实现对教师的分类评价，提出“绩效评价系统的维度设置、测量和评价的目的决定了测量的内容。评价系统的维度设置必须全面而不庞杂，细致而不烦琐。对于所有的高校而言，教师绩效评价系统应该具有通用性，同时又可以通过调整权重来体现不同学校的发展特色”。

针对高校教师高知识性员工的特点，有研究者对非营利知识型组织柔性绩效评价进行研究，认为绩效评价应该更多地关注定性指标（李志敏，2007）。李磊等（2011）提出柔性绩效评价的一般框架，围绕利益相关者的心理期望分为基于思想素质结构、基于绩效结构和基于业务素质结构的分类指标，同时关注员工的特殊业绩及贡献。李越恒（2014）认为在知识管理情境下，教师绩效评价应该由以结果为导向转变为以过程为导向，关注教师从事工作的能力，评价标准应该是柔性的。高职教师绩效评价指标应该由关注教师做了什么、做得怎样，转变为学到了什么。高职院校应该更加关心高职教师的适应能力和学习能力。

张俊友（2007）认为，“教师绩效评价既包括对教师工作过程的评价，也包括对教师教学工作结果的评价。由于教育目标更具模糊性与教育效果的复杂性，对教师的绩效评价更应侧重教师教学过程的评价”。

孙静等（2007）强调绩效评价指标的设计必须依据高职院校的办学目标及教师的工作要求。绩效指标主要包括教学、科研、社会服务和师德师风四个方面。在制定指标时需要平衡质与量的关系。对可以量化的指标，要体现可操作性；对难以量化的指标，则要引入具有权威性的评价主体，对指标进行评分或给出评语，保证绩效评价结果的公正性和客观性。

王光彦等（2008）提出了包括德鲁克的以目标管理为基础的绩效管理模型、以流程为基础的绩效管理模型和以价值链为基础的绩效管理模型。

李宁（2009）从指标权重的重要性出发，基于指标的权重直接影响到某一指标在指标体系中的作用大小，指标权重的设置是否合理，直接影响到指标体系的作用效果，提出合理确定指标的权重的改进策略与措施。体系应该围绕学校的发展目标、人才培养的客观要求、评价对象特点等具体设定，一般包含教师职业道德、科学研究、教学情况、学科建设和社会工作情况等五个方面。

还有研究者从高职教师绩效评价特殊需求角度提出以下建议：

张桂宁等（2007）在教师绩效评价指标体系教学内容的评价中强调教师参与教风与学风建设情况，强调补充和强化对教学过程的质量评价；建议加强对教学过程的控制，只有按照一定的过程标准完成教学任务，才算达到了质量标准；通过学生对教学成效满意度来控制教学质量的结果成效；强调根据各自的发展战略和学校定位选择取舍二级指标评价内容；强调教师的社会服务绩效指标分系部、学校和社会三个层面构建。内部突出专业、课程、管理和咨询工作，外部强调为企业提供技术或管理咨询活动，鼓励教师参与各种科研评审、公益服务、社会演讲，承担校外调查研究等工作，为终身学习等社会活动提供积极支援。

郭妍等（2012）提出学校应当设立科学的绩效考评体系，建立健全评价信息，对教师的工作业绩、工作能力、工作态度等进行有针对性的测评是完善绩效考核制度最为重要的要求。针对社会服务工作量相对教学和科研工作量来说只得到了较少的实施的问题，建议社会服务工作量的计算应包括校内承担的社会工作和社会兼职工作两部分。

李越恒（2014）针对高职院校培养高端技能型人才的目标定位和学生学习自主性和学习能力比较弱的特点，提出教师应具有行业和企业工作经验，具备亲和力、乐于奉献的精神，掌握相应的教育教学技术和方法等要求，特别还提到教师应当具有指导学生实践操作的相应安全知识。

李建国等（2013）在具体评价内容还提到了“设计作业能力、指导实践活动及教学科研、担任班主任等方面评价”，提出“教学工作成果的评价，要重视课堂教学主渠道的作用：既要有教学成绩的评价，又要有育人成绩的评价；既要有理论教学成果的评价，又要有实践技能证书的支撑评价。变分数标准为效益标准。评价指标体系的设计要将定量指标与定性指标有机地结合起来。对于像思想观念、道德品质、心理素质等难以量化的指标，如过分追求量化，反而会影响评价的信度。因此，在运用定量指标评价的同时，还必须注重采用非定量的定性指标”。

刘长慧（2012）提出要加强对学术科研成果的质量评价，通过适当延长考核周期，鼓励教师从事真正具有科学价值与创新性的科研，克服学术浮躁的行为；加强对教师师德师风、教学质量、实践能力、创新能力、团队合作精神等综合素养等方面的评价，引导教师把主要精力用于提高教学质量，注重师德和团结协作；评价内容的权重建议通过层次分析法（AHP）来确定。

袁金宇（2014）依据职业教育服务的特点和评价体系存在的问题，构建了“三面—四层—五维”绩效评价体系。“三面”指设置教学、科研、社会服务三个方面评价内容；“四层”指被评价教师所处的入职年限 3 年内、入职年限 8 年内、入职年限 8 年以上、特殊人才等四个不同层次；“五维”包括自我评价、同事评价、上级评价、学生评价、企业评价等不同主体参与的评价。按照岗位特点和教师自身专业发展阶段来确定评价内容，是对分类评价的积极探索。

关于高职教师绩效评价内容的依据，有研究者提出应该主要依据教师聘用合同规定的工作数量、质量、效率及取得的经济效益和社会效益等（何宇媚，2012）；依据教师职务条例规定内容，以及教师完成教学大纲所规定的任务（张桂宁等，2007）；依据《高职高专院校人才培养工作评估方案》，从“德、能、勤、绩”诸方面对教师工作进行全程评价（李建国等，2013）。

综上，可以看到关于教师绩效评价的内容主要包括教学、科研、管理和社会服务、师德等维度。有研究者认为应该系统构建一套评价内容的指标体系，通过不同的权重设置，体现对评价对象差异性的关注。对于各维度的具体内容，不同研究者有不同的关注点，比如有的关注教风、团队合作精神，有的关注社会服务、实践能力等。对于评价内容重行为过程还是重结果，不同研究者持不同观点。本研究拟在实证的基础上，对具体评价指标提出意见建议。

（二）高职教师绩效评价方法现状、问题及对策研究

1. 高职教师绩效评价方法的现状

随着高校绩效评价研究的发展，高职教师绩效评价方法也受到越来越多的关注。高职教师绩效评价方法的选用是否适当，关乎高职教师绩效评价的质量，影响到高职教师专业发展，进而影响整个组织绩效。国外有关绩效评价方法的研究开始得比较早，特别是自 20 世纪 80 年代新公共管理运动以来，定量评价的方法开始得到广泛研究和应用。目前，高校教师绩效评价最常用的几种方法包括定性评价的同行评议、德尔菲法、平衡积分卡、关键绩效指标法。

同行评议法源于 1665 年，是邀请某一或若干领域的专家按照共同的评价标准，对某一事项进行评价的活动，是以专家意见为主的定性评价方法。专家意见代替外行意见，极大地提高了评价结果的权威性、科学性。也正因此，目前同行评议仍然是科研类评价中应用最广泛、可信度较高、效果较好的一种评价方法。

德尔菲（Delphi）法于 20 世纪 60 年代由美国兰德公司提出，是一种综合多名专家经验与主观判断的方法。该方法充分尊重专家意见，而且多由专家背对背独立形成意见，保证了专家意见的充分表达，所以广泛应用到各个领域的综合评价实践中（徐蔼婷，2006）。德尔菲法的效果取决于参与专家的专业水平和专业结构，所以对专家的选择和与专家对评价项目标准的沟通交流至关重要。

平衡积分卡（Balance Score Cards, 简称 BSC）是由大卫 · 诺顿和罗伯特 · 卡普兰于 1992 年提出的构建绩效管理指标体系的重要方法，该方法由财务、顾客、内部过程、学习和成长四个维度构成（Kaplanetal，1992），在企业绩效管理中发挥了重要的目标协同和提升绩效的作用，并在此基础上不断完善，补充了以组织战略协同为目标的战略地图（Kaplanetal，2012），战略地图实现了将财务、顾客、内部过程、学习和成长维度上确立的不同的关键指标间的关系直接可视化，员工可以直观理解组织的战略意图、投入产出关系，了解到自己的工作对组织整体目标的贡献，促进员工工作绩效与组织绩效实现协同发展（张悦玫等，2003）。目前平衡积分卡在营利与非营利组织中都得到了相当广泛的应用，但是由于平衡积分卡指标体系构建对导向性和科学性有较高要求，并且必须有清晰的组织战略目标，所以很多组织并不具备构建该指标体系的条件和能力。实践中，平衡积分卡多与关键绩效指标结合使用。

关键绩效指标（Key Performance Indicator，简称 KPI）法是目标管理法（Management By Objective）与帕累托定律（"20/80" 定律）的有机结合。基于战略目标与实现目标的关键成功因素，提炼出企业、部门和岗位的关键绩效指标（段波，2005）。关键绩效指标强调目标导向和抓住主要矛盾的管理思想非常值得学习和借鉴。但是，基于与平衡积分卡所存在的类似问题，企业往往难以构建起高质量的关键绩效指标体系。

另外，随着大数据和网络技术的发展，越来越多的量化工具也被应用到教师绩效评价中，比如层次分析法、数据包络分析法等方法。这些方法也同样作为量化研究的工具应用在对教师绩效评价的研究工作中。目前有关教师绩效评价的论文中，越来越多的研究者运用了此类方法，但转化为现实工作中的实践应用并未多见。

层次分析法（Analytic Hierarchy Process，简称 AHP）是由美国著名运筹学家、匹兹堡大学教授 T. L. Saaty 于 1971 年提出的一种多准则决策方法。该方法将复杂问题有序地分解为包括目标、准则和方案等若干层次的递阶结构。通过两两比较矩阵计算权重的方法，实现统一处理决策中的定性与定量因素。该方法通过引入合理的标度，实现对无法测量的因素的相对重要性的量度，从而实现对方案排序优选，为决策提供依据。该方法广泛用于决策、预测、评估等方面，是系统工程的常用方法（演克武等，2007）。该方法比较适合具有定性的或定性、定量兼有的决策分析，使评价内容的结构确定更加科学。为了使决策判断定量化而形成的数值判断矩阵及相对权重却不易被专家们理解接受，更不易被被评价者所理解，所以在绩效沟通方面存在一定局限。

数据包络分析（DEA）是美国著名运筹学家 A. Charnes 和 W. W. Cooper 等人从相对效率角度提出的一种新的效率评价方法，它以规划论为工具，解决了不同量纲的多项投入和多项产出的投入产出效率分析问题，为不以营利为目的的事业机构、以盈利为目的的企业单位和政府活动的效益与效率评价提供了可靠而有效的方法（余学林，1992）。数据包络分析的理论体系在研究者的共同努力下，已经趋于成熟。但该方法在教师绩效评价中使用刚刚起步。利用数据包络分析法的优势对高校教师绩效进行了分析，对量化高校教师绩效评价有重要借鉴意义。数据包络分析法实施的前提是要对研究对象的相关投入、产出有效的记录数据。

层次分析法、数据包络分析均是数学统计分析等相关方法应用到教师绩效评价中，丰富教师绩效评价方法的积极探索。量化研究增强了评价的科学性，尤其是越来越多地与专家评议法、德尔菲法等定性方法结合使用，一定程度增强了结果的可理解性和针对性。

2. 高职教师绩效评价方法存在的问题

有研究者认为目前高职教师绩效评价制度安排和制度实施机制缺失，导致高职教师绩效评价制度形同虚设，教师绩效评价的制度认同度低。目前的教师绩效评价更多是基于组织发展的视角，属于行政控制型的外部导向评价，教师处于被动应付的状态，对“过度量化”的绩效考评渐生反感，评价过程流于形式，评价（尤其是年度考核）已经成为每年必走的过场，院校工作生态日益恶化（张衡等，2011；何宇媚，2012；黎荷芳，2015）。

绩效评价反馈缺失是研究者反映最为集中的问题。忽视评价结果的反馈，评价结果无反馈或反馈不及时，反馈信息笼统、缺少有效的绩效沟通，绩效面谈和教师改进计划辅导缺失，使得评价形式化（李宁，2009；唐玲，2009；王亿等，2009；王彦春，2010；康伟等，2011；郭妍等，2012；何宇媚，2012；李建国等，2013；冯萍，2014；周捍东，2014；刘长慧，2012）。刘长慧（2012）进一步指出：目前教师绩效存在学校没有采用分类考评的办法，用一把尺子评价所有员工，忽视了员工个体差异和专业特长，造成教师缺乏个性，工作积极性受挫；没有区分岗位价值差异和能力差异及绩效表现，分配没有完全体现优劳优酬，挫伤教师对绩效考核工作热情，绩效激励作用逐渐淡化；过分强调对教师的量化考核，忽略了对教师的身心关怀和人文尊重，学校的管理质量因为缺少人文关怀而逐渐下降。

关于高职教师绩效评价方法存在的问题，研究者还关注到以下方面：教师绩效评价方式单一（唐玲，2009；郭妍等，2012；胡英芹等，2012；李文娟，2015）；评价方法不科学（唐玲，2009；李建国等，2013）；评价过程流于形式（何宇媚，2012；朱彧，2015）；评价结果不公开（胡英芹等，2012）；对评价结果的影响因素考虑不全面，对评价结果的使用不充分、缺乏一定的激励机制（蔡永红等，2003；周春燕，2008 ；胡伶，2010；俞明传等，2013；王克君，2013）；教师绩效评价的方法缺乏系统思维（朱彧，2015），缺少以人为本的评价理念（李建国等，2013；朱彧，2015）。另外，也有研究者观察到目前教师绩效评价工具开发应用不够，人工统计工作量大、效率低、误差大（郭妍等，2012；李文娟，2015）。

评价过程缺少科学论证，不进行民意调查，评价内容不科学，权重确立依照经验主义（李越恒，2014）。刘长慧（2012）调查研究发现，我国只有 83% 的高校经过了全体教职员工公开讨论制定教师绩效评价指标，只有 27.8% 的高校对部分指标的选定进行过公示，50% 以上的高校考核指标由上级直接制定，大多指标未经过全体员工公示、讨论，存在片面性，未征得广大教职员工的认可。

3. 评价方法的改进策略与措施

房国忠等（2006）从案例研究出发，提出专业团队法，旨在克服传统高校教师绩效评价方法关注教师个人绩效、忽视团队整体绩效，甚至于为了实现自己的绩效目标而牺牲整个团队绩效目标的弊端。通过构建由相同专业教师与管理人员组成的学习共同体对教师绩效进行评价，将教师的关注点转移到教师团队绩效目标，从而有利于调动团队成员的积极性。

杜栋等（2010）基于企业流程再造（BPR）理论，提出组织与个人双重目标下的流程再造评价方法，将学校发展战略目标和教师个人发展规划目标同时作为依据，对教师绩效评价流程进行思考和重新构建。

马志强等（2011）基于我国和谐社会建设的大背景，分析了高校教师绩效评价体系和谐性的内涵，从构成和谐、组织和谐、内部环境和谐、外部环境和谐及主动适应机制等五个方面，建立高校教师绩效评价体系的“和谐性测评指标体系”，并基于 DHGF 方法构建相应的定量测评模型。DHGF 法是采用德尔菲法构造评价指标体系，层次分析法确定各评价指标的权重，灰色关联分析法对专家评分数据进行处理，最后运用模糊评判法得出评价结果。

演克武等（2007）针对层次分析法在多目标决策过程中的不足，提出了用穆迪优先图表法进行改进的新方法。

林朝阳等（2008）分析了绩效考核的影响因素，从绩效考核的原则、评价指标体系的建立、评价方法的选用以及后期的绩效结果应用四个方面探讨了如何建立绩效考核体系。

王鑫（2015）利用层次分析法建立了绩效考核的数学模型，设计了教师绩效考核系统的总体功能和数据库逻辑模型。

李晓华等（2008）关注到对绩效评价结果合理性的深入分析，提出对全校教师的绩效评价结果按年度或聘期进行整体性的梳理分析，包括优秀、合格、不合格人员的比例设置是否合理，造成评价结果不合理的原因是什么，找出问题症结，并在制定新的评价方案时予以修正完善，评价的指标体系和方法更加科学合理。对评价方案是否科学有效的元评价是不断改进绩效评价工作、提升评价效果的重要措施。

绩效面谈是绩效沟通的重要措施，通过面谈帮助教师得到有效的绩效反馈，了解自己的问题和努力的方向，以积极的心态面对绩效评价结果。制订绩效改进计划是体现教师发展性评价目标、促进教师专业发展、提高教师绩效的有力措施。上级给予的有效的绩效沟通和改进建议，可以给予下级精神上、物质上的支持。改进计划需要切实可行，得到被评价者认同（李宁，2009；刘长慧，2012）。

张俊友（2007）针对理论界过分否定奖罚性评价，而全面倾向发展性评价的态度，从“自我实现人”的人性理论以及人文主义理论与其缺陷，分析了发展性评价自身的问题。我国的发展性评价是从英国引入的，但目前包括英国在内的欧美许多发达国家仍然在运用奖罚性绩效评价。“发展性教师评价也并不是对教师绩效评价的否定，它顶多只是对教师绩效评价的一些做法的矫正。没有绩效评价为基础，发展性教师评价就是无根的浮萍。”如罗伯特·达尔（Robert Dahl）所讲：“从某一个国家的行政环境归纳出来的概念，不能够立刻予以普遍化，或被应用到另一个不同环境的行政管理上去。一个理论是否适用于另一个不同的场合，必须先对特殊场合加以研究之后才可以断定。”

高职教师绩效评价方法越来越丰富和科学，基于若干方法自身的局限性，绩效评价方法由单一向多种方法结合使用方向发展。比如针对同行评议法的不足，有研究者指出，“该方法在操作过程中，由于人情关系网的存在和专家的主观性判断，其公正性受到多种因素的影响”（胡明铭等，2005）。在目前阶段，同行评议法越来越多地与层次分析法结合使用。层次分析法、模糊集合理论（Fuzzy Sets Theory）、数据包络分析方法等数学统计方法随着信息化水平的提高和信息技术在绩效评价中的运用，也越来越多地从理论研究方法应用到实践中，但由于其自身的专业性，难以为被评价者所理解接受，为绩效沟通带来困难。另外，教师绩效评价由于其特殊复杂性，并不是所有评价内容均可以量化，所以评价方法定量与定性相结合也越来越迫切。

美国高校教师绩效评价内容的具体确定及评价的实施充分体现“民主”和“教授”治校的重要理念，充分保证并遵循程序的合理性和公平性。通过面谈方式将最终的绩效评价结果反馈给教师。为了保障所有教师的权益，教师的申诉权利得到有效保障，教师有法定的机会去矫正、补充和陈述更多、更完整的评价信息。申诉机制还有效地缓解和避免了学校本身的法律纠纷（王克君，2013）。

综上，关于教师绩效评价方法的研究维度包含着专业团队法、流程再造法、和谐性测评体系法等评价的具体方法，绩效面谈反馈、申诉机制等评价的工作流程，层次分析法、数据包络法等量化评价工具以及信息化平台等评价工具等。总之，评价方法的合理性一定要与评价目的、被评价个体及其所在的评价环境相适应。

（三）高职教师绩效评价主体现状、问题及对策研究

1. 高职教师绩效评价主体的现状

高职教师绩效评价主体的有关文献研究发现，多数研究者倾向于主体多元化，采用360° 反馈法。360° 反馈（360° Feedback）也称全视角考核（Full-circle Appraisal）或多个考评者考核（Multi-source Assessment），是一种从多个角度获取组织成员行为观察资料的方法（Romano，1994），评价主体包括被评价者的上级、下级、同事、本人等，有时甚至包括顾客（包括外部顾客和内部顾客）。该方法的突出优势是信息来源的全面性。目前多数高职院校的教师绩效评价主体按照360° 反馈方法，划分成学生评价、同行评价、教师自评和专家评价四类（唐玲，2009；郭妍等，2012；何宇媚，2012；李建国等，2013）。

高职教师绩效评价主体构成是从单一主体向多元主体发展的过程。目前评价主体的权重设置和作用发挥情况差别较大。360° 反馈评价方法应用于个体发展性评价是非常有效的办法，但是如果应用于奖罚性考核评价则会受人际关系等其他因素的影响，改变评价主体的初衷，影响评价结果的客观公允。因此，对于在奖罚性评价中的应用一定要谨慎，需要对评价主体进行培训，对评价环境进行培育，以提高评价结果的客观行、有效性（陆昌勤等，2001）。

领导评教中的领导一般包括院系负责人、教学院长、教研室主任、教学督导等，领导由于权威性，在教师绩效评价中有特殊的地位，具体讲，不同职位的评价者各自发挥的作用也不尽相同。

日本高校教师绩效评价的评价主体一般是由校长、学校行政与教授或教师代表参加的审查委员会组成和担任，评价结果具有较强的行政色彩；但是通过严格设置维度、设定标准、量化结果方面，相当程度保证了评价结果的客观性（巴玺维，2007）。

美国的系主任是重要的教师绩效评价主体。佩尔特森（Peltason）认为："一个没有才能的校长可使学校保持运行，但如果系主任没有才能，这个学校则很难维持。"美国的系主任对包括教师的教学绩效、科研绩效以及基于教师自我评价的服务绩效进行全面的评价（俞明传等，2013）。

李丰生等（2016）认为，在评价过程中，领导评价的影响力比较大，教师对领导的评价比较重视，能够起到促进教师主动完善教学工作的作用。但是，由于领导工作繁杂，评价时间难以保障，导致评价结果不够严谨；领导评价水平也参差不齐；领导级别越高，越脱离被评价者的具体工作，对教师的实际课堂活动缺乏深度的了解和全面、整体的把握。领导评价虽具权威性，但其评价主观性强，不够客观、全面。

学生评价一直是备受关注的话题，国内高校对学生评教的实践和理论研究也越来越丰富，在很多高校学生评教也已经制度化。但学生评教的指标、形式、权重、评价结果的应用还存在很多争议。

美国高校每门课程结束前，学生要评价课程及授课教师，为教师改进教学提供意见建议，为其他学生选课和选择教师提供参考，同时也为教师人事决策提供重要依据。尽管该做法已经非常成熟，但学生评教结果在人事决策中的作用在美国高校中同样颇有争议。一般认同罗索夫斯基（1996）的观点："作为一个群体，学生是教师课堂教学质量的负责而可靠的见证人，但不能仅仅根据学生的评价做出教师的提升和任期等问题的决定。"张将星等（2011）介绍 IDEA 中心推荐学生对教学绩效评价比例应为 30%～50%。IDEA 中心认为学生评价存在一定局限性，像教师目标、评价方法、评价标准的适切性，教师对院系文化的贡献等影响有效教学的因素，是学生评价无法揭示的。

胡祖莹等（1996）研究认为相对于领导、专家、同事以及教师自身等评价主体来说，学生评教能够达到较好的信度、效度和区分度。

蔡敏等（2005）对辽宁省 4 所不同类型的高校的不同院系教师进行问卷调查，

调查结果显示 89.6% 的教师认为学生评教的结果能够客观地反映教师的实际教学情况，教师对学生评教能力持积极态度。

李丰生等（2016）分析了学生作为评价主体的优势和不足，指出相对于其他的评价主体，学生具有信息采集面大以及深入参与教师的教学活动，其评教的意见建议有利于学校领导掌握教师课堂表现等优势。但是也指出学生评教存在的具体问题："一方面，学生评价的效果容易受到学生的评价能力、评价态度、心理特征等影响，带有较强的主观随意性。他们对公平公正的把握尺度不够，容易受到个人喜好的影响，在评价中缺乏对教师客观公正的态度，对自己喜欢的教师往往给予较高分，而对自己不喜欢的教师则会给出较低的分数；另一方面，大多数教师不信任学生的评价，所以很多时候学生评价只是一种形式，他们很少把评价结果应用到课堂当中。"

同行评价在 360° 反馈评价方法中是重要的一环，同行是对被评价者的工作性质、工作要求、工作态度、能力、业绩比较熟悉的人，有不少学者对同行评价效果进行研究。胡祖莹，魏红（1996）认为同事评价的有效性取决于参与评价的同事对被评价教师所授课程的内容的熟悉情况。同事的评价容易受到其自身的认识水平、经验范式、知识水平和价值观等方面的影响，使评价带有感情色彩，导致评价结果存在误差。

李丰生等（ 2016）认为同行评价在学校教师绩效评价中有重要作用，同样基于被评价者与评价者都是同一专业或者同一领域内的教师，对被评价者更加了解的判断，认为同行评价应该更加专业，评价结果也更应该具有更高的信度与效度。尽管理论上有各种优势，但在实践中由于作为评价主体的同行较少，教师之间的听课次数有限，同行也做不到深入每一位教师的课堂和相应教学工作，仅仅凭借同行教师之间的日常相处，很难对被评价教师做出全面准确的评价，因而实践中同行评价的信度和效度较差。

美国的教师评价主体充分体现了现代大学治理的思想。通过确立校院两级评议会制度开展教师绩效评价。大部分院校采用教师代表、院系职能部门及社会代表参与、听取多方意见、共同商讨的形式，设定评价内容、标准等具体的评价程序（王克君，2013）。

2. 高职教师绩效评价主体方面存在的问题

评价主体方面的问题，主要集中在评价主体单一和不同评价主体作用发挥情况不一。

360° 绩效反馈方法作为一种成熟的理论方法，虽然被越来越多的院校所接纳，但是实践中真正的多元评价的格局并没有有效形成。有研究者指出，高职教师绩效评价主体不全面，获取的信息不完全（王彦春，2010；康伟等，2011）。

学校缺少明确的负责教师绩效评价的部门（陈卫等，2009）；评价主体混乱，责任模糊，权重确立缺少科学论证（胡英芹等，2012）。

陈振华（2012）指出学校领导、同事、学生等评价主体在评价中存在问题："学生虽然对教师有真切的感受，但容易在事实判断与价值判断上产生偏差，有的学生把评价教师的活动误解为一种挑刺的事情；同事评议时往往存在好人主义或妒忌心理，由此导致形式主义或弄虚作假之类的问题。"陈振华从上级领导与教师的关系角度，指出教师受领导权威的影响，容易变得谨小慎微，过分关注评价结果，与领导产生对立，"一些被评价教师还可能会产生被审心理、应付心理、迎合心理、防卫心理、回避心理等消极心理"。

学校在设定评价主体及其评价任务时，没有充分考虑评价主体的能力是否胜任。"以学生评教为例，学生观察到的并能够评价的主要是教师教学态度、教学内容、师生互动等方面，尚无能力对教师的专业水平或学术能力做出客观评价。而在现实中，有些高校在学生评教量表中，设定对教师的专业或学术能力的评价条款。"（俞明传等，2013）

3. 评价主体方面的改进策略与措施

教师绩效评价主体结构多元化已经成为理论界的共识，但由于不同评价项目的具体内容存在差异，而且不同研究者对各类评价主体的认知不同，导致对不同评价主体所设置的权重各不相同。

孙静等（2007）建议将360° 反馈引入高职教师的绩效评价中，对教师进行客观、公正的评价并反馈。最好的评价者就是有机会观察教师教学行为及教学效果的人，包括院系领导、同事、同行、专家、学生、教师本人，以及学生的就业单位等。建议根据评价者对教师评价的角度和重要程度不同，赋予系领导 30%，同事、同行及专家 30%，学生 20%，教师本人 10%，学生的就业单位 10% 等不同的权重。

有研究者针对传统教师绩效评价较少考虑多类主体参与的情形，提出评价主体多元化的主张，从不同角度对教师的绩效做出描述与评价，确保评价结果的可信度和有效性（张发明，2011；李文娟，2015）。基于提高教师绩效评价的科学性、客观性以及独立性，胡英芹等（2012）建议引入外部评价机构或团体负责绩效评价工作，同时也分析了引入外部评价机构的资质判断和对学校情况不了解等不足之处。袁金宇（2014）提出"多元的五维评价主体，包括自我评价、同事评价、上级评价、学生评价、企业评价”。对于高职教育来说，增加企业作为教师绩效评价主体，具有非常重要的意义。企业通过参与对教师绩效的评价，与学校共同形成育人价值观念，企业代表的评价视角非常重要。袁金宇主要针对企业对于教师培训方面的满意度评价，与高职教师与企业深度合作的工作方面相比，显然还是不够的。

陈振华（2012）认为教师自我评价是落实教师评价主体多元化的重要措施。教师在评价中，不应该仅仅作为被动的评价对象，而应该主动描述自己的工作和状态，阐述自己的看法。教师应该作为自己评价的主人，积极主动地参与评价，使自我评价的过程成为自我反思和发展的过程。

也有研究者对评价主体的胜任能力进行研究。

李越恒（2014）认为提高评价主体本身的素质和专业水平是影响评价效果的重要因素，建议“建设专业化的高职教师绩效考评队伍”。

杜栋等（2010）认为教师绩效评价的主体和相应评价项目应该有所侧重：教师主要针对岗位职责对本年度或聘期工作自评；同行重点对教师的学术创新情况进行评价；学生主要对教师的教学情况进行评价；院系考评小组形成年度或聘期综合评价结果。

李楠（2012）基于奖惩性评价目的，构建了学生和专家两个定量评价主体共同评价教师教学绩效的新模式，将学生和专家作为整体来评价教师的教学绩效。

周景坤等（2013）根据从事教师职业的层次区分了新手型教师（督导和同行评价为主）、适应性教师（学生评价为主）、熟练型教师（教师本人和学生评价为主）、专家型教师（本人自评为主，不需要督导评价）和问题型教师（督导评价为主）的绩效分层评价主体，绩效评价主体尽管都包括教师本人、直接领导、同行教师、教学督导和学生，但具体到不同职业层次的教师是有区别的，充分体现评价主体与评价内容的适应性。

综上分析，教师主体的构成和评价胜任力是研究者开展研究的两个主要维度。研究者多基于 360° 反馈评价的相关理论，对教师自身、教师同行、上级领导、学生以及合作企业等外部利益相关者进行研究分析，具体到每一类评价主体，实践中都存在着不同程度的不足，需要在理论指导下，借助制度建设去引导和规范。评价主体之间扬长避短、形成互补的效应是重要的思路。

三、高职教师绩效评价影响因素的研究

从 CNKI、万方数据知识服务平台、维普资讯中文科技期刊数据库、中国人民大

学复印报刊资料等国内相关数据库，共检索出自2000年至2016年与教师绩效评价影响因素相关的文献100余篇，其中可参考借鉴的文献20篇。

（一）个体特征差异对高职教师绩效评价影响研究

文献检索表明，目前尚无系统研究教师个体特征对教师绩效评价影响的文献，只有散落于相关文献中的零星观点，现梳理如下：

严玉萍（2008）认为学校应该基于教师个性心理、职业素养、教学风格、交往类型和工作背景等方面，建构不同发展阶段或者不同学科的教师评价标准等多样性的评价标准。

周治金等（2009）通过对华中科技大学240名教师调查研究发现，教师的人际关系对工作绩效有影响："教师的人际关系促进绩效和教学工作绩效较高，但教师自评的奉献精神绩效较低；教师对年度绩效考核的无所谓态度、教师职业价值观之社会价值感这两个因素均进入了教师工作绩效的回归方程。"同时发现，"在人际关系促进绩效上女教师的分数高于男教师；在奉献精神绩效上具有高级职称教师的分数高于具有中级职称的教师；在教学工作绩效上，教师的性别与学科，教师的职称与学科之间存在交互作用"。

殷青伟（2011）研究发现员工的特质、工作态度等异质性对员工的工作行为和结果具有较大的差异。因此，员工绩效评价客体的内容应该考虑对员工的特质、工作态度、行为、结果进行综合评价。

顾义保等（2015）认为多数高职高专院校所采用的标准化的统一评价标准，没有关照到教师个体差异和不同专业授课内容和课程类型客观上的区别。因此，教师绩效评价应该要积极关注教师的个体差异和内在发展需求，充分考虑教师在教学能力、工作经验、职业素养、专业积累与个性特点等方面的差异，并综合考虑不同专业、课程、授课对象的差异，差异化确定评价标准。

归纳上述文献观点，员工的特质不同，其工作行为和工作效果也不同（殷青伟，2011）。教师的人际关系对工作绩效会产生影响，且女教师强于男教师；"在教学工作绩效上，教师的性别与学科、教师的职称与学科之间存在交互作用"（周治金等，2009）。尤其年龄可能是一个非常重要的影响因素，不同年龄的人因服务期望各异而产生不同的评价结果。

（二）民主参与程度对高职教师绩效评价影响研究

文献检索发现，研究民主参与程度对高职教师绩效评价影响的文献极少，并且几乎没有系统的研究文献。尽管如此，已有的研究成果表明，教师的民主参与程度对绩效评价有直接影响。

关于教师民主参与的制度建设，田琳（2009）认为创造教师民主参与的制度环境，是教师激励机制发挥作用的重要保障。

教师民主参与对教师绩效评价的影响方面，魏雪峰（2006）认为在教师评价中，应该转变教师评价者的角色，促进教师积极参与到评价中，被动的角色必然表现为教师参与程度低；卢晓旭等（2011）研究指出，教师绩效评价方案制定和实施民主化、制度化、程序化，能够提高教师对方案的认同度；李建国等（2013）提出，为了提高教师对绩效评价的认同度，绩效考核办法的制定应该邀请教育主管部门、职业教育研究机构、行业企业代表、教师代表、学生代表等相关人员共同研究制定，不能仅仅由学校领导、职能部门负责人来制定，评价渠道要体现多方共同参与，包括学生、同行、专业团队、职能部门、督导、领导、教师本人，以及企业、中介机构等多种渠道，该观点充分体现了民主治理的思想；汪卫平（2013）认为，应给教师主动参与的积极性，教师代表真正能代表教师群体，发挥教师的主观能动性，教师更容易接受这样的绩效评价结果；刘晓欢（2014）通过绩效工资政策的研究发现教师民主参与的重要性，在具体实施过程中特别是绩效考核标准制定过程中缺乏教师群体的民主参与是教师绩效工资政策出现价值偏差的重要原因；刘昕等（2014）认为在教师绩效评价工作中必须吸收员工全程参与，强化评价者的评价动机，提高评价者的评价能力，设计实施绩效评价体系；卢晓春（2016）分析了各评价主体的有效性、第三方评价机构纳入的合理性，认为“评价体系除要求考核内容细致、考核方法可操作性强外，多主体参与也是促成科学民主的关键。”

程艳（2014）从社会认知理论角度，研究了员工建言行为与绩效评价的关系。通过定量分析表明，员工建言行为正向影响绩效评价，其中抑制性建言较促进性建言对绩效评价的正向影响大。

虽然高校教师评价中关于民主参与程度影响的文献很少，但是一些研究者在政府绩效评价研究中关于民主参与程度的研究成果具有借鉴价值。

邓琼（2005）研究了我国公民参与地方政府绩效评估的现状，分析了公民参与地方政府绩效评估的影响因素，提出公民要有序参与地方政府绩效评估的建议。

曾莉（2013）认为，在政府绩效评价中，“提高公众参与的有效性，关注公众主观评价的影响因素，是践行参与式政府绩效评价的出发点；营造良好的公民共同体文化，培育积极的公民资格，加强政府与公众的良性互动，是推进参与式政府绩效评价的着力点；同时，建构良好的公众参与平台，完善公众参与的评价体系，是推进参与式政府绩效评价的保障”。

郑楠（2013）针对造成我国基层政府绩效考评局限性的因素，研究提出了改进基层政府绩效考评评价体系的相关对策，其中包括建立公众参与的评估机制，让社会公众参与考核全过程，扩大考核参与主体。

综上，民主参与对教师绩效评价具有正向影响。教师评价不应该是单向的，应该积极促进教师参与到评价中（魏雪峰，2006）；吸收教师参与绩效评价，不但可以提高其对绩效评价过程及结果的接受度，也会直接影响到员工今后的工作态度和工作行为（卢晓旭等，2011；刘昕等，2014）。多主体参与评价是促成科学民主的关键，评价渠道要体现多方共同参与（李建国等，2013；卢晓春，2016）。

（三）高职教师绩效评价与组织承诺关系研究

组织承诺（Organizational Commitment，也有译为“组织归属感”“组织忠诚”等），一般是指“个体认同并参与一个组织的强度，它不同于个人与组织签订的工作任务和职业角色方面的合同，而是一种心理合同或心理契约”（格林伯格等，2005）。组织承诺目前虽有不同定义，但都认为这一概念主要包括三部分：一是对组织目标、价值的强烈信仰和接受，二是渴望努力为组织工作的愿望，三是强烈的维持组织成员资格的愿望（葛鑫博，2013）。大学教师的组织承诺代表着教师对学校的忠诚度（马苓，2009）。

“高校必须营造良好的心理环境，推行民主管理，培养教师的主人翁意识，努力建设学校的组织文化，尽量为教师提供自我实现的平台，从而达到提高教师组织承诺水平的目的，促进学校的发展。”（陈功平，2007）

宋爱红等（2005）认为具有组织承诺的教师在工作中更加主动、积极，也更有责任感、创造性和奉献精神，“教师职务绩效模型的研究结果证实了培养教师感情承诺的实质就在于实现与教育教学目标相一致的教师关系绩效”。

教师的组织承诺对其组织公民行为（包括对学校的组织公民行为、学生的组织公民行为、团队的组织公民行为）有着的正向影响（马苓，2009）。感情承诺与绩效投入、转换、产出成正相关；规范承诺与绩效转换、产出呈正相关，与绩效投入相关性不显著；持续承诺与绩效转换、产出成正相关，与绩效投入相关性不显著（韩庆璞，2016）。

吴湘萍等（2006）通过问卷调查，对高校教师工作绩效的影响因素进行了分析研究，结果表明，“工作环境、组织承诺及人力资源管理水平是影响教师工作绩效的主要因素”。

绩效评价通过组织承诺对组织公民行为产生正向影响，并且绩效评价的程序和系统层面都对组织承诺和组织公民行为产生影响。因此，高校应高度重视绩效评价，并建立具有开放性，多源评价，系统承诺、计划、观察和反馈等特征的有效的绩效评价体系，将其作为提升员工积极态度和行为的重要措施（李海等，2010）。

乐国安等（2006）对组织绩效进行综合研究发现，"工作绩效与组织承诺关系的研究存在较多的争议"。研究者中既有验证两者存在相关的，也有验证不相关的，也有研究者认为二者之间存在中介变量。"之所以会产生研究结果的分歧，是由于研究对象没有限定的缘故，不同的研究采用不同的研究对象，而不同研究对象在组织承诺上的差异被许多研究者所忽略"。

本研究将借助质性与量化研究相结合的混合研究方法，对组织承诺与教师绩效评价合理性的关系进行探讨，更加丰富教师绩效评价的作用机制。

（四）高职教师绩效评价其他影响因素研究

周治金等（2009）建议：弱化教师的年终考核，加强聘期考核；重视教师职业价值观的引导与培育。

殷青伟（2011）认为组织文化氛围对绩效评价具有重要影响："如果在组织内存在相互信任、相互支持和彼此坦诚的组织文化氛围，则评价者和员工在评价过程会配合良好，评价工作顺利开展。在这种氛围下，组织更为重视员工发展、参与和贡献，在评价面谈中能够发掘更为信任、坦诚、富有建设性的意见。"

党晶（2013）将影响教师教学绩效评价的因素分为评价主体的心理因素和非心理因素。并以上海交通大学学生评教为实证案例，对 27 种可能影响教师教学绩效评价的因素进行了研究，发现学生是否认真评教、教师的教学方法、教学风格等因素对学生评教有很大的影响，教师的口音、评教的方式、教师对学生纪律的要求等因素对学生评教会产生影响。

刘昕等（2014）研究发现，公平感对教师绩效评价会产生影响，指出绩效评价公平感一方面决定了员工对绩效评价过程及其结果的接受度，另一方面也会直接影响到员工今后的工作态度和工作行为。绩效评价公平感从理论上可划分为分配公平、程序公平以及互动公平等几种不同的类型。诸多实证研究表明，组织层面、评价者层面以及员工层面三个方面的因素都可能对员工绩效评价公平感产生影响。

总之，影响教师绩效评价的因素是复杂的，对教师绩效评价因素的研究对改进教师的绩效评价有直接意义。本文基于实证研究，扎根于学校教师绩效评价的现状，挖掘对教师绩效评价产生影响的关键因素，进一步丰富对教师绩效评价影响因素的研究案例。

四、本研究所依据的理论基础

徐晓黎（2003）总结提出：“目前国内外高校教师绩效评价的理论依据主要来源于人力资源管理的十大理论，即人际关系理论、双因素理论、公平理论、期望理论、挫折理论、权变理论、影响决定论、双因模式论、强化理论和需求层次论。”

陈巧玲（2004）认为：“近年来，随着学科之间不断的相互渗透，管理学、心理学、社会学、教育学、经济学逐渐完善着原有的理论体系，学科交叉涌现出行为科学理论、委托代理理论、权变管理理论等一系列全新的评价理论和方法。”

席酉民等（2004）基于系统和谐型理论提出了教师绩效“评价发展和谐理论”，从教师绩效的评价理念、评价性质、评价环境、评价目的、评价动力和评价过程等六个方面阐释了教师绩效评价体系和谐型的内涵，认为：“一般和谐性较高的系统，都具有较强的自组织性、自适应性、内聚力和吸引力，使系统的总体功能得以充分发挥。”

王平心等（2010）结合高校的组织结构特点，认为“扁平化组织管理理论、委托代理理论、新公共管理理论是实施高校绩效评价的理论基础”。

张衡等（2011）针对高校非营利组织的特征如组织目标模糊、结构松散、运行过程非线性等，需要借鉴企业绩效评价理论，应用于高校教师绩效评价的内容，将高校教师绩效评价的理论渊源归结为“绩效管理理论 + 教师评价理论”。

综合上述对高校绩效评价理论基础的研究成果，本研究认为高职教师绩效评价的理论基础应该为阐明高职教师绩效评价的价值理念、评价目标、评价内容、评价方法和评价主体提供理论支撑。本研究所依托的主要理论基础是评价理论、激励理论和民主参与理论。

（一）评价理论

教师绩效评价是评价的特殊表现，高职教师的绩效评价脱离不了一般评价的相关理论。评价理论对高职教师绩效评价改进会起到重要的指导作用。

评价是一种价值判断的活动，是对客体满足主体需要程度的判断（陈玉琨，1999）。评价活动具备认知性、合理性、功能性三大价值特征。认知性是评价活动的基本特征，是评价价值实现的条件和前提。认知的过程一方面具有客观性、全面性、理性的特点（别敦荣，2004）；另一方面也体现了建构性的特征，评价结论是在对有关评价客体的信息资料进行梳理、分析、整理的过程中得出的（荀振芳，

2006）。合理性指从规范的角度去探讨如何去做的问题，即评价符合事实、逻辑、规范、目的性。著名社会学家马克斯·韦伯则把社会科学的合理性分为形式合理性和实质合理性，即表现为手段和程序的工具理性和表现为信念、理想的价值理性（王燕，2012）。功能性指评价的属性和功能，依据主体的需要相应转化，实现评价所特有的功能性价值，反映评价主体的评价目标。做到对评价客体的被评价内容是否符合评价标准做出鉴定、判断；将事物进行价值的选择和判断，主体通过批判和反思更加清晰地认识自己、认识客体、认识自己的需求与客体之间的关系，以做出更好的判断和选择；评价具有导向的功能价值，导向功能是评价的核心功能（荀振芳，2006）。

教育评价是对教育活动满足社会与个体需要的程度做出判断的活动，是对教育活动现实的（已经取得的）或潜在的（还未取得，但有可能取得的）价值做出判断，以期达到教育价值增值的过程（陈玉琨，1999）。

综上，高职教师绩效评价的价值属性应该包括：教师绩效评价的作用应该充分体现学校的目的性，发挥评价的导向作用；评价内容应该符合评价目的的功能需要，评价标准应该符合学校的价值导向和价值标准，评价信息资料应该全面、可靠；评价方法应该符合事实、逻辑、规范、目的性，评价主体应该具有价值判断和自我反思的能力。

美国著名的评估专家古贝和林肯在其主编的《第四代评估》中提出第四代评估的思想方法，并总结阐述了之前的评价方法，将其概括为前三代评价方法。其中第一代评价的特征是“测量”，时间在19世纪末—20世纪30年代，在这个阶段里学生被看作被学校控制管理的需要“加工”的“原料”。评估者的角色是技术性的，通过可利用的工具，去测量指定的调查变量。第二代评估特征是“描述”，时间从20世纪30年代至50年代，以描述关于某些规定目标的优劣模式为特征，以学生作为评估的客体，评估者的角色是描述者，评估虽然一定程度保留着技术性，但评估本身已经超越了“测量”，“测量”仅仅是评估的工具，评估的目的更关注设计课程并评价其发挥的作用。第三代评估的特征是“判断”，出现于20世纪50—70年代，评估者的角色是评判员，同时保持了“技术性”和“描述性”功能。作者认为这三代评估普遍存在着的问题是：管理主义的倾向，导致评估者身份不平等，影响评估结果的客观公允性；忽略价值的多元性，主张“价值多元性”，充分听取不同方面的意见，即“以利益相关者的主张、焦虑和争议作为组织评估焦点，决定所需信息的基础的一种评估形式”；过分强调调查的科学范式，抽象的评价测量模型与现实复杂性存在矛盾，并不是所有需要评价的事项均可以被测量，也不代表所有测量结果都是价值中立的。第四代评估出现于20世纪70年代后期，强调评价是一种“心理建构”过程，主张评价是各利益相关者通过协商形成的“共同的心理建构”，提倡价值多元、全面参与和共同建构，提出了“响应式建构主义评估”的新方法。第四代评价主张回应的主要内容包括各利益群体的主张、焦虑和争议。针对前三代评价的不足，第四代评价在实证的基础上，引进了定性方法，并注意了评价过程中评价双方的互动作用及动态分析，其贡献在于把评价过程的控制特点与评价对象的伦理要求成功地协调起来。

教育评价理论中的目标游离评价和应答式评价与《第四代评估》所倡导的评价要关注并响应利益相关者的价值多元性的观点相近。目标游离评价把活动参与者的意图作为评价结论的依据和准绳，反映群众的意愿，是一种民主的、“没有偏见”的自由的评价（斯克利文，1989）；应答式评价特征是评价人员可以确定多向度的观点，关注社会上多数人对计划的活动的反映，不断与当事人就关键问题进行沟通，力求揭示事件的多元现实性（王瑜，2003）。高职教师绩效评价应该关注教师、学生等内部利益相关者，以及社区、合作企业等外部利益相关者的价值主张，吸收利益相关者作为评价主体。

（二）激励理论

激励理论是指基于对人的关注，通过特定的方法将员工对组织及工作的承诺最大化的过程。激励理论对高职教师绩效评价有效性和作用机制具有重要的指导和解释作用。

马斯洛需要层次理论认为，人的需要是有层次的，它们按照重要程度和发生顺序，呈梯形状态，由低级需要向高级需要发展。人的需要主要包括生理需要、安全需要、社交需要、尊重的需要和自我实现的需要（饶君华，2013）。美国心理学家赫茨伯格双因素理论认为引起人们工作动机的因素主要有两个：一是激励因素，二是保健因素。只有激励因素才能够给人们带来满意感，而保健因素只能消除人们的不满，但不会带来满意感（芮明杰，2009）。美国心理学家道格拉斯·麦格雷戈提出X理论和Y理论这一对完全基于两种完全相反假设的理论：X理论认为人们有消极的工作源动力，重视惩罚，认为惩罚是最有效的管理工具。麦格雷戈认为这种软硬兼施的管理办法，其后果是导致职工的敌视与反抗。Y理论则认为人们有积极的工作源动力，将个人目标与组织目标融合，通过对员工工作安排得富有意义、有挑战性，满足员工自尊心和自我实现的需要，使员工实现自我激励、自我控制和自我指导，在条件适合的情况下能够实现将组织目标与个人需要统一起来的最理想状态。上述评价着眼于满足人们需要的内容，重点研究激发动机的诱因，为指导高职教师绩效评价内容的确定，以及奖罚性、发展性评价作用的确定提供了理论指导。

北美著名心理学家和行为科学家维克托·弗鲁姆（Victor H. Vroom）提出的期望理论又称作“效价－手段－期望理论”，是管理心理学与行为科学的一种理论。这个理论可以公式表示为激动力量＝期望值 × 效价。在这个公式中，激动力量指调动个人积极性，激发人内部潜力的强度；期望值是根据个人的经验判断达到目标的把握程度；效价则是所能达到的目标对满足个人需要的价值。一个人对目标的把握越大，估计达到目标的概率越高，激发起的动力越强烈，积极性也就越大。在领导与管理工作中，运用期望理论对于调动下属的积极性是有一定意义的（马仁杰等，2013）。期望理论为高职教师绩效评价标准的确立以及评价结果的使用提供了理论指导。

美国心理学家约翰·斯塔希·亚当斯（John Stacy Adams）提出的公平理论又称社会比较理论，是研究人的动机和知觉关系的一种激励理论，认为员工的激励程度源于对自己和参照对象的报酬和投入的比例的主观比较。该理论侧重于研究公平性在工资报酬分配中的体现和产生的影响。公平理论指出：人的工作积极性与个人实际报酬多少有关，与分配公平性的感知更为密切。人们总会自觉或不自觉地将自己付出的劳动代价及所得到的报酬与他人进行比较，并对公平与否做出判断。公平感直接影响职工的工作动机和行为。因此，从某种意义来讲，动机的激发过程实际上是人与人进行比较，做出公平与否的判断，并据以指导行为的过程（曼昆，2003）。该理论为教师对工作机会公平性高度重视、对教师绩效评价政策奖罚规定执行的公平性和严肃性高度重视的现象，以及教师绩效评价政策的激励作用发挥情况提供了有效解释。

美国行为科学家爱德华·劳勒和莱曼·波特提出波特－劳勒期望激励理论，即：一个人在做出了成绩后得到外在和内在两类报酬。外在报酬包括工资、地位、提升、安全感等；内在报酬指一个人由于工作成绩良好而给予自己的报酬，如感到对社会做出了贡献，对自我存在意义及能力的肯定，等等。一个人要把自己所得到的报酬同自己认为应该得到的报酬相比较。如果他认为相符合，他就会感到满足，并激励他以后更好地努力；如果他认为自己得到的报酬低于“所理解的公正报酬”，那么即使事实上他得到的报酬量并不少，他也会感到不满足，甚至失落，从而影响他以后的努力。该模型强调奖励要以绩效为前提，必须先完成组织任务才能导致精神的、物质的奖励。当职工看到他们的奖励与成绩关联性很差时，奖励将不能成为提高绩效的刺激物；奖惩措施是否会产生满意的结果，取决于被激励者认为获得的报偿是否公正（张鑫等，2005）。波特－劳勒期望激励理论指导高职教师绩效评价要关注非物质激励作用，同时学校一定要高度重视教师绩效评价结果的公平性和教师对教师绩效评价合理性的认同。只有教师认为合理的教师绩效评价才能发挥应有的激励作用。

（三）民主参与理论

参与式民主不仅适用于建构政治体制，还是协调集体行动的一种重要的生活方式。“对自由的平等权利和自我发展只能在参与性社会中才能实现，这个社会培植政治效率感，增加对集体问题的关心，有助于形成一种有足够知识能力的公民，他们能对统治过程保持持久的兴趣。”（赫尔德，2008）“密尔认为，在几乎人类成就的所有方面，积极的生活在道德上都优于消极服从的生活。由此得出的结论是，鼓励所有公民积极参与其活动的政府，尽管这会产生一些问题，却好于更有秩序但鼓励其公民被动服从统治集团命令的政府，不管这些命令是否道德或公正。”（施特劳斯等，1993）“如果人民知道存在着有效地参与决策的机会，他们就会认为参与是有价值的，就会积极地参与，并且会相信集体决定应当具有约束力。现代社会的结构，使公民的政治权利必须由工作和社区关系领域内的同样权利加以补充。”（蒋本国，2002）

俞可平（2007）认为，公民参与是实现公民权利的基本途径，可以使公共政策更加科学和民主，可以有效防止公共权力的滥用，能够促进社会生活的和谐与安定，参与可以唤醒公民的权利意识和民主意识，培养公民的合作精神，增进公众的政治认同，提高参与的技巧，积累参与的经验，发展参与的能力。公民参与有参与的主体、参与的领域、参与的渠道等三个基本要素。公民参与的主体是拥有参与需求的公民，既包括作为个体的公民，也包括由个体公民组成的各种民间组织。公民可以合法参与的公共领域的主要特征是公共利益和公共理性的存在。公民可以通过各种各样的渠道去影响公共政策和公共生活。

Crowther 等（2001）提出了教师民主参与的含义：“教师民主参与是教师与校长们共同合作、发展能力的过程。它包括互相尊重、为了共同的目标齐心协力。教师民主参与尊重个人意见表达，尊重个人贡献。”“教师在学校管理中的参与程度是指教师对学校工作活动所起影响的状况和表达自己意愿的水平。”（李永生，2002）提高教师民主参与程度，首要的是让教师感受到民主参与的有效性。

教师对教师绩效评价的民主参与是教师作为参与主体，在教师绩效评价工作领域，通过参与评价政策的决策、了解评价信息、监督评价过程，并保留对评价结果申诉权等渠道实现民主参与。教师民主参与是改进学校教师绩效评价合理性的有效途径。教师的参与能够促进教师与学校之间、教师相互之间对绩效评价政策的理解和协商，实现教师对绩效评价的意见表达，增进教师对教师绩效评价合理性的认同。

五、对高职教师绩效评价研究文献的总体评价

从文献检索和分析情况可以看出，教师绩效评价（包括各类各级教师）的研究在我国始于2000年，比较系统的研究文献始于2005年以后，因而本研究阅读与分析的文献时间范围选择近10年的教师绩效评价研究文献是合适的。

上述文献从高职教师绩效评价的作用、高职教师绩效评价（评价内容、评价方法、评价主体）的现状、问题及对策、高职教师绩效评价影响因素、高职教师绩效评价理论基础等四个方面分类整理，总体呈现出关于普通高等院校的教师绩效评价的研究较高等职业院校的要丰富许多，也更加成熟。高职教师绩效评价研究尚处于起步阶段，研究文献相对较少，虽然已受到学者和管理者的关注，但不论是高职教师绩效理论的研究还是绩效评价的实践应用，都亟待深入。

关于高职教师绩效评价自身特点方面的研究。高职绩效的一些研究者已经关注到了现行的高职教师绩效评价办法缺乏高职特色，属于“拿来主义”，多借用普通研究类高等院校的方案，针对高职院校自身问题的研究不够。高职院校的价值理念、育人观如何与高职教师绩效评价观相融合，作为高职教师绩效评价究竟应该发挥哪些方面的作用，需要结合高职院校的办学功能、高职教师的工作特点、高职院校学生的特点、高职教师的使命、高职教师的特点进行系统地研究。

（一）高职教师绩效评价研究广度和深度不够

1. 关于高职教师绩效评价理论基础研究方面

据CNKI精确检索“高职教师绩效”关键词，查阅自1979年到2015年的文献，包括SCI来源期刊、EI来源期刊和核心期刊，共检索到43篇文献，同期其他教师绩效评价的文章大都关于高校教师绩效评价的某一方面的研究，包括指标体系确定和评价方法选择等方面，缺少系统的理论研究文献。高职教师绩效评价研究更多的是基于实践层面的研究，缺乏理论基础整合研究。仅有黎荷芳（2015）在其文章《高职院校教师绩效评价制度有效性研究》中对高职教师绩效评价的理论基础进行了研究分析。多视角、跨学科针对高职教师绩效评价实践问题的理论研究，对高职教师

绩效评价意义重大。

2. 关于高职教师绩效评价内容方面的研究

目前研究主要集中在教学、科研、管理和社会服务等方面。尽管一些研究者指出高职教师绩效评价的内容目前存在盲目照搬普通高校、科研绩效评价过度、高职特色不鲜明等问题，但基于高职院校的办学功能、人才培养目标、高职教师的胜任力，究竟应该有哪些突出高职教师发展需要的评价内容研究较少，缺少权威的解决方案，多数方案没有呈现实证检验。高职教育人才培养的要求，首先要迁移到对教师的要求，这些具体要求如何通过教师绩效评价内容来体现，发挥评价的引导和激励作用，是现实急需的研究题目。

3. 关于高职教师绩效评价方法方面的研究

相较于普通高校从绩效评价目的（奖惩性、发展性）、绩效评价实施流程、绩效评价结果反馈形式、评价制度建设、基于评价结果有效性元评价等多方面的研究，高职教师绩效评价方法多集中在评价结果与绩效工资、职称评聘等挂钩的直接作用方面，缺少评价结果的拓展应用和使用风险控制等深层次的研究和理论支持。

4. 关于评价主体的多元结构与各主体参与形式问题

高职教师绩效评价需要平衡政府、高校、企业和教师等关键利益相关者，同时兼顾其他利益相关者，形成基于高职跨界特点的多元绩效评价主体框架。目前 360°反馈评价方法被广泛认同，主体构成由本人评价、领导评价、同行评价、学生评价，以及外部利益相关者比如用人单位、家长等人员构成，研究者多以此为维度，对构成的主体进行研究。关于评价主体构成的权重设置，以及作为评价主体的外部利益相关者参与评价的有效形式研究较少。

5. 关于高职教师绩效评价影响因素研究方面

研究内容以描述性研究居多，解释性研究不够。表现在对包括评价目标、评价内容、评价方法、评价主体等评价本身的问题研究居多，但影响到这些评价问题的因素到底是什么，这些问题是如何形成的解释性研究不够。经检索国内相关数据库，包括 CNKI、万方数据知识服务平台、维普资讯中文科技期刊数据库、中国人民大学复印报刊资料、百度学术及搜索相关网站，参照“高职教师”“高校教师”“绩效评价影响因素”“民主参与”“组织承诺”等关键词，依据“高职教师 * 绩效评价 * 影响因素，高职教师 *（绩效评价 + 影响因素）”“高校教师 * 绩效评价 * 影响因素”“高校教师 *（绩效评价 + 影响因素）”“高职教师 + 绩效评价 + 影响因素，高校教师 + 绩效评价 + 影响因素”“组织承诺 * 绩效评价”“民主参与 * 组织承诺”布尔逻辑检索式，16 年的研究文献总计 100 余篇，其中较为相关的 20 余篇，直接针对高职教师绩效评价的研究散见几篇。专门的、系统的研究文献未检索到。就现有研究成果看，存在以下缺陷：影响高职教师绩效评价的因素非常复杂，目前的研究还远远不够，更谈不上系统性研究，研究成果也星星点点；现有研究成果中，有的既缺乏严密的逻辑推理，又没有经过实证研究，仅仅是研究者的“感觉”，应用中需要去伪存真；教师个体特征、民主参与对于绩效评价的影响是显见的，但系统的研究尚属空白，需要更多的研究者进行深入研究。

（二）高职教师绩效评价研究方法需要进一步丰富

国内关于评价方法的研究始于对高职教师绩效评价指标体系确定和进行高职教师绩效的定性评价，早期关于研究方法的文章，大多是理论思考性和建议性文章，散见于为数不多的几种管理类期刊，近 10 年来关于高职教师绩效评价实证研究的学者逐渐增多。对高校教师绩效评价的研究方法由最初的规范性研究越来越多地转变为定量研究、定性研究，以及定性与定量相结合的混合式研究，但混合研究方法仍然运用不足。

在查询的高职教师绩效研究的文献中，虽然有采用访谈法或问卷法进行定性研究、定量研究的，特别是有研究者在对高职教师的指标体系研究中采用层次分析法、数据包络分析等数学模型评估工具，对研究对象的评价指标进行研究分析，此类实证研究为提高教师绩效评价的内容的合理性做了积极探索。但是，高职教师绩效评价的实施对象是教师个体，教师个体对评价效果的感知、对评价合理性的认同是对教师绩效评价工作更有价值的研究，而目前将教师个体作为研究对象的定性研究还非常少，需要大量的实证数据来丰富和支撑相关研究。

与单纯的定量研究或定性研究相比，定量与定性研究相结合的规范的混合式研究方法被了解并使用较少。实践证明混合式研究方法能有效地消除任何单一研究方法中存在的不足，形成有效互补，一定程度上弥补各自局限性。其中顺序法（Sequential）、并行法（Concurrent）、转换法（Transformative）是三种普遍使用的方法。

顺序法中，“研究者尽量用某种方法来详细阐述和说明用另一种方法所得到的研究结果。这可能涉及为探查目的而首先使用了定性法，接着为从结果中演绎出总体的情况而使用了大量样本的定量法。另一种可能是研究者一开始用定量法来论证理论或概念，接着使用了对一些案例和个体的详细探究的定性法”（克雷斯威尔，2007）。

并行法中，“研究者为了对所研究的问题进行全面的分析而把定性资料和定量资料综合起来使用。在这种设计中，调研者在研究中同时收集两种形式的资料，然后把这些整合到对整个研究结果的理解中。同样，在这种研究设计中，研究者往往把用一种方法得来的资料嵌套在另一种方法获得的资料中，这样增加资料收集的过程是为了分析某一组织结构中不同方面的问题或单元层次”（克雷斯威尔，2007）。

转换法中，“研究者把一种理论视角视为‘最佳视角’。这种视角为研究中的一些有趣的主体提供了框架，为资料收集提供了方法，同时也为预期的结果及其变化提供了一种分析工具，这种理论视角中也可能包括了顺序法和并行法的资料收集方法”（克雷斯威尔，2007）。

实践证明定性与定量方法相结合的研究可以使研究更加科学与合理，评价结果更加客观公正。上述这些混合研究方法在目前的教师绩效评价方法中都极少被使用。高职教师绩效评价研究具有理论和实践意义，丰富其研究方法，是对该研究有意义的探索。

总之，虽然近几年来随着高职教育不断发展壮大，已经有越来越多的学者将研究视线转向对高职院校的管理和高职教师发展的关注，有学者不同程度地开展了对高职教师绩效评价的研究，但是从查询研究高职教师绩效评价的文献数量及引用情况看出，学术界对高职教师绩效评价领域的关注度仍然远远不够。

第四节　研究设计

对高等职业院校的教师绩效进行评价是高职教师绩效管理的关键环节。有科学的理论指导并在实践中被教师所认可，无疑是这一关键环节能否发挥作用的前提。找出问题、分析问题、解决问题，并实现对高职教师绩效评价的改进是本研究的目标任务。

本研究基于问题导向，旨在通过对高职专任教师绩效评价的系统研究，分析出目前高职教师绩效评价存在的问题和对高职教师绩效评价的影响因素，并对问题和影响因素进行深入研究，最终有针对性地提出高职教师绩效评价的改进策略。

研究技术路线设计包括提出并界定研究问题，确定研究内容和研究方法，采用定性与定量结合的混合研究对目标内容进行研究，并最终找到解决问题的对应策略。

一、研究问题

本研究将梳理目前教师绩效评价现状问题作为研究的起点，在文献研究和某高职院校现行绩效评价现状研究和预访谈的基础上，将本研究的研究问题界定为：

（1）高职教师绩效评价现状研究（存在问题的界定）；

（2）高职教师绩效评价影响因素研究（产生问题的原因解释）；

（3）高职教师绩效评价的改进策略研究（改进策略与具体措施）。

围绕需研究的三方面具体问题，选取山东某高职院校作为研究样本，对该学校与教师绩效评价相关的制度文本进行研究分析，通过访谈和问卷调查，以该学校全体专任教师关于学校教师绩效评价的评价内容、评价方法、评价主体的合理性现状，以及教师个体对评价作用的感受作为主要研究内容，以期发现问题、解释问题、解决问题。

本研究的样本学校是一所省市共管、以市管为主的全日制普通高校，主要从事全日制高职教育和社会职业技能培训，兼顾成人学历教育、中外合作学历教育及中小学教师、校长培训等，具有接收外国留学生资质和聘请外国文教专家资格。在职教职工近 800 人，全日制高职在校生 12 000 余人。学院在办学理念、育人质量、师资队伍、办学环境等方面均处于全国高职院校的较高水平。该院校作为市属全额拨款的事业单位，其办学体制、机制以及在校生规模与师资数量、结构与全国同类院校基本相符，以该院校作为研究个体具有一定代表性，学校教师绩效评价存在的问题以及问题产生的原因具有一定的普遍性，本研究所形成的改进措施具有一定的推广性。

二、研究方法

基于本研究确定的研究问题和研究内容需要，在描述问题和解释问题进而解决问题的探究中，找准问题是研究质量和研究意义的前提。在找准问题的基础上有理有据地确定影响问题的因素，才能最终有的放矢地改进问题。所以本研究基于实用主义知识观的哲学假设，以实用主义为基础建构知识观，提高研究的效用。本研究采用混合研究的顺序性探索策略对某高职院校的教师绩效评价进行实证研究，将定性研究与定量研究相结合。本研究采用半开放的访谈法与问卷法，并进行相应的定性和定量的数据收集和分析。图 1-1 是顺序性探究策略研究设计（Sequential Exploratory Strategy）流程图。

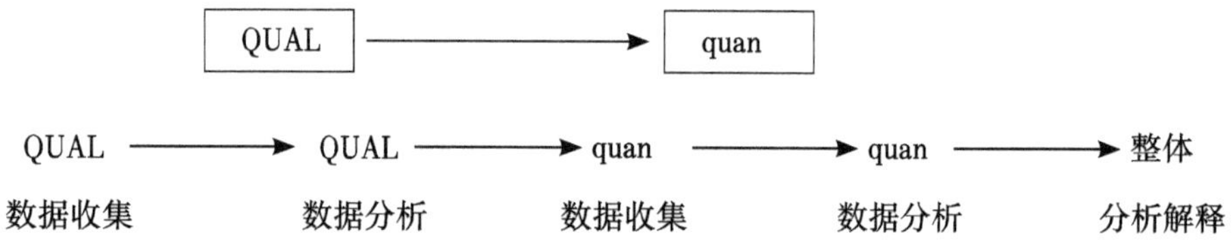

图 1-1　顺序性探究设计示意图

（一）数据收集方法

顺序性探究策略的第一步是采用访谈法进行研究数据收集，接下来是对访谈文本实施数据分析，聚焦研究问题和提出研究假设；在明确研究内容框架的基础上，开发调查问卷和量表，采用问卷法形成问卷数据。

1. 访谈法

围绕研究问题和研究内容设计访谈实施方案、开发访谈提纲（附录一）；确定访谈对象的抽样原则并进行抽样；确定访谈策略，选择访谈时间、形式、地点，实施访谈；对访谈数据资料进行整理。

为保证访谈题目的有效性，正式访谈前进行预访谈，并进一步完善访谈提纲表述不清楚、容易引起歧义、过于发散或没有考虑到的对研究有价值的题目。在相关职能部门二级学院负责人等管理人员、教研室主任、骨干教师、学生中分层选取样本。

2. 问卷调查法

在访谈数据分析的基础上，形成假设，编制问卷和量表（附录二），实施问卷法进行数据收集。主要步骤包括：编制量表工具；按院系、职称等主要背景条件抽取教师进行预问卷；在预问卷基础上对量表信度、效度进行评估，对量表题目进行修改完善；确定问卷策略，明确问卷时间、形式、地点，实施问卷；对回收问卷进行编码、有效性分析和答案统计。

问卷围绕深度访谈数据形成的研究内容框架和研究假设，从教师个人背景、教师绩效评价相关问题及量表问题进行设计，旨在进一步描述访谈中发现的评价存在的问题，以及学校绩效文件和文献综述研究过程中需要进一步落实的问题，同时为进一步探究解释影响教师绩效评价的因素，收集问卷数据信息。

（二）数据分析方法

本研究的访谈资料和问卷数据的处理与分析采用定性与定量结合的方法。在定性的数据收集和分析后进行定量的数据收集和分析，两个阶段的数据结果在解释阶段加以整合。

1. 定性研究的数据分析

在访谈基础上，按照扎根理论方法，借助 MAXQDA12 质性数据分析软件，对访谈资料数据进行文本编码分析。按照开放编码、聚焦编码、主轴编码的编码分析顺序，逐层聚拢产生核心概念，并在此基础上构建研究内容框架图和研究假设。

访谈数据资料基础上进行的定性分析结果，一方面对研究设计中的拟研究内容进行修订，同时为影响因素解释性研究所需进行的定量研究的变量关系假设提供思路。

2. 定量研究的数据分析

定量研究的数据分析主要采用量化研究工具，对调查问卷数据进行数理统计分析和确定影响路径系数。具体涉及的量化方法包括：运用 SPSS22.0 进行常规统计分析，运用 AMOS20.0 进行结构方程模型（SEM）构建，解决传统线性回归不能解决的潜变量影响问题，精确定位影响因素的路径系数，为改进绩效评价方案提供统计支持。

定量研究的数据分析结果对定性研究基础上形成的研究假设进行验证，并最终确定对教师绩效评价合理性的影响因素，对教师绩效评价现状中的不合理问题进行解释。为改进教师绩效评价现状找准问题、找出改进途径和措施做实证支持。

3. 定性研究数据与定量研究数据的整合

在依次进行的访谈的定性研究和问卷调查的定量研究的数据收集和分析的基础上，围绕本研究的三个核心研究问题，按照研究内容的框架和变量进行问题描述、解释和改进措施的梳理分析，在研究的最后阶段，将定性研究数据与定量研究数据以研究变量和具体问题为线索，进行整合分析，以期得到丰富的、真实有效的数据资料，从而达成研究目标。

三、研究路线

本研究按照混合研究的顺序性探索策略的研究路径，设计如图 1–2 的研究路线。

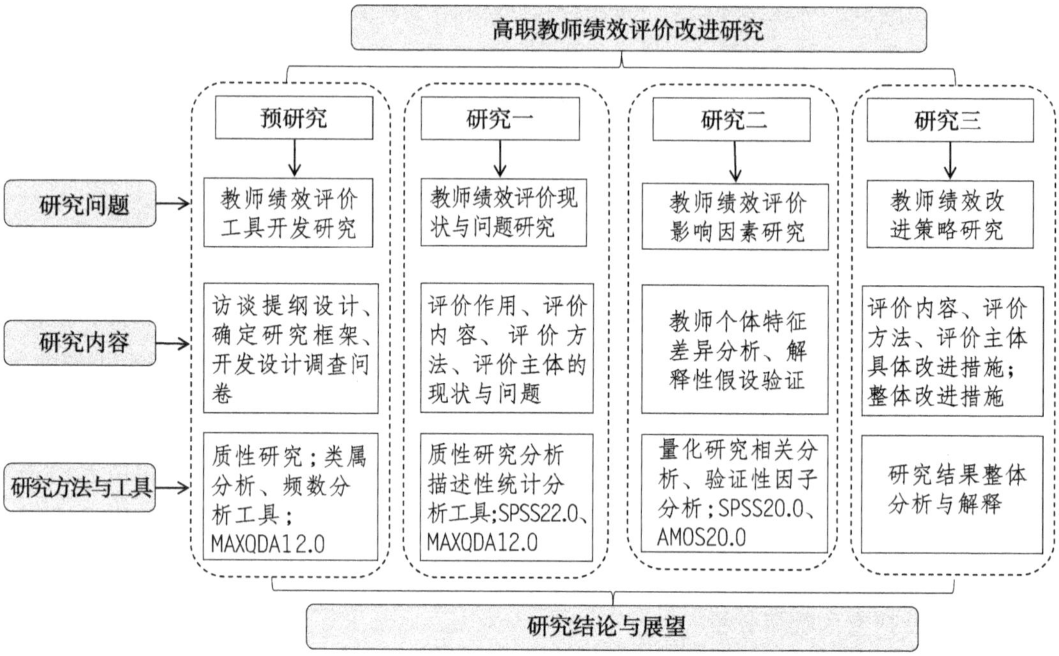

图 1–2 研究技术路线图

第二章

研究工具开发与实施

高职教师绩效评价作用的对象是教师，教师个体的实践经历是研究高职教师绩效评价最重要的一手材料。目前规范性研究居多，将教师作为研究对象的实证研究较少，尤其缺少关注教师个体感受的质性研究与理性量化分析相结合的混合式研究。“扎根理论作为质性研究的重要方法，包括一些系统而又灵活的准则，研究者搜集和分析质性数据，关注个体经验感受，并扎根在数据中建构理论。这些准则提供了一套基本原则和启发性工具，而不仅仅是公式性规则。这样，数据形成了理论基础，对这些数据的分析产生了所建构的概念。”（卡麦兹，2009）

本研究运用质性与量化结合的顺序性探究的混合式研究策略：首先基于扎根理论的方法，对高职教师就绩效评价话题进行访谈，取得与实践最直接相关的资料，通过对资料的系统收集、分析，构建高职教师绩效评价研究框架，在此基础上进行量表设计，进一步分析高职教师绩效评价影响因素并提出改进策略。

第一节　访谈数据的收集

访谈分为单独访谈和小组访谈两种形式进行。访谈题目为半开放式，围绕教师对学校绩效评价情况的了解和体会，访谈题目涉及学校教师绩效评价的项目及具体评价内容、评价的组织实施、评价结果的使用、评价的作用发挥以及影响教师绩效和绩效评价的因素等方面的问题。

一、访谈数据的收集

访谈于 2016 年 1—7 月进行，访谈对象包括行政管理人员与二级教学院部专任教师，其中各二级教学院部院系长或教学副院长及教务处、科研处、质管办等相关处室负责同志和学校专家委员会教授 16 人，专任教师 29 人，合计 45 人。管理人员的选择，主要考虑对学校教师评价工作比较了解并且直接参与该项工作的职能部门负责人，借助于这一关键少数人群，可以有效地了解学校教师绩效评价工作的理念、做法和取得的效果及存在的问题；专任教师的选择，重在了解教师对学校教师绩效评价工作合理性认同和评价作用发挥情况，充分考虑其代表性，从每个二级院系教学质量综合评价结果为“优”“良”“中”和“差”的教师中选择 3~4 位，兼顾文科、理工科等不同的专业背景（由于教师不坐班以及上课时间冲突或其他个人原因，最终成功访谈的教师的评教结果并没有完全实现“优”“良”“中”“差”的均衡比例结构）。

访谈形式除其中一组是采用1对4的小组访谈形式，其他均为单独访谈形式。对每一位教师的访谈时间大约在一个半小时左右，访谈总时长累计约65个小时。在征得被访者同意的情况下，进行了全程录音，同时对访谈重点进行了笔记记录。后期整理时有三个录音文件异常损坏，只能通过整理笔记完成访谈记录，其他通过录音整理出访谈记录，转录后形成累计约30万字的42个访谈文件。

访谈资料中对所有被访谈者的个人信息进行了技术处理，访谈文本中涉及的具体人名也都做了处理，充分考虑了被访者的隐私保护，符合研究的伦理要求。

访谈过程中教师们能够积极配合访谈，对学校教师绩效评价目前存在问题能坦诚表达，对未来学校教师绩效评价工作能够得到改进的期待或无望，都令人印象深刻。被访谈的教师非常认同这次访谈，感觉自己得到尊重，能够把自己的想法表达出来，很高兴有机会可以就绩效评价问题与研究者进行比较深入的交流。个别教师谈到自己来学校工作这么多年第一次与学校领导这样面对面交流，开始还有些紧张，讲着讲着就不紧张了，而且还说了那么多心里话，在交谈的过程中自己也非常受益。整个访谈过程，研究者尽量不去影响对方的观点，更多地是倾听，所以，教师所谈到的“非常受益”，更多地来源于自己的观点被倾听、被尊重的体会。

二、访谈对象的组成及基本情况

（一）访谈对象的组成

45人组成的访谈对象包括职能部门负责人（处长、副处长）4人，院系负责人（院系长、副院系长）11人，教研室主任12名，普通专任教师17人，处室工作人员（兼课）1人（表2-1）。对访谈对象职务身份的关注的主要原因是，通过访谈对象在学校评价工作中不同的角色体验，相关信息会更加立体和完整。

表2-1 访谈对象的职务结构

职务	普通教师	教研室主任	副院系长	院系长	副处长	处长	总计
人数	18	12	5	6	1	3	45
比例	40.00%	26.67%	11.11%	13.33%	2.22%	6.67%	100.00%

（二）访谈对象的基本情况

对访谈对象的基本情况按照性别、年龄、教龄、是否具备“双师”素质、是否是教学能手名师等教学荣誉状况、最近一学期的教学评价情况，以及职称、职务等项目进行落实，具体情况见表2-2。

表 2–2 访谈对象的基本情况表

文本名	性别	年龄	教龄	“双师”素质	教学荣誉	教学评价	职称	职务
FT01	男	36	13	是	无	优	讲师	教研室主任
FT02	女	37	15	是	名师	优	副教授	无
FT03	男	35	12	否	无	良	讲师	教研室主任
FT04	男	38	12	否	无	优	讲师	督导
FT05	女	35	12	是	无	良	讲师	无
FT06	女	38	8	是	无	优	高级工程师	教研室主任
FT07	女	38	15	是	无	优	讲师	无
FT08	男	40	9	是	名师	优	副教授	教研室主任
FT09	女	53	30	是	名师	中	副教授	督导
FT10	女	39	15	是	名师	优	讲师	无
FT11	男	41	16	是	无	差	讲师	无
FT12	男	39	15	是	无	优	讲师	无
FT13	女	36	13	是	无	优	讲师	教研室主任
FT14	女	38	15	是	无	优	讲师	教研室主任
FT15	男	54	14	是	名师	优	教授	无
FT16	女	36	12	否	无	良	讲师	教研室主任
FT17	女	46	14	是	名师	优	副教授	专业带头人
FT18	男	37	8	是	名师	优	讲师	教研室主任
FT19	女	36	13	否	无	良	讲师	无
FT20	男	39	11	是	无	优	讲师	教研室主任
FT21	女	39	15	是	能手	优	讲师	教研室主任
FT22	女	39	15	是	无	良	讲师	无
FT23	女	38	14	是	无	良	讲师	无
FT24	女	52	12	是	无	良	副教授	无
FT25	女	39	15	否	无	良	讲师	无
FT26	男	37	13	是	能手	优	讲师	教研室主任
FT27	女	37	15	否	无	良	讲师	无
FT28	女	36	13	否	无	优	讲师	无
FT29	女	39	15	否	名师	优	讲师	教研室主任
FT30	男	36	15	是	无	优	副教授	院系长
FT31	男	51	30	是	无	无课	副教授	处长
FT32	女	38	15	是	无	良	副教授	副院系长
FT33	男	39	15	是	无	优	讲师	副院系长

（续表）

FT34	男	51	10	是	无	优	高级工程师	副院系长
FT35	男	53	28	是	名师	优	教授	院系长
FT36	女	51	28	是	无	优	副教授	处长
FT37	男	45	9	是	无	优	高级工程师	副院系长
FT38	男	52	30	是	无	优	教授	院系长
FT39	男	48	12	是	无	优	教授	院系长
FT40	男	41	12	是	无	良	讲师	副院系长
FT41	女	53	33	否	无	优	副教授	副处长
FT42	男	53	28	是	无	优	教授	处长
FT43	男	53	32	是	无	良	副教授	院系长
FT44	男	50	28	是	无	优	教授	无
FT45	男	51	28	是	名师	优	教授	院系长

第二节　访谈数据分析

对资料进行逐级编码是扎根理论（Ground Theory）整理搜集数据和形成解释这些数据的生成理论之间的关键环节。研究者通过编码可以定义数据中所发生的情况，对它们的意义进行反复思考。这些代码一起形成了初始理论的要素，可以解释这些数据，并指引接下来的数据搜集（卡麦兹，2009）。按照扎根理论研究范式，本研究首先对访谈数据资料进行整理，其次对资料进行三级编码，最后在编码的基础上形成研究内容的理论框架。

本研究使用MAXQDA12软件对访谈文本进行分析，MAXQDA12软件是一款使用较多的质性分析软件，可以处理不同格式的文本、音频及视频等，较为方便地编码资料内容，并生成概念地图。通过对轴心编码的概念化过程，以及对轴心编码间关系的假设进行研究，为高职教师绩效评价改进研究建构起研究内容的基本理论框架，为量化研究设计与实施提供指引。

一、访谈编码示例

按照扎根理论的三级编码要求对访谈文本进行编码，首先是资料的开放编码即初始编码。为保证准确地选择初始编码，对所有的文字记录进行了三遍阅读分析，以熟悉被访谈者对相关问题的表述方式，从而进行第一次编码；接下来在初始编码的基础上进行聚焦编码，为加深对访谈者表达信息数据的理解，同时按照 MAXQDA12 系统提供的功能，对编码文本段进行批注，为采用最能概括初始编码的概念或是出现频率最高的初始编码来形成聚焦编码做辅助；最后在初始编码和聚焦编码的基础上进行资料的轴心编码。表 2–3 是对部分文本段的编码过程（对访谈材料分析—确定文本段（批注）—对文本段进行开放编码—聚焦编码—轴心编码），是访谈资料研究过程中的主要工作。

表 2–3　MAXQDA12 编码过程实例

FT01 部分被编码文本段	批注	开放编码	聚焦编码
咱们现在督导老龄化比较严重，并不一定说这个老师资深就能来衡量其他的。他有可能传统观念重，他觉得老师讲课有板有眼就是好老师，我觉得督导队伍里可以加一些年轻一点的老师，最好是中青年龄阶段的老师	督导作为评价主体的工作主要由日常听评议课和期末给教师教学质量综合评价打分两部分组成。老龄化可能导致督导的传统观念重，影响到评价结果，是评价主体胜任力的问题；主观性强，是评价内容标准的问题	评级主体专业能力；评价要求合理性	评价主体胜任力；评价要求合理性
参加职称评审什么的就主要是填表格，然后校内外专家评审。专家评，就主要看你的科研。比如说我这一年上 500 个工作量，合着 200 个工作量人家参加职称评审，没有任何的影响因子，我上 500 和我上 200 是一样的，好了，我这学期就完成我基本的工作量，非常少，我有省级科研课题，我有市级科研课题，我有国家发明专利，这个人肯定马上提上来，这是一种导向。目前我还没有发现什么明显的作用，我感觉就是逼着我去做科研	此部分涉及评价方法、评价主体、评价内容、评价作用。表格评审，体现结果，忽视日常表现；职称评聘的主体是校内外专家，由于校外专家对教师日常表现不熟悉，所以更突出表格内容的重要性；评价内容影响最大的是科研，教学工作量只有是否完成的要求，形不成教师之间的差距；导向轻日常表现，轻教学，重科研	填表 – 评审的程序安排；评价主体对被评价者的熟悉度；以科研为主的评价内容；评价导向轻教学、重科研，轻日常表现、重科研成果	评价程序合理性；评价主体胜任力；评价内容的合理性；评价目标与效果

（续表）

比方说现在咱的学生这样，老师管得严，肯定不行，经常找他谈个话，经常批评批评，他对你肯定不会有好印象，不可能给你打高分，这是肯定的	学生给管得严的教师评价分数低	学生评教主体的公正性、专业能力	评价主体的胜任力
有的老师在企业干了20年，来学校又让你去企业研修，一刀切了，就没有意思了。前一阵说老师的CRP造假，你说不造假的话，评职称你还卡人家，你让人真正去研修，比如我，我去企业人要我吗？这是个问题吧，人家不让你去，你找关系去了，人家也不喜欢你长期在那儿待着，你去考察考察可以，我觉得学校应该把企业研修界定为企业考察	企业研修是否列为评价内容，一刀切的方法是否合适，如何证明教师企业研修情况，企业研修评价结果如何使用	分类评价的方法；评价内容的支撑材料权威性；教师工作机会是否均等；评价内容是否合理；评价结果与支撑关联是否合理；工作机会不均等	评价具体方法合理性；评价内容合理性
很多时候吧，老师提的意见最后都没有采纳。估计也没被考虑，大多是白提了。就算不采纳，也应该解释一下，以示尊重	教师参与绩效评价方案讨论的机会，意见是否被采纳、有无反馈，被尊重的感受	教师参与评价的权利	教师的参与权
科研工作量的界定还是有点模糊，就是哪些算科研工作量哪些不算科研工作量？你比如说他们的教材吧，实际上编本教材比写篇论文要难多了，以前认为是科研工作量，现在不认为是科研工作量了，这一点就极其不合理	科研工作量作为评价内容的一部分存在内涵界定不清晰的问题。编写教材是否应该作为科研工作量	评价内容的清晰界定——科研工作量内涵界定	评价要求合理性

上述示例显示在同一被编码的文本段下，即访谈中教师的一段话甚至一句话中存在着同时涉及两个或两个以上聚焦编码或主轴编码的情况。这种现象贯穿于42个文本文件的若干个被编码段中，可以说是普遍存在的。其原因恰恰体现了教师绩效评价是一个系统、复杂的研究题目，评价目标和效果、评价内容、评价方法、评价主体、组织承诺以及民主参与互相交叉与影响，共同影响着教师绩效评价的合理性，

作用在教师、学校以及学生身上。

二、访谈备忘录示例

撰写备忘录是数据搜集和论文写作之间的关键步骤。阅读访谈资料的过程穿梭在各个情境中，被访谈者的经历和感受每每引起共鸣和思考。把这些段落进行编码和归类，在编码的过程中就需要进一步研究的问题，采用备忘录的形式予以记录和分析，共编写 65 个备忘录。在分析过程中，首先进一步明确其编码和类属，对其进行定义；其次，选择有代表性的访谈文本中的片段；再次，归纳总结访谈者的观点，明确其描述的情境；最后，对情境产生的原因进行进一步分析。表 2–4 是写作分析过程中的一个备忘录案例，以此记录该课题研究中对扎根理论方法的探索实践。

表 2–4　MAXQDA12 备忘录实例：学生的评教胜任力存在较大差异

访谈内容：

我不教他们班可能我的评教永远都是“优秀”，但是一教他们班，上上学期，得了一个“良”，我的“良”不多，大部分是“优秀”，从教这么多年，一共就两个“良”，那年就教他们“3+2”(中高职连读)，他们就是胡打。我说“这是怎么了”，我们督导说“你说咋了，你想想你这学期教什么班了”，我才恍然大悟，我才想到这一层上。我现在教着“3+2”的，还教着普高的，对评教结果有什么样的影响（我很清楚），我们现在都很怕给“3+2”上课，教课老师感觉教得很痛苦。（FT02）

分数高多数能在各个体系中适应得非常好，我们系的想法就是不要中高职 3+2 的学生。现在我因为有了孩子，有时候就想万一我的孩子将来也成绩不好，不能被社会的正向价值观所认同，可我希望社会上有人认同他，我作为妈妈来讲首先会认同他，所以我现在就是抱着这样的心态来看待他们的，包括我们一些很“烂”的学生，但是他们并没有正确地看待老师对待他们的态度和方法，他们不具备那种能力，他们也不能对老师正确地评价，但是高中上来的学生，就算是成绩最差的学生，他自己学不好但是他知道老师是对他好的，所以他们的评价还是比较正向的。（FT14）

学习好的学生，越喜欢学习，对教师评价越好。学习成绩越差，越不爱学习，越不喜欢听老师的话。曾经有个学生 100 分的卷子只考了 8 分，却迁怒于老师，认为老师不让他及格，为难他，跟老师闹矛盾。恶意打分的情况一定会发生。还有过一个学习差的学生对一位老教师说：“你不管我最好。”一些不负责任的老师，和学生不发生任何冲突，反而容易得高分。（FT25）

访谈分析：

一、类属定义

学生作为教学质量综合评价的关键评价主体，其评教胜任力存在较大区别。本备忘录记录的问题是评价主体的胜任力问题，进一步聚焦为评价主体问题。

（续表）

二、访谈中描述的情境

访谈过程中，有 28 位老师主动提到了学生素质差异对教师评价结果的影响，其中有 5 位老师结合自身体会谈了中高职“3+2”学生在日常学习和评教活动中的表现，FT02 老师结合自己多年的从教感受和两次成绩是“良好”的评教都来自中高职“3+2”学生的经历，证明学生的素质对评教结果有重大影响，学生作为教师教学质量的评价主体，其对评价工作的胜任力存在较大差异，目前的确有些学生不能够胜任评教工作。

三、问题分析

高职学生现在生源已经是多元化的结构，其中包括通过夏季普通高考普通高中生考入高职的，中职学生考入高职的，普通高中生考入 3+2 高职和本科联合培养的，普通高中和中职学生不参加夏季高考而是通过春季技能考试或春季学校自主单独招生考入高职的，以及中职与高职“3+2”培养的学生通过中职学校自行命题考试升入高职的。学生进入高职院校后，从文化课基础、学习能力、学习态度等方面均表现出很大差异，综合素质也差别很大，给学校制定人才培养方案、实施教学都带来了一系列挑战。学生作为教学质量综合评价的关键评价主体，其客观现状是否能够保证其评价结果的公允性？如何才能提高该群体评价胜任力，保证评价结果的客观公正？如何看待学生评教，对其结果如何使用？这些问题均是本研究需要探究的。

三、最终编码表

在对访谈文本反复分析并借助备忘录进一步思考的基础上，按照扎根理论三级编码的要求，形成了访谈文本的三级编码（表 2–5）。其中，主轴编码与一级代码相对应，聚焦编码与二级代码相对应，开放编码与三级代码相对应。访谈文本编码表呈现了整个访谈文本编辑分析过程中的逻辑主线。三级编码的形成是访谈资料数据转化为开放编码、聚焦编码并最终生成轴心编码，对应轴心编码生成核心概念，最终形成研究内容框架的过程。

对应轴心编码，本研究确定评价内容、评价方法、评价主体，以及与教师绩效评价有直接关系的组织承诺和教师民主参与作为核心概念，构成研究内容框架。

表 2–5　MAXQDA12 访谈文本处理结果（三级编码表）

开放编码	聚焦编码	轴心编码
成果导向、问题导向作用；激励作用；压力作用	作用机制	评价目标和效果
组织目标与个人目标；学校办学功能；提高教师专业素质；有效教学	评价目标	

（续表）

教学、科研、企业研修、管理和社会服务：指标体系（定量、定性、定量与定性相结合）；评价内容表述具体、清晰	评价内容构成	评价内容
综合评价；评价指标值（教学工作量、科研工作量、管理服务工作量的确认、标准）	评价标准	
目标管理法；等级分步法；个人与团队绩效关联；教师分类评价；奖罚性与发展性评价结果的使用（评教结果反馈、奖励性绩效工资分配、职称评聘、与岗位调整关联等）	评价具体方法	评价方法
学校集中组织和二级授权相结合的年度评优、职称评聘绩效评价程序；公示；申诉制度；评价办法的元评价	评价程序	
评价内容的数据录入信息化平台；学生网上评教系统；督导网上评教反馈系统	评价工具	
教学质量综合评价多元评教主体构成（二级教学院部院长、教学院长、督导、教研室主任、同行、自身、学生、企业专家）其他评价项目的评价主体	评价主体的构成	评价主体
品德、专业能力、独立性、对评价教师工作状况的熟悉程度	评价主体的胜任力	
了解学校发展目标；个人与学校发展目标一致；喜欢教师工作	组织情感	组织承诺
领导支持；得到参与工作的机会；团队支持；教师专业化发展	组织支持	
职业道德；岗位职责和行为规范；专业素质	职业素养	
民主氛围	学校民主风气	教师民主参与
参与制度制定论证；自评；同行评教；民意测评；反映问题与回应	绩效评价的参与权	
评价反馈；公示；评价规则的透明度	绩效评价的知情权	
申诉渠道；申诉受理与回应；对评价方案及实施效果的元评价	绩效评价的监督与申诉权	

四、研究内容框架及核心概念

从访谈文本质性分析入手，按照分层编码的逻辑关系，通过对文本段的编辑、分析、编码，最终借助于 MAXQDA12 访谈文本分析软件系统，形成代码数据编辑表，该表呈现出全部文本对应分级编码的编码频率，即访谈者对不同内容谈及的频率，代表了其对相应内容的关注重视程度。代码数据编辑表是三级编码在 MAXQDA12 系统中自动生成的数据表格，与访谈文本编码一览表共同作为本研究对高职教师绩效评价研究内容框架的直接依据。

（一）代码数据编辑表各级代码间的逻辑关系

使用 MAXQDA12 软件对 42 个文本文件按照三级的层级进行分析编码，最终系统生成代码数据编辑表，该表对文本中已编码的文本段按照代码的分层关系进行完整的统计。系统自动生成的数据编辑表中显示已编码文本段总计 6030 处，并将各代码下的已编码文本段数量均除以 6030，作为该代码下文本段的编辑频率。经过分析，原始表格中的已编码文本段的总计数不能客观体现文本中被编辑的文本段，原因是文本段总计数是对各层级代码下已编辑文本段的重复累计。客观的被编辑文本段数量应该是母代码下的已编码文本段数量，即评价目标与效果、评价内容、评价方法、评价主体、组织承诺、民主参与对应的已编码文本段数量的合计数。而上述各母代码二级、三级代码下的已编码文本段数量层层被上一级已编码文本段所包含。基于代码数据编辑表各级代码间实际的逻辑关系，对系统自动生成的代码数据编辑表做了分析调整，调整后的 42 个文本文件被编码的文本段客观数量为 2063 处，各代码对应的已编码文本段的频率均为各代码对应的已编码文本段数量占 2063 的比例。

（二）按照重要性原则选择并确定各层级代码

综合考虑代码代表的内容的研究意义和重要性原则，对已编码文本频率低于 8 次的代码做了排除，比如部分访谈者提到的身体健康、家庭生活、单位离家太远等等内容。最终形成了 43 个三级代码、17 个二级代码和 6 个一级代码（母代码）的代码数据编辑表（表 2-6）。

表 2-6 MAXQDA12 三级代码数据编辑表

代码	全部已编码文本段	占所有编码的比例	文件	人数
评价目标和效果	362	17.55%	42	45
评价目标和效果 \ 作用机制	252	12.22%	42	45
评价目标和效果 \ 作用机制 \ 导向作用	98	4.75%	37	40
评价目标和效果 \ 作用机制 \ 激励作用	123	5.96%	42	45
评价目标和效果 \ 作用机制 \ 考核压力	24	1.16%	16	19
评价目标和效果 \ 评价目标	108	5.24%	30	33
评价目标和效果 \ 评价目标 \ 提高专业素质	59	2.86%	22	25
评价目标和效果 \ 评价目标 \ 有效教学	30	1.45%	22	23
评价内容	455	22.06%	42	45
评价内容 \ 内容构成	231	11.20%	42	45
评价内容 \ 内容构成 \ 教学	48	2.33%	26	29
评价内容 \ 内容构成 \ 科研	32	1.55%	21	24
评价内容 \ 内容构成 \ 企业研修	38	1.84%	22	25
评价内容 \ 内容构成 \ 管理和社会服务	57	2.76%	25	28
评价内容 \ 内容构成 \ 指标体系	38	1.84%	22	25
评价内容 \ 内容构成 \ 评价内容清晰 \ 科研界定	9	0.44%	7	10
评价内容 \ 评价标准	215	10.42%	40	43
评价内容 \ 评价标准 \ 综合评价	93	4.51%	38	41
评价内容 \ 评价标准 \ 评价指标	89	4.31%	34	37
评价方法	423	20.50%	42	45
评价方法 \ 具体方法	230	11.15%	42	45
评价方法 \ 具体方法 \ 分类考核	40	1.94%	20	23
评价方法 \ 具体方法 \ 个人与团队绩效关联	22	1.07%	22	25
评价方法 \ 具体方法 \ 发展性与奖罚性	166	8.05%	42	45

（续表）

评价方法\评价程序	158	7.66%	25	28
评价方法\评价程序\评价反馈	60	2.91%	25	28
评价方法\评价程序\公示	72	3.49%	25	28
评价方法\评价程序\申诉	18	0.87%	25	28
评价方法\评价工具	30	1.45%	9	12
评价方法\评价工具\评价内容录入	12	0.58%	9	9
评价方法\评价工具\网上评教系统	15	0.73%	9	12
评价主体	190	9.21%	42	45
评价主体\主体的构成	60	2.91%	34	37
评价主体\主体的构成\自评	8	0.39%	6	8
评价主体\主体胜任力	126	6.11%	42	45
评价主体\主体胜任力\学生评价客观性	67	3.25%	42	45
评价主体\主体的胜任力\督导评教	17	0.82%	5	8
组织承诺	328	15.90%	42	45
组织承诺\组织情感	90	4.36%	30	33
组织承诺\组织情感\了解学校发展目标	19	0.92%	19	20
组织承诺\组织情感\不了解学校发展目标	7	0.34%	7	9
组织承诺\组织情感\与学校发展目标一致性	29	1.41%	25	28
组织承诺\组织情感\喜欢教师工作	27	1.31%	21	24
组织承诺\组织支持	190	9.21%	31	34
组织承诺\组织支持\领导支持	14	0.68%	9	12
组织承诺\组织支持\参与机会	25	1.21%	9	10
组织承诺\组织支持\团队支撑	57	2.76%	28	32
组织承诺\组织支持\教师专业化发展支持	89	4.31%	22	24
组织承诺\职业素养	140	6.79%	29	32
组织承诺\职业素养\职业道德	64	3.10%	27	30

（续表）

组织承诺 \ 职业素养 \ 专业素质	33	1.60%	25	28
组织承诺 \ 职业素养 \ 岗位职责和行为规范	37	1.79%	19	22
民主参与	305	14.78%	38	41
民主参与 \ 学校民主风气 \ 民主氛围	85	4.12%	34	37
民主参与 \ 参与权 \ 制度论证	40	1.94%	21	24
民主参与 \ 知情权 \ 评价反馈	60	2.91%	25	28
民主参与 \ 知情权 \ 公示	72	3.49%	25	25
民主参与 \ 申诉权 \ 申诉	18	0.87%	25	25
合计	2063	100%	42	45

从上述编辑形成的三级代码数据编辑表，可以看到访谈者所关注的内容按照其编辑频率从高到低可以体现在评价内容、评价方法、评价目标与效果、组织承诺、民主参与、评价主体等六大方面。结合访谈具体内容，本研究确立评价内容、评价方法和评价主体作为高职教师绩效评价组成部分，共同构成高职教师绩效评价；组织承诺和民主参与则作为高职教师绩效评价的重要的相关因素，与对高职教师绩效评价合理性的认同与否的前因后果发生相应关系。综合文献研究，关于对高职教师绩效评价的研究就绩效评价的组成部分比如评价内容、评价方法、评价主体等研究的较多，尤其是评价内容方面，查询的相关硕博论文全部包含对绩效评价内容的研究，但是对评价影响因素的研究很少。有些相对系统的研究散见于几篇硕博论文中，且多站在组织管理的视角，缺少对被评价教师感受的分析。

在 42 个访谈文本、2063 个被编码文本段中，45 位访谈者全部谈到了组织承诺相关的问题，与其相关的被编码文本段 328 个，占总编码文本段的 15.90%（表 2-6）。与评价内容、评价方法、评价主体这三个主轴编码不同的是，组织承诺题目下教师们主要探讨的是组织的情感、得到组织的支持和作为一名教师的职业素养等方面与教师绩效评价关联的话题。其中，组织情感主要指影响教师对学校感情的相关因素，比如教师对学校战略发展目标的了解和认同、教师喜欢本职工作的职业情感等；组织支持方面，主要包括领导支持、团队支持、教师得到参与相关工作的机会以及自身专业化发展得到帮助的情况；职业素养主要包括教师的职业道德、岗位职责和行为规范、专业素质。

1990年，Meyer和Allen在综合其他学者研究的基础上，把社会学家Wiener重视规范的思想吸收加入组织承诺的结构，形成了组织承诺的三维结构，即感情承诺、继续承诺和规范承诺。“感情承诺指组织成员被卷入组织、参与组织社会交往的程度，包括价值目标认同、员工自豪感以及为了组织的利益自愿对组织做出牺牲和贡献等成分；继续承诺是员工为了不失去已有的位置和多年投入所换来的工作机会和相关待遇，具有浓厚交易色彩的承诺。员工进入一家组织，都有一个期望，即维持生活、发展自我和承担社会责任；规范承诺是员工受社会一般行为规范的约束，对组织产生责任感、义务感，从而感到必须为组织工作的一种承诺。”（刘小平，1998；乐国安等，2006）

依据组织承诺三维结构学说，将分析访谈材料形成的组织情感、组织支持与职业素养三个聚焦编码下的具体内容，与组织承诺的感情承诺、继续承诺与规范承诺分别比对，可以确定他们之间有明显的对应关系。基于这种对应关系，将这三项聚焦编码，进一步归纳为主轴编码“组织承诺”，并通过进一步的量化研究探索组织承诺水平与教师绩效评价的关系。

教师民主参与程度是否影响教师绩效评价合理性认同，是本文力求解释的问题。在42个访谈文本、2063个被编码文本段中，41位访谈者谈到教师民主参与的相关问题，对应被编码段305个（表2-6），占总编码段的14.78%。其中与评价过程中体现的民主环节紧密相关的有参与制度论证的情况、获得评价反馈情况、对其他被评价人员的评价结果的获知，以及对评价工作中存在的问题和不认同的评价结果的申诉渠道等，分别归纳为民主参与权、民主知情权和民主申诉权。除此之外，访谈围绕教师教书育人自主权以及对学校总体的民主氛围谈了很多，教师们对学校的民主氛围非常关注，而且民主氛围和民主实践直接影响到教师对学校教师绩效评价工作的认同，基于该原因，笔者将此类开放编码归纳在聚焦编码“学校民主风气”中。

（三）研究内容框架及核心概念

查询教师绩效评价相关文献可见，研究者基本围绕教师绩效评价内容、评价方法、评价主体以及影响教师绩效评价的因素等方面展开研究。将本研究置于扎根理论范式下，通过分析访谈数据所形成编码结构维度与对应概念的相关文献所进行的研究的维度互相印证，从理论上对本研究拟确立的研究内容框架进行论证，具体情况如下。

1. 关于高职教师绩效评价内容方面的研究

从文献综述可见研究者对于评价内容的研究基本围绕内容的构成和指标确定两大维度。一级指标的观点较为集中在教学、科研、管理和社会服务三个方面，分级指标有所不同。有研究者将师德、学科建设、教师素质等内容也作为一级指标予以强调，但相关内容根本上还是包含于教学、科研、管理和社会服务中。本研究基于行为和结果的绩效观点，以将师德和教师职业素质等素质内容转化为行为和结果为实施教师绩效评价的前提。

本研究确定评价内容的构成和评价标准两方面为评价内容的研究维度，与目前相关文献的研究维度基本一致。其中，评价内容的构成包括教学、科研、管理和社会服务四个维度；评价标准包括数量和质量两个维度。评价指标中，针对高职院校特点，突出学生学习效果、应用技术研究和教研类高职特色科研，以及教师企业研修等方面的指标。

基于访谈数据和文献综述分析，本研究对评价内容进行概念界定。评价内容指对被评价对象所实施评价的内容结构和相应的评价要求。评价的内容结构一般包括教学、科研、管理和社会服务（含企业研修）等方面的行为和结果；评价的要求一般包括综合评价的指标体系以及对应的定量指标和定性指标，关注评价内容的数量标准和质量标准。评价内容的表述一定要清晰、可测量，经过努力能够在规定的时间内达到评价的要求。

2. 关于高职教师绩效评价方法方面的研究

对于教师绩效评价方法的研究基本分为：一是对具体评价方法的研究，有研究者对同行评议法、德尔菲法、平衡积分卡（BSC）、关键绩效指标法（KPI）等若干绩效评价方法应用于高校教师绩效评价进行了研究；也有研究者从问题视角，提出教师绩效评价方式单一、没有采用分类考评的办法、过分强调对教师的量化考核；二是评价程序的研究，有研究者提出评价过程反馈不及时，教师民主参与不够；三是评价工具的研究，研究者发现评价工具落后、评价的信息化平台没有有效整合等。以上三方面与本研究确定的对评价方法的研究维度基本一致。

基于访谈数据和文献综述分析，本研究对评价方法进行概念界定。评价方法指评价过程中所采用的具体评价办法、评价程序和运用的评价工具。高职教师绩效评价具体方法一般为 360° 多元评价、目标导向评价、关键指标评价、分类评价、个人与团队关联评价等。评价的程序指评价实施的过程，比如评价方案的制定、实施、公示、评价结果的反馈和使用以及元评价等。评价的工具主要指信息化数据平台及不同项目的评价软件，比如学生网上评教系统。

3. 关于高职教师绩效评价主体方面研究

对评价主体的选择及其权重的设定是高职院校教师绩效评价的矛盾焦点。有研究者关注评价主体的构成，比如王彦春（2010）、康伟等（2011）认为实践中真正的多元评价的格局并没有有效形成；也有学者关注评价主体的胜任力，比如俞明传等（2013）认为学校在设定评价主体及其评价任务时，没有充分考虑评价主体的胜任能力；胡英芹等（2012）认为评价主体混乱，责任模糊，评价主体权重的确立缺少科学论证。

基于访谈数据和文献综述分析，本研究对评价主体进行概念界定。评价主体指主体的构成和主体的胜任能力。评价主体的构成主要指受组织委托对教师所需要评价的内容按照评价标准进行定量定性评价的职能部门或个人，评价主体包括内部评价主体和外部评价主体，具体为教师本人、院系长、教研室主任、督导、同事和学生等内部评价者，以及外聘专家、合作企业等外部评价者。主体的胜任力则指在具体的评价项目中，针对不同的评价内容和要求，评价主体具备的完成评价任务的能力。

4. 高职教师绩效评价相关因素研究

关系到高职教师绩效评价前因后果的相关因素非常复杂，需要深入的研究。

分析已有文献发现，目前研究者对高职教师绩效评价相关因素的研究主要集中在教师的个体特征差异、民主参与程度和组织承诺等方面，但相关文献较少。

（1）个体特征差异与教师绩效评价的关系。目前，尚未检出系统研究教师个体特征差异对高职教师绩效评价影响的文献，只有散见于其他文献中的研究结论。但已有研究成果已经表明教师个体特征对教师绩效评价具有直接影响。严玉萍（2008）、殷青伟（2011）、顾义保等（2015）等研究发现，教师个体的背景差异影响教师的绩效表现和绩效评价。

本研究将结合高职教师的特殊性，深入研究教师个体背景（包括性别、教龄、年龄、职称、学历、任课类型、科研能力、考核结果、评教结果等）差异与高职教师绩效评价的关系。

（2）民主参与程度与教师绩效评价的关系。教师的民主参与程度对教师的绩效评价合理性有直接的影响，加强教师民主参与程度是全面改进教师绩效评价合理性的重要措施。民主参与是提高教师对绩效评价方案认同度的关键（卢晓旭等，2011）。

田琳（2009）、褚宏启等（2014）、程艳（2014）等学者从多元治理、民主参与的制度环境建设、社会认知理论等不同角度提出教师民主参与是教师激励机制发挥作用的重要保障，正向影响教师绩效评价；汪卫平（2013）、刘昕等（2014）提出多主体参与是构成民主科学的评价体系的关键，应提高教师主动参与的积极性，提高教师代表的代表性。

本研究针对访谈发现的教师民主参与存在的问题，将从教师绩效评价参与权、教师绩效评价知情权、教师绩效评价申诉权三方面展开研究，探讨教师民主参与的有效途径，建立元评价制度，落实民主参与的实效，实现民主参与与教师绩效评价的持续改进。

基于访谈数据和文献综述分析，本研究将教师民主参与概念界定为：教师民主参与是一种参与式的民主，体现了自主性、自治性、平等性。教师对绩效评价的民主参与程度体现在教师评价主体身份确立、评价制度论证过程的参与，以及评价实施过程中参与、知情、监督与申诉等相应程序。

（3）组织承诺水平与教师绩效评价的关系。教师组织承诺是教师与学校的心理契约。组织承诺对组织发展有重要意义（格林伯格等，2005；宋爱红等，2005；陈功平，2007；马苓，2009；葛鑫博，2013）。研究者在对组织承诺研究的过程中不同程度地涉及组织承诺与教师绩效评价的关系。

本研究将从教师绩效评价作用的视角，探究教师绩效评价合理性与组织承诺的关系。

基于访谈数据和文献综述分析，本研究对高职教师组织承诺进行概念界定。组织承诺指学校教师对学校在组织情感、组织支持、职业规范等方面的主观感受。组织情感指基于教师对学校发展目标的了解和认同、教师个人与组织发展目标的一致性、教师喜欢本职工作等而对学校产生的情感。组织支持指基于教师在工作中得到领导支持、团队支持、有参与工作的机会以及个人的专业得到发展等而对组织产生的依赖，满足教师维持生活、自我发展和承担社会责任的愿望，希望继续留在学校发展的意愿。职业规范指教师接受组织规范，遵守职业道德、岗位职责、行为规范，以及愿意接受组织规范、提升道德和业务素质、遵守岗位职责，以更好地胜任工作的态度。

针对已有研究的不足和空白，本研究通过对山东某高职院校的实证研究，较为系统地研究高职院校教师评价的影响因素，并通过量化分析，探讨教师个体特征、民主参与程度和组织承诺之间的相互关联性，以期更全面、深入、科学地了解高职院校教师评价的影响因素及其相互关系，为科学确定评价内容、评价方法、评价主体提供参考。

综上，确定本研究的内容框架见图 2–1。

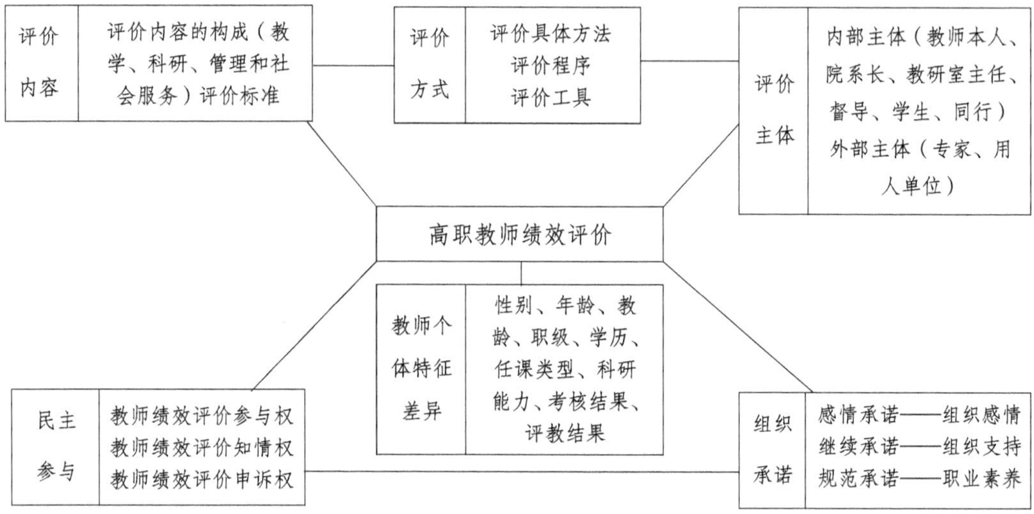

图 2-1　高职教师绩效评价改进研究内容框架

五、研究假设的提出

评价内容、评价方法、评价主体是教师绩效评价的核心内容。合理的评价内容引领教师通过合理路径、采用合理方法、达成理想绩效。本研究将高职教师绩效评价的合理性作为研究的重点，教师对绩效评价合理性的认同直接影响评价的作用发挥。

教师绩效评价的合理性主要由教师绩效评价内容的合理性、评价方法的合理性和评价主体方面的合理性构成。结合文献研究和质性研究的相关理论和数据，本文提出以下假设，以进一步理清思路，明确研究的具体问题，找出影响教师绩效评价合理性的关键要素，为教师绩效评价改进提供依据。

假设一：不同的高职教师对教师绩效评价合理性的认知存在个体差异。

假设二：高职教师绩效评价内容合理性、评价方法合理性、评价主体合理性之间正相关。

假设三：教师民主参与程度对教师绩效评价合理性存在正向影响。

假设四：高职教师绩效评价合理性对教师组织承诺存在正向影响。

第三节　问卷设计与数据收集

正确地选择研究工具是量化研究的质量保证。本研究在质性研究基础上，进一步确定与核心概念相对应的评价内容、评价方法、评价主体合理性、教师组织承诺水平和教师民主参与程度作为研究变量。评价内容、评价方法和评价主体是教师绩效评价的组成内容，与之相对应，评价内容、评价方法、评价主体合理性构成教师绩效评价合理性。量表实现了变量（概念）的可测量。

一、调查问卷的编制

调查问卷的编制质量是关乎研究质量的首要环节。在一年半左右的时间里，围绕着问卷内容选择、问题表述修改了 50 余稿。

通过问卷问题进一步描述学校教师绩效评价工作的现状和存在的问题，解释问题形成的原因。本问卷紧紧围绕对高职教师绩效评价的合理性研究，结合文献综述、制度研究和访谈过程中发现的问题，对问卷测试者的背景信息以及评价内容合理性、评价方法合理性、评价主体合理性、组织承诺、民主参与等五个变量的量表进行了研究设计，解决了对核心概念的测量问题。

组织承诺量表直接借鉴了国际上认同度较高的 Meyer 和 Allen 的组织承诺三维度量表，仅对其中由于中西方文化差异不太好理解的表达，在不改变原意的前提下做了少部分改动。Meyer 和 Allen 等把感情承诺量表、继续承诺量表和规范承诺量表综合成为组织承诺的三维量表，用以测量或评价员工之所以留在组织内是由于他们愿意（情感），还是有需要（继续），或是感到应该如此（规范）（乐国安等，2006）。其他量表通过对评价制度的规定和执行中的实际做法设计题目，力求能够客观准确地测量出相关变量的实际情况，进而对其合理性做出客观判断。

问卷的内容包括三大部分：第一部分是关于专任教师的个人信息方面的问卷调查数据；第二部分调查专任教师对学校绩效评价有关制度规范、操作流程和评价结果使用等方面的具体评价的意见；第三部分是高职教师绩效评价合理性量表题，分成评价主体、评价内容、评价方法、组织承诺和民主参与五个量表。除了评价主体构成和胜任力在问题设计中不太好分离，按照内部、外部评价者的结构做了调整，其他变量的问卷结构与研究内容框架的维度，即访谈中形成的主轴编码、聚焦编码的维度均保持一致（表 2-7）。

表 2-7 问卷题目结构表

项目		题目数	
个人背景信息	性别；年龄；职称；“双师”素质；绩效水平；以学生为中心等	31	31
评价内容合理性量表	教学	12	29
	科研	6	
	管理和社会服务	8	
	综合	3	
评价方法合理性量表	评价具体方法	15	24
	评价程序	6	
	评价工具	3	
评价主体合理性量表	校内（构成及权重；胜任力）	10	15
	校外（构成及权重；胜任力）	5	
组织承诺合理性量表	感情承诺	9	26
	继续承诺	8	
	规范承诺	9	
民主参与合理性量表	参与权	8	21
	知情权	7	
	申诉权	6	
教师绩效评价相关问题选择、填空题	评价制度；评价内容；评价方法；评价主体；评价作用等	17	17
合计		163	163

问卷题目主要来源于访谈和相关文件中关注度高、有普遍性、存在分歧的题目以及部分二级院系有特色的做法。借助问卷数据进一步把问题描述清楚，并通过量表数据分析实现对影响教师绩效评价合理性因素的探索、解释。

量表的 115 道题目中，关于评价本身的题目 68 道，关于与教师绩效评价相关的因素组织承诺和民主参与的题目 47 道。为了便于分析高职教师绩效评价实际表现，研究者将引入赋值法：选择了“很不合理”“很不符合”选项的被调查者得 1 分；

选择了“不合理”“不符合”选项的被调查者得 2 分；选择了“一般”选项的被调查者得 3 分；选择了“比较合理”“比较符合”选项的被调查者得 4 分；选择了“非常合理”“非常符合”选项的被调查者得 5 分。由此可见，得分越高表明对该问题所描述的内容越赞同。

二、问卷的预评估

（一）问卷预测试情况

为确保预测试的有效性，本研究共发放试卷 20 份，回收 20 份，其中答题人员全部为专任教师，每个二级教学院部 2~3 人，涵盖从助教到正教授的所有职称。各量表的 SPSS22.0 信效度分析结果（表 2-8）说明：预答题的样本数过低导致效度分析无意义，样本过低影响问卷的信效度较明显，预答问卷的信度除了量表 C 之外均符合分析要求。正式问卷结果的信效度统计分析显示，增大样本量，问卷信效度良好，符合数据分析要求。

表 2-8　预答卷信（效）度分析系数汇总表

量表	阿尔法系数（α）	效度系数	备注
A	0.826	非正定矩阵	样本数 20，有效 18
B	0.743	非正定矩阵	样本数 20，有效 20
C	0.528	0.288	样本数 20，有效 18
D	0.763	非正定矩阵	样本 20，有效 16
E	0.797	非正定矩阵	样本数 20，有效 18

（二）对个别问题的追问

对预答题的题目和答案进行再次思考，对于答案过度集中或不做选择的题目进行分析，落实查阅制度文本，确认表述准确性；专门与相关教学院部负责人和个别教师进行沟通交流，落实其院部规定的一些特殊政策的初衷和实际执行情况，比如 A 学院明确要求教师进宿舍关心学生生活，B 学院将教师课时费绩效与评教结果挂钩；E 学院的教师课时费绩效不考虑教师超课时工作量，等等，在交流基础上进一步判断是否对相关题目进行保留，并确认表述准确性。

A 学院要求教师进宿舍主要原因是贯彻学校领导的要求，将其纳入学院对教师的绩效评价项目中，每月不少于两次。院系通过公寓管理员处的登记记录来检查教师是否完成了该项工作。A 学院院长表示大多教师都支持该项工作，通过宿舍交流，加深了师生的感情。教师还可以及时发现学生的学习、生活、思想等方面的问题，及时帮助到学生。该问题在访谈中教师们基本持否定意见。设立的初衷与实际效果存在较大出入，需要通过量表进一步落实。

B 学院将教学质量综合评价结果与课时费挂钩，对优秀等级的教师增加课时费，目前是每节课多 10 元。B 学院院长介绍说曾经分过“优”“良”两级奖励，受院系绩效额度的限制，每人多 5 元，这样奖励面大，被评“中”“差”的教师很不高兴，被奖励的教师也无所谓。调整之后，大家对教学质量的关注明显提高。因为是从绩效结余中的资金用于奖励，没有扣罚，所以相应抵触不大，被奖励的教师有荣誉感。效果还是不错的。访谈中教师们希望绩效分配与绩效表现挂钩，通过在量表中设计此题，落实全院教师的态度。

E 学院教师的超课时费与基础课时费一样，没有和其他二级学院那样规定超课时量的课时费高一些。对此，E 学院的院长讲这是院系一直以来的做法，上任院长就这么做的，主要也是因为他们院系课时特别多。增加课时费的话，绩效根本不够分配，教师们可能也理解，没有议论的。院系间课时量存在客观差异，而基础工作量却是一样的，影响到个人绩效奖励，教师们的态度如何，借助量表予以落实。

在落实的基础上，对预测卷个别表述不明确的地方做了调整。比如，“A22 有院系要求教师每月不少于两次进学生宿舍关心学生，需要顺便在公寓管理员处登记一下，做行为证明”，补充明确了“每月不少于两次”的具体要求，以及“顺便在公寓管理员处登记一下”的具体做法。

三、问卷的发放和回收

（一）问卷的发放和回收过程

问卷的发放和回收是关乎研究质量的重要环节。能否有效地发放和回收问卷，直接影响问题的研究质量。为了保证问卷得到充足有效的样本，在发放与回收环节主要做到以下几点：

（1）明确答题人的范围。本次问卷严格按照狭义“专任教师”的定义，仅对在二级教学院部中任课的教师进行问卷。二级教学院部正副专职书记和专职辅导员、行政部门的兼课教师均不在本次问卷范围以内，不作为本研究所界定的高职教师。

（2）专门设计问卷过程，重视与答题者充分的沟通，争取答题人的理解和支持。题目较多，需要较长的答题时间，为了减少答题者的抵触情绪，问卷特意安排在各二级院部规定的教师每周固定的集体开会时间，同时也解决了教师不坐班、上课时间分散、难以统一问卷的现实问题。为确保教师答题的时间，研究者提前与每一位二级院部负责人做了沟通，得到他们的支持，请他们安排出专门答卷时间；请每个院系安排一名认真负责的普通教师和两名左右的学生协助组织问卷；委托质管办、人事处、科技处等与教师绩效评价直接有关的职能部门的工作人员以课题组成员的身份，分头到会议现场发放问卷，并做问卷前的动员说明。为进一步打消大家的顾虑，答题教师按照一人一桌的坐法，避免互相干扰。

3. 现场收卷，及时统计。问卷现场回收，收卷采用答题者自主交卷或学生收卷的形式，避免答题者担心答案被其他教师看到而有所顾虑。问卷收回，首先编号。为便于对各二级院部间进行比较分析，采用各院系独立编号的办法。每一个二级院部一个独立代码，代码下按阿拉伯数字排序。

4. 落实答题人数。提前落实参会当日的教师请假情况，统计到场人数，做好事前控制，保证足够样本量。

（二）问卷发放和回收结果

学校现有八个教学院部，专任教师 473 人，根据事先统计的出勤情况，本次共发放问卷 404 份，回收 393 份，回收率 97.28%，样本率 83.09%。本次问卷安排专人负责现场回收，故回收率和问卷有效率较高（见表 2–9）。

表 2–9　调查问卷发放与回收情况统计表

序号	二级学院	专任教师数	发出数	回收数	回收率（回收数 / 发出数）	样本率（回收数 / 教师数）
1	A 学院	67	58	58	100.00%	86.57%
2	B 学院	59	52	51	98.08%	86.44%
3	C 学院	66	54	54	100.00%	81.82%
4	D 学院	45	39	37	94.87%	82.22%
5	E 学院	60	51	51	100.00%	85.00%
6	F 学院	65	53	52	98.11%	80.00%
7	G 学院	37	30	29	96.67%	78.38%
8	H 学院	74	67	61	91.04%	82.43%
9	合计	473	404	393	97.28%	83.09%

四、样本分布情况

山东某高职院校现有的专任教师（不含在二级院系兼课的职能部门工作人员及二级院系课时每周两课时以内的专职书记和专职辅导员）中，正高级专业技术人员 23 人，副高级专业技术人员 149 人，中级专业技术人员 210 人，初级及以下 91 人。学院具有职业资格证书的专任教师近 300 人，“双师型”教师占专任教师数的 67.8%。回收的有效问卷样本 393 份，对样本的人口学测量分布情况（表 2–10）的描述统计表明，测量样本从性别、年龄、教龄、学历、职称、职务等各方面均有较好代表性。在本次问卷调查中，65.39% 的被调查者为女性，76.85% 的被调查者的年龄集中在 36~55 岁的年龄段内，81.42% 的被调查者的教龄为 20 年以内，93.38% 的被调查者的学历是本科或硕士研究生，73.28% 的被调查者的职称是中级或副高。

表 2–10 测量样本个人信息情况的统计与分布情况（一）

人口学变量		频率	百分比	有效百分比	累计百分比
性别	男	136	34.61%	34.61%	34.61%
	女	257	65.39%	65.39%	100.00%
年龄	25~35	78	19.85%	19.85%	19.85%
	36~45	199	50.64%	50.64%	70.48%
	46~55	103	26.21%	26.21%	96.69%
	55 以上	13	3.31%	3.31%	100.00%
教龄	0~5 年	67	17.05%	17.05%	17.05%
	6~10 年	50	12.72%	12.72%	29.77%
	11~15 年	106	26.97%	26.97%	56.74%
	16~20 年	97	24.68%	24.68%	81.42%
	21~25 年	25	6.36%	6.36%	87.79%
	26~30 年	18	4.58%	4.58%	92.37%
	30 年以上	30	7.63%	7.63%	100.00%

（续表）

学历（学位）	大学专科	2	0.51%	0.51%	0.51%
	大学本科	129	32.82%	32.82%	33.33%
	硕士研究生	238	60.56%	60.56%	93.89%
	博士研究生	16	4.07%	4.07%	97.96%
	其他	8	2.04%	2.04%	100.00%
职称	无	16	4.07%	4.07%	4.07%
	初级	70	17.81%	17.81%	21.88%
	中级	177	45.04%	45.04%	66.92%
	副高	111	28.24%	28.24%	95.17%
	正高	19	4.83%	4.83%	100.00%
职务	教师	333	84.73%	84.73%	84.73%
	督导	13	3.31%	3.31%	88.04%
	教研室主任	31	7.89%	7.89%	95.93%
	副院系长	11	2.80%	2.80%	98.73%
	院系长	5	1.27%	1.27%	100.00%

关于被调查的高职教师除上述人口统计学变量外，还结合高职教师的特殊性，考虑了如下个体背景：任课类型、科研能力、年度考核结果、评教结果。由表 2–11 可知，在本次问卷调查中，63.40% 的被调查者的任课类型主要是理论实践课，75.10% 的被调查者的科研能力还可以，93.90% 的被调查者的年度考核结果较好，73.30% 的被调查者的评教结果较好。

表 2–11　测量样本个人信息情况的统计与分布情况（二）

个体背景信息		频率	百分比	有效百分比	累计百分比
任课类型	纯理论课	56	14.20%	14.20%	14.20%
	理论实践课	249	63.40%	63.40%	77.60%
	纯实践课	17	4.30%	4.30%	81.90%
	兼有	71	18.10%	18.10%	100.00%

（续表）

科研能力	非常弱	66	16.80%	16.80%	16.80%
	比较弱	32	8.10%	8.10%	24.90%
	一般	145	36.90%	36.90%	61.80%
	比较强	121	30.80%	30.80%	92.60%
	非常强	29	7.40%	7.40%	100.00%
年度考核结果	优秀	66	16.80%	16.80%	16.80%
	合格	303	77.10%	77.10%	93.90%
	基本合格	10	2.50%	2.50%	96.40%
	不合格	3	0.80%	0.80%	97.20%
	不清楚	11	2.80%	2.80%	100.00%
评教结果	优秀	178	45.30%	45.30%	45.30%
	良好	110	28.00%	28.00%	73.30%
	合格	45	11.50%	11.50%	84.80%
	不合格	4	1.00%	1.00%	85.80%
	不清楚	56	14.20%	14.20%	100.00%

五、问卷信效度检验结果

根据样本回收情况，对样本数据进行整理和清洗，为了检验调查问卷中所设量表的稳定性与可靠性，我们可以使用信度分析法对其进行相应的测度与检验，一份信度好的调查问卷可以使所得调查数据具有更高的可用性与可信性。对量表的内在信度进行分析时的主要测度指标是 Cronbach α（Cronbach's Alpha）系数，经权威学术规定，只要计算所得 Cronbach α系数大于 0.7，就可认为量表的设计是稳定的与可靠的，具有科学性。

另外，为了检验调查问卷中所设量表的有效性，我们将采用的是效度分析法。效度分析法的主要组成部分是因子分析法，只要计算所得 KMO 值大于 0.7，就可认为量表所得调查数据可以做因子分析。对五个量表的信效度进行了检验，结果显示量表的编制有着较高的信效度。

（一）问卷中量表的信效度检验

1. 问卷中量表“评价内容合理性”的信效度检验

表 2-12 “评价内容合理性”的信度检验结果

维度	Cronbach's Alpha	项数
教学	0.780	12
科研	0.763	6
管理和社会服务	0.778	8
综合	0.778	3
评价内容合理性量表总体	0.891	29

由表 2-12 可知，在关于“评价内容合理性”量表的信度分析结果中，从整体的角度分析，“评价内容合理性”量表总体的 Cronbach α 系数为 0.891；而从各个维度的角度分析，“教学”维度的 Cronbach α 系数为 0.780，“科研”维度的 Cronbach α 系数为 0.763，“管理和社会服务”维度的 Cronbach α 系数为 0.778，“综合”维度的 Cronbach α 系数为 0.778。根据前文所述信度分析判别标准可知，本调查中“评价内容合理性”量表的信度是可接受的。

表 2-13 因子分析计算所得 KMO 值的结果

取样足够度的 Kaiser-Meyer-Olkin 度量		0.860
Bartlett 的球形度检验	近似卡方	3 560.925
	Df	406
	Sig.	0.000

由表 2-13 可知，“评价内容合理性”量表的 KMO 值为 0.860 > 0.7，表明问卷中“评价内容合理性”量表的观测量数据很适合做因子分析。由此可见，问卷中“评价内容合理性”量表的观测量数据的结构效度较高。综上所述，问卷中“评价内容合理性”量表具有很好的信度和效度。

2. 问卷中量表“评价方法合理性”的信效度检验

表 2-14 量表“评价方法合理性”的信度检验结果

维度	Cronbach's Alpha	项 数
评价具体方法	0.831	15
评价程序	0.825	6
评价工具	0.807	3
评价方法合理性量表总体	0.890	24

由表 2-14 可知，在关于“评价方法合理性”量表的信度分析结果中，从整体的角度分析，“评价方法合理性”量表总体的 Cronbach α 系数为 0.890；而从各个维度的角度分析，“评价具体方法”维度的 Cronbach α 系数为 0.831；“评价程序”维度的 Cronbach α 系数为 0.825，“评价工具”维度的 Cronbach α 系数为 0.807。根据前文所述信度分析判别标准可知，本调查中“评价方法合理性”量表的信度是可接受的。

表 2-15 因子分析计算所得 KMO 值的结果

取样足够度的 Kaiser-Meyer-Olkin 度量		0.894
Bartlett 的球形度检验	近似卡方	3204.668
	Df	276
	Sig.	0.000

由表 2-15 可知，“评价方法合理性”量表的 KMO 值为 0.894 > 0.7，表明问卷中“评价方法合理性”量表的观测量数据很适合做因子分析。由此可见，问卷中“评价方法合理性”量表的观测量数据的结构效度较高。综上所述，问卷中“评价方法合理性”量表具有很好的信度和效度。

3. 问卷中量表“评价主体合理性”的信效度检验

表 2-16 量表“评价主体合理性”的信度检验结果

维度	Cronbach's Alpha	项 数
校内	0.829	10
校外	0.806	5
评价主体合理性量表总体	0.865	15

由表 2–16 可知，在关于“评价主体合理性”量表的信度分析结果中，从整体的角度分析，“评价主体合理性”量表总体的 Cronbach α系数为 0.865；而从各个维度的角度分析，“校内”维度的 Cronbach α系数为 0.829，“校外”维度的 Cronbach α系数为 0.806。根据前文所述信度分析判别标准可知，本调查中“评价主体合理性”量表的信度是可接受的。

表 2–17　因子分析计算所得 KMO 值的结果

取样足够度的 Kaiser–Meyer–Olkin 度量		0.858
Bartlett 的球形度检验	近似卡方	2 205.453
	Df	105
	Sig.	0.000

由表 2–17 可知，“评价主体合理性”量表的 KMO 值为 0.858 > 0.7，表明问卷中“评价主体合理性”量表的观测量数据很适合做因子分析。由此可见，问卷中“评价主体合理性”量表的观测量数据的结构效度较高。综上所述，问卷中“评价主体合理性”量表具有很好的信度和效度。

4. 问卷中量表“组织承诺”的信效度检验

表 2–18　量表“组织承诺”的信度检验结果

维度	Cronbach's Alpha	项数
感情承诺	0.763	9
继续承诺	0.747	8
规范承诺	0.777	9
组织承诺量表总体	0.886	26

由表 2–18 可知，在关于“组织承诺”量表的信度分析结果中，从整体的角度分析，“组织承诺”量表总体的 Cronbach α系数为 0.886；而从各个维度的角度分析，“感情承诺”维度的 Cronbach α系数为 0.763，“继续承诺”维度的 Cronbach α系数为 0.747，“规范承诺”维度的 Cronbach α系数为 0.777。根据前文所述信度分析判别标准可知，本调查中“组织承诺”量表的信度是可接受的。

表 2–19 因子分析计算所得 KMO 值的结果

取样足够度的 Kaiser–Meyer–Olkin 度量		0.895
Bartlett 的球形度检验	近似卡方	4 791.637
	Df	325
	Sig.	0.000

由表 2–19 可知，“组织承诺”量表的 KMO 值为 0.895 > 0.7，表明问卷中“组织承诺”量表的观测量数据很适合做因子分析。由此可见，问卷中“组织承诺”量表的观测量数据的结构效度较高。综上所述，问卷中“组织承诺”量表具有很好的信度和效度。

5. 问卷中量表“民主参与”的信效度检验

表 2–20 量表“教师民主参与”的信度检验结果

维度	Cronbach's Alpha	项数
参与权	0.759	8
知情权	0.793	7
申诉权	0.762	6
教师民主参与量表总体	0.802	21

由表 2–20 可知，在关于“教师民主参与”量表的信度分析结果中，从整体的角度分析，“教师民主参与”量表总体的 Cronbach α 系数为 0.802；而从各个维度的角度分析，“参与权”维度的 Cronbach α 系数为 0.759，“知情权”维度的 Cronbach α 系数为 0.793，“申诉权”维度的 Cronbach α 系数为 0.762。根据前文所述信度分析判别标准可知，本调查中“教师民主参与”量表的信度是可接受的。

表 2–21 因子分析计算所得 KMO 值的结果

取样足够度的 Kaiser–Meyer–Olkin 度量		0.845
Bartlett 的球形度检验	近似卡方	2 474.459
	Df	210
	Sig.	0.000

由表 2-21 可知，“教师民主参与”量表的 KMO 值为 0.845 > 0.7，表明问卷中“教师民主参与”量表的观测量数据很适合做因子分析。由此可见，问卷中“教师民主参与”量表的观测量数据的结构效度较高。综上所述，问卷中“教师民主参与”量表具有很好的信度和效度。

（二）问卷中量表的验证性因子分析

验证性因子分析是根据理论与经验事先定义好测量量表的因子结构，然后检验所设定的模型是否拟合研究数据。本研究在正式研究中实施验证性因子分析，旨在通过分析量表因素结构模型与搜集数据的拟合情况，评估高职教师绩效评价的合理性，同时检验因子概念之间的相关程度、观测指标载荷和项目参数误差等，验证性因子包含潜变量和观测变量。

1. 评价内容量表的验证性因子分析

高职教师绩效评价内容合理性包括四个潜变量，分别是教学、科研、社会服务和综合管理，观测变量 29 个。高职教师绩效评价内容合理性验证性因子分析结果见图 2-2。

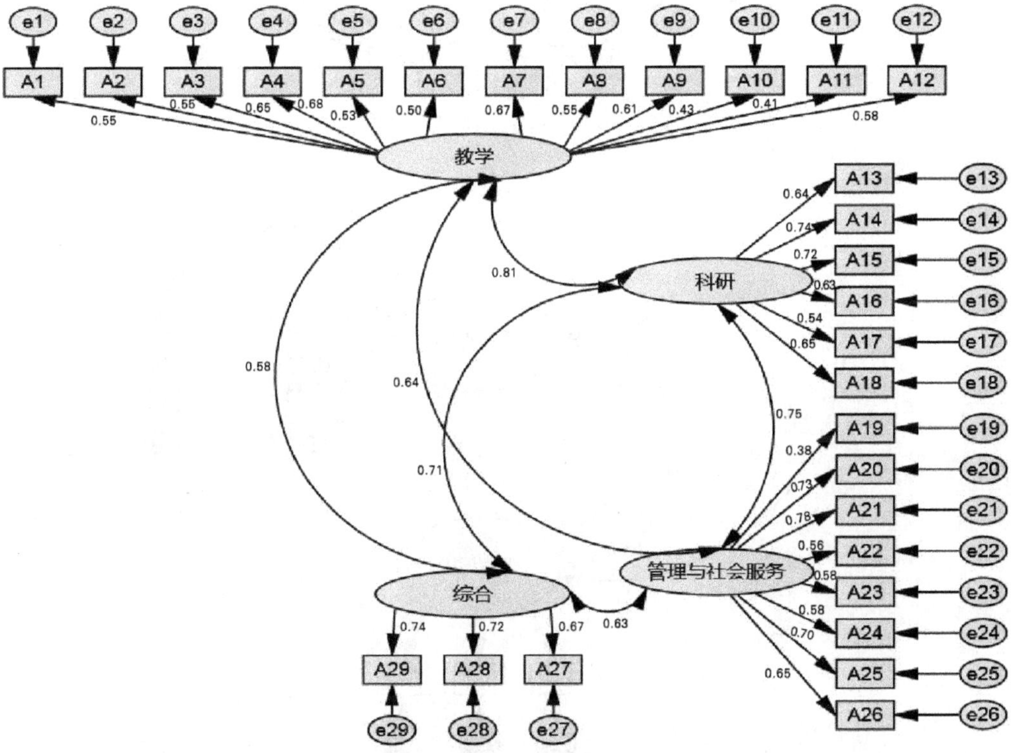

图 2-2　高职教师绩效评价内容合理性 CFA 结果

表 2–22 中，RMSEA=0.071 < 0.08，模型的绝对拟合程度符合要求；GFI、CFI、TLI 分别为 0.923、0.920、0.905，均大于最低值 0.9，其中除了 A1、A2、A4 相关系数较低之外，其他测量变量与因变量相关系数比较理想，模型拟合符合统计分析要求。

表 2– 22 评价内容验证性分析拟合指标

模型	CMIN	CMIN/DF	RMSEA	GFI	CFI	TLI
评价内容合理性	1 112.485	2.999	0.071	0.923	0.920	0.905

2. 评价方法合理性量表验证性因子分析

高职教师绩效评价方法的合理性包括三个潜变量：分别是评价具体方法、评价程序和评价工具，评价方法合理性验证性因子分析结果（图 2–3）

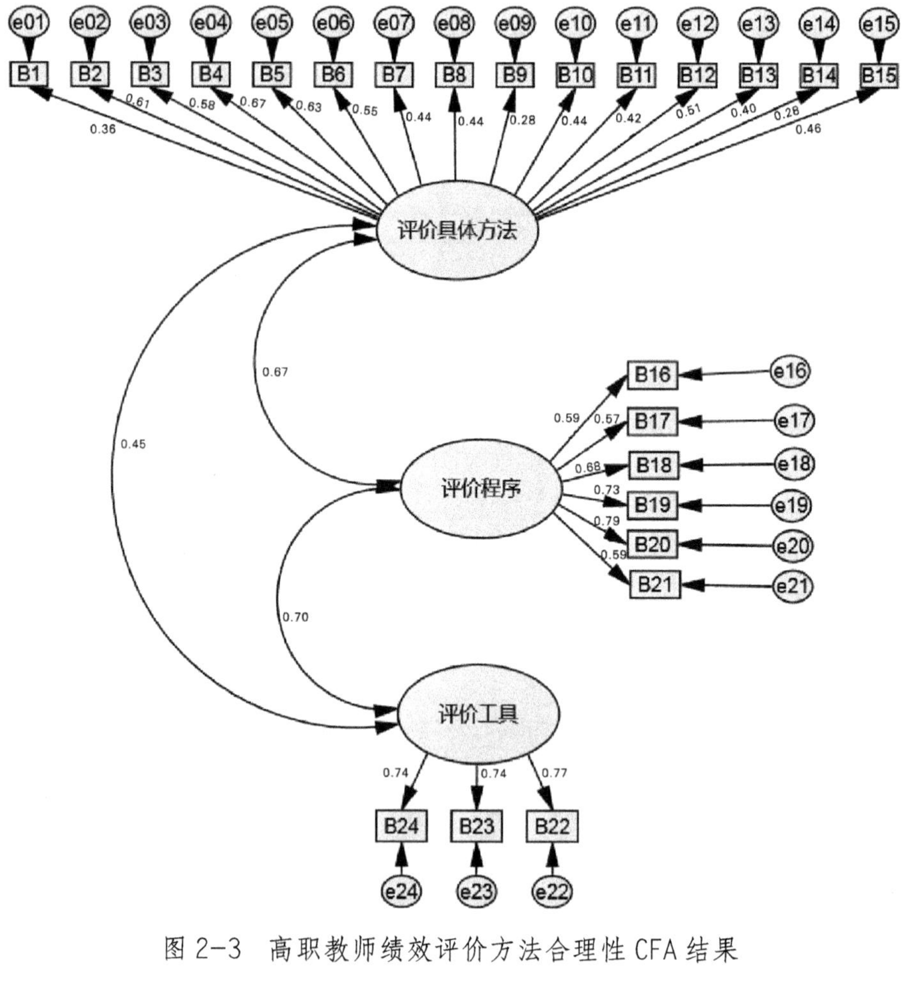

图 2–3 高职教师绩效评价方法合理性 CFA 结果

评价方法合理性模型的验证性因子分析结果（表 2-23）显示：RMSEA=0.073 ＜ 0.08，该验证性测量模型拟合程度良好；拟合程度各指标值 GFI、CFI、TLI 分别是 0.973、0.967、0.940，均大于最低要求值 0.9，模型拟合程度良好，符合分析要求。

表 2-23 评价方法合理性验证性分析拟合指标

模型	CMIN	CMIN/DF	RMSEA	GFI	CFI	TLI
评价方法合理性	732.144	2.940	0.073	0.973	0.967	0.940

3. 评价主体合理性量表验证性因子分析

高职教师绩效评价主体合理性量表包括两个部分：校内部分和校外部分。其中校内部分测量变量 10 个，校外测量变量 5 个，构建验证性因子分析结构方程模型及验证性因子分析结果见图 2-4。

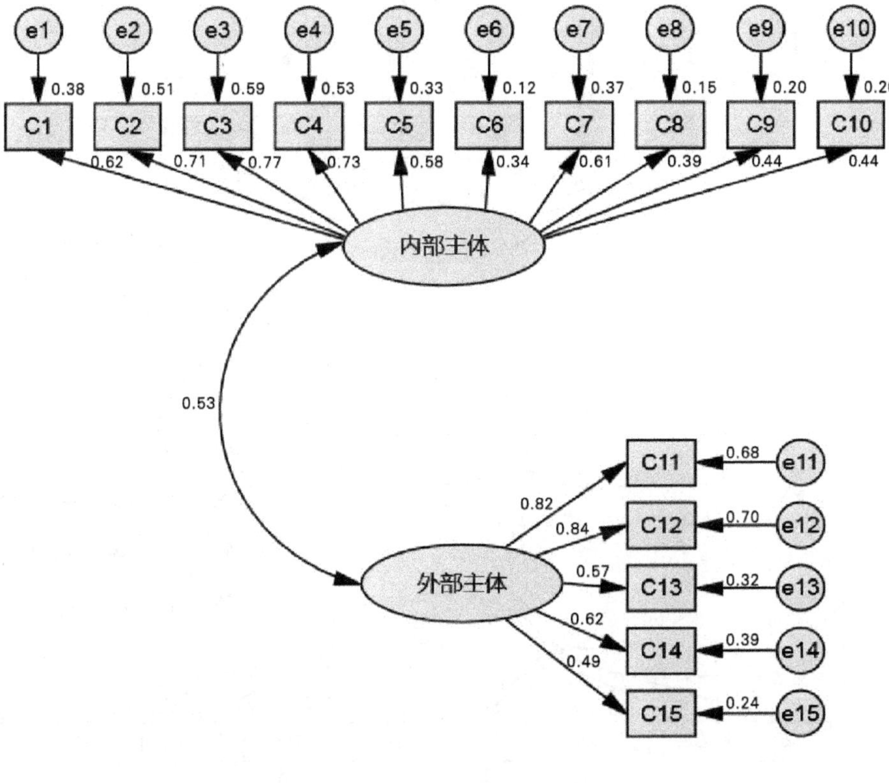

图 2-4 高职教师绩效评价主体 CFA 分析结果

分析结果显示：评价方法合理性模型的验证性因子分析结果（表 2-24）显示：RMSEA=0.075 < 0.08，该验证性测量模型拟合程度良好；拟合程度各指标值 GFI、CFI、TLI 分别是 0.901、0.916、0.925，均大于最低要求值 0.9，模型拟合程度良好，符合分析要求。

表 2-24 评价主体合理性验证性分析拟合指标

模型	CMIN	CMIN/DF	RMSEA	GFI	CFI	TLI
评价主体合理性	463.473	5.208	0.075	0.901	0.916	0.925

4. 组织承诺量表验证性因子分析

组织承诺部分的测量变量有三个，分别是组织情感承诺、继续承诺和规范承诺，高职教师绩效评价组织承诺量表验证性因子分析结果见图 2-5。

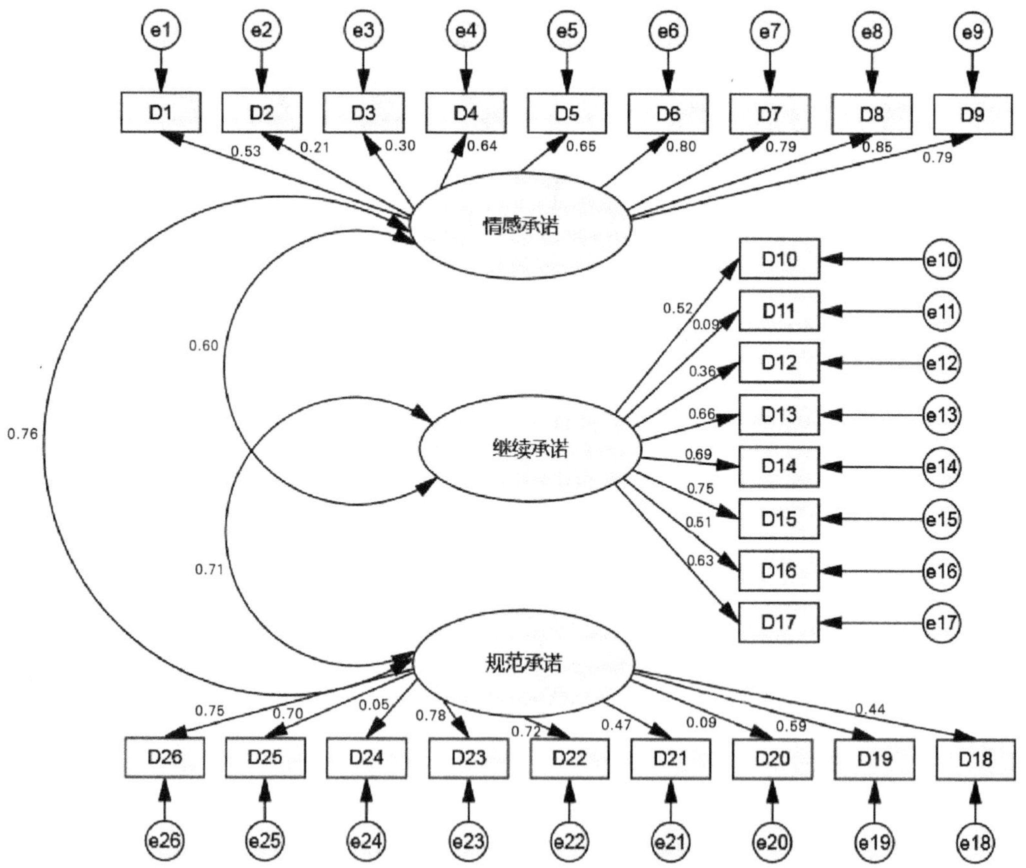

图 2-5 组织承诺变量 CFA 结果

组织承诺量表首次验证性分析结果显示，D2、D3、D24 的相关水平很低，D3 甚至为负相关。删除三个测量变量之后运行结果（表 2-25）显示该模型拟合程度较好，RMSEA 的值为 0.035；模型的拟合程度指标 GFI、CFI、TLI 的值分别是 0.901、0.927、0.924，均高于标准值 0.90，模型拟合程度较好符合分析要求。

表 2-25　组织承诺量表性验证性分析拟合指标

模型	CMIN	CMIN/DF	RMSEA	GFI	CFI	TLI
组织承诺	1263.409	4.268	0.035	0.901	0.927	0.924

5. 教师民主参与量表的验证性因子分析

民主参与量表通过三个潜变量即参与权、知情权和申诉权体现，高职教师民主参与对绩效评价合理性影响验证性因子分析结果见图 2-6。

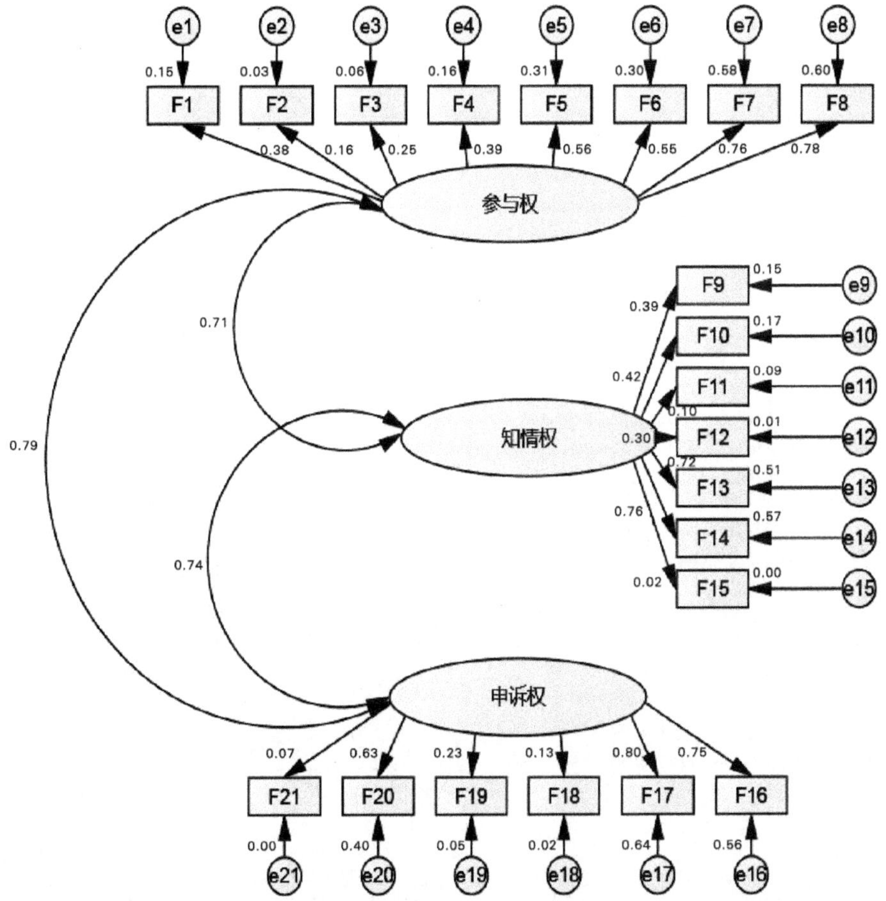

图 2-6　民主参与量表 CFA 结果

民主参与量表首次验证性分析结果显示，F2、F3、F19的相关性很低，RMSEA=0.111 > 0.08，调整删除三个测量变量之后运行结果（表2–26）显示：该模型拟合程度较好，RMSEA的值为0.073；模型的拟合程度指标GFI、CFI、TLI的值分别是0.915、0.903、0.931，均高于标准值0.90，模型拟合程度较好，符合分析要求。

表2–26 民主参与量表性验证性分析拟合指标

模型	CMIN	CMIN/DF	RMSEA	GFI	CFI	TLI
民主参与	861.088	4.63	0.073	0.915	0.903	0.931

第三章

教师绩效评价现状与问题

在定性和定量混合性研究的基础上，按照研究的内容框架维度，在访谈和量表数据资料分析的过程中，明确目前教师绩效评价存在的问题，对本研究关于教师绩效评价现状存在的问题进行界定。

第一节 教师绩效评价现状总体情况及作用效果分析

一、教师绩效评价总体情况分析

量表“高职教师绩效评价”的各个维度指标的综合描述统计结果（表 3-1）显示：从总体的角度分析，被调查的高职教师绩效评价合理性的认知的得分均值为：3.201 分，表明大部分被调查的高职教师对绩效评价合理性的认知较高；从各个方面的角度分析，被调查的高职教师表现出的“评价主体合理性”的分值较高为 3.234 分，而表现出的“评价内容合理性”的分值较低，为 3.188 分。由此可见，由高到低地将被调查的高职教师在各个方面上的得分均值进行排序：评价主体合理性＞评价方法合理性＞评价内容合理性。

教师绩效评价内容不合理的选择频率最高，“很不合理”和“不合理”两个选项合计占 23.05%，评价方法和评价主体两项下的“很不合理”和“不合理”两个选项的选择频率分别占 19.46%、19.86%；而组织承诺和民主参与的正向表述的不符合水平、负向表述的符合水平也有较高频率。总体分析，目前教师绩效评价合理性各方面均存在不足之处。

表 3-1 量表“高职教师绩效评价”各个维度指标的综合描述统计结果

项目	最小值	最大值	均值	标准差
评价内容合理性	1.000	4.828	3.188	0.508
评价方法合理性	1.000	4.667	3.196	0.503
评价主体合理性	1.000	5.000	3.234	0.583
绩效评价合理性的认知	1.162	4.706	3.201	0.448

在对访谈资料编码的过程中，多次发现教师在谈话中将评价内容、评价方法和评价主体融合在一起的现象。比如 360° 绩效反馈法本身就是关于评价主体的评价方法，而对于 360° 绩效反馈的理论研究和具体实践都涉及评价内容。基于评价内容、评价方法、评价主体的编码频繁交叉的情况，本研究提出高职教师绩效评价内容合理性、评价方法合理性、评价主体合理性之间存在正相关的假设。假设的验证，将对改进绩效评价方案的系统性、协同性提供重要的理论支持。

高职教师绩效评价合理性的三个维度，即评价内容合理性、评价方法合理性、评价主体合理性之间的相关分析结果如表 3-2 所示。

表 3-2 高职教师绩效评价各个维度指标之间的相关分析结果

项目		评价内容合理性	评价方法合理性	评价主体合理性
评价内容合理性	R	1		
评价方法合理性	R	0.588**	1	
评价主体合理性	R	0.493**	0.713**	1

注 * 表示在 0.05 水平（双侧）上显著相关；** 表示在 0.01 水平（双侧）上显著相关

由表 3-2 可知，相关分析的结果表明评价内容合理性、评价方法合理性与评价主体合理性的简单相关系数分别为 0.493、0.713，显著性检验对应的概率 P 值均小于 0.05，即评价内容合理性、评价方法合理性与评价主体合理性之间均存在正向相关。

评价内容合理性、评价主体合理性与评价方法合理性的简单相关系数分别为 0.588、0.713，显著性检验对应的概率 P 值均小于 0.05，即评价内容合理性、评价主体合理性与评价方法合理性之间均存在显著的正向相关。

评价方法合理性、评价主体合理性与评价内容合理性的简单相关系数分别为 0.588、0.493，显著性检验对应的概率 P 值均小于 0.05，即评价方法合理性、评价主体合理性与评价内容合理性之间均存在显著的正向相关。

由此可见，“评价方法合理性、评价主体合理性与评价内容合理性正相关，评价内容合理性、评价主体合理性与评价方法合理性正相关，评价内容合理性、评价方法合理性与评价主体合理性正相关”是成立的。

基于上述的相关分析结果，在具体实施高职教师绩效评价中，在绩效评价主体的确认，评价内容、评价标准和评价指标体系的建立以及评价方法的选择上具有重要的指导意义。评价内容和评价标准的确立是保证教师绩效评价效果的重要前提，在评价主体的构成方面要综合考虑与教师绩效相关的主体及其胜任能力，特别是评价主体对评价方法的驾驭能力，对评价内容和标准的认知能力。评价主体的胜任力越高，评价方法的选择与使用客观性越强，对评价内容和标准的理解就越准确，因此，在具体实施评价中要统筹考虑绩效评价主体、评价内容和评价方法的相关性，有效提升评价质量。

二、不同高职教师对教师绩效评价合理性认知存在个体差异

访谈过程中发现，教师个体差异对高职教师绩效评价合理性的认同度存在一定差别，这些个体特征包括教师的性别、年龄、教龄、职称、学历、任课类型、科研能力、评教结果和年度考核结果等方面。高职教师个体背景特征不同，对教师绩效评价合理性认知不同，故提出高职教师个体特征不同对教师绩效评价合理性的认知存在差异的假设。表3-3、表3-4是高职教师的个体特征对绩效评价合理性认知及三个维度的差异分析结果。

表 3-3　高职教师的个体特征对绩效评价合理性及三个维度的差异分析结果（一）

个体特征	检验值	性别	教龄	年龄	职称	学历
评价内容合理性	*F* 值	−4.171	0.680	5.583	1.979	1.809
	P 值	0.000	0.666	0.000	0.097	0.126
评价方法合理性	*F* 值	−1.246	4.652	0.959	2.544	4.885
	P 值	0.213	0.000	0.412	0.039	0.001
评价主体合理性	*F* 值	−1.608	1.005	4.646	2.406	3.006
	P 值	0.174	0.421	0.000	0.049	0.018
绩效评价合理性认知	*F* 值	−3.657	4.620	5.040	2.438	4.162
	P 值	0.000	0.000	0.000	0.047	0.003

注：检验的显著性水平为 0.05

表 3–4 高职教师的个体特征对绩效评价合理性及三个维度的差异分析结果（二）

个体特征	检测值	任课类型	科研能力	评教结果	考核结果
评价内容合理性	F 值	5.448	5.302	3.752	3.924
	P 值	0.000	0.000	0.000	0.004
评价方法合理性	F 值	5.438	5.845	4.807	2.199
	P 值	0.000	0.000	0.000	0.069
评价主体合理性	F 值	5.498	6.184	5.945	2.136
	P 值	0.000	0.000	0.000	0.076
绩效评价合理性认知	F 值	6.884	6.140	5.952	3.841
	P 值	0.000	0.000	0.000	0.004

注：检验的显著性水平为 0.05

关于性别、年龄、教龄、学历、职称、任课类型、科研能力、评教结果和考核结果九个个体特征差异对高职教师在绩效评价三个子维度和教师绩效评价合理性整体认知的差异分析中，通过独立样本 t 检验，由表 3–3、表 3–4 的检验结果分析可知：

性别不同的高职教师在评价内容合理性（F 值为 –4.171）、绩效评价合理性的认知（F 值为 –3.657）两个方面的得分均值存在显著性差异，其中女性教师相比于男性教师，更偏向于认为绩效评价的内容合理性明显程度更高，其次是对绩效评价合理性的总体认知。以上结果与学校教师的性别分布有关，女性专任教师的比例为 65.39%，男性教师占 34.61%。教师性别对评价主体合理性和方法合理性没有显著差异。在进行教师绩效评价内容设计和整体框架设计时需要考虑这一人口学特征的影响。

年龄不同的高职教师在绩效评价三个子维度的差异分析中，仅在评价内容合理性（F 值为 5.583）、评价主体合理性（F 值为 4.646）、绩效评价合理性认知（F 值为 5.040）方面的得分均值存在显著性差异，年龄较低的高职教师相比于年龄较高的高职教师，其偏向于认为绩效评价的评价内容合理性、评价主体合理性显著程度更高。这一结果基本符合学院目前教师队伍的年龄结构，其中 45 岁以下的教师占 76.8%，对绩效评价合理性的整体认知，反映出教师对绩效评价的合理性关注程度较高。对绩效评价内容的了解和绩效评价主体构成与教师的自身利益直接相关，认可程度较高。教师对绩效评价方法的认知不显著，主要原因在于学院绩效评价方法使用的透明度、规范化和科学性方面做得不够，教师对评价结果如何得出存疑。

教龄不同的高职教师在绩效评价三个子维度的差异分析可知，仅在评价方法合理性（*F* 值为 4.652）、绩效评价合理性的认知（*F* 值为 4.620）方面的得分均值存在显著性差异，分析发现教龄较短的高职教师相比于教龄较长的高职教师，其偏向于认为绩效评价的评价方法合理性明显更高。

职称不同的高职教师在绩效评价三个子维度的差异分析中，仅在评价方法合理性（*F* 值为 2.544）、评价主体合理性（*F* 值为 2.406）、绩效评价合理性的认知（*F* 值为 2.438）方面的得分均值存在显著性差异，其中职称较高的高职教师相比于职称较低的教师，其偏向于认为绩效评价的评价方法合理性、评价主体合理性明显会更高。高职教师的职称评聘条件有别于本科普通高校，在访谈中发现，对于绩效评价内容的合理性认知方面，不同职称的教师对评价内容的构成和评聘的标准均存在不满意，因此绩效评价实践中需要更多考虑根据高职教师的工作特点确定评价内容和标准。

学历不同的高职教师在绩效评价三个子维度的差异分析中，仅在评价方法合理性（*F* 值为 4.885）、评价主体合理性（*F* 值为 3.006）、绩效评价合理性的认知（*F* 值为 4.162）”方面的得分均值存在显著性差异。统计结果显示，学院的教师具有硕士学位以上的占 64.70%，对绩效评价的整体合理性认知程度较高，大多数教师认可绩效评价的合理性对教师的发展有重要作用。其中学历较高的高职教师相比于学历较低的高职教师，其偏向于认为绩效评价的评价方法合理性、评价主体合理性明显会更高。对教师绩效评价内容验证结果不显著，主要还是对评价内容的构成和评价内容的权重分布存在异议，特别是不同学科背景的教师认为评价内容的设置没有体现分类评价是不公平的。

任课类型不同的高职教师在绩效评价三个子维度的差异分析中，在评价内容合理性、评价方法合理性、评价主体合理性、绩效评价合理性的认知方面的得分均值均存在显著性差异，其中任课类型为“理论实践课”的高职教师相比于其他任课类型的高职教师，其偏向于认为绩效评价的评价内容合理性、评价方法合理性、评价主体合理性明显会更高。这一结果符合学院专任教师任课的实际，担任理论实践一体课程的专任教师占 63.4%，纯理论和纯实践的专任教师占比较低，任课类型对教师绩效评价合理性的认知普遍关注程度较高。其中对教师绩效评价合理性的（*F* 值 6.884）最高，目前学院还没有实施根据任课类型进行教师的评聘。

科研能力不同的高职教师在绩效评价三个子维度的差异分析中，在评价内容合理性（*F* 值为 5.302）、评价方法合理性（*F* 值为 5.845）、评价主体合理性（*F* 值为 6.184）、绩效评价合理性的认知（*F* 值为 6.140）方面的得分均值均存在显著性差异，其中科研能力较强的高职教师相比于科研能力较弱的高职教师，其偏向于认为绩效评价的评价内容合理性、评价方法合理性、评价主体合理性明显会更高。结果说明科研能力作为高职教师绩效评价的内容是合理的，尽管高职院校教师的科研能力整体偏弱，但科研对教学和教师个体的发展作用还是得到大部分教师的认可。

评教结果不同的高职教师在绩效评价三个子维度的差异分析中，在评价内容合理性（F 值为 3.752）、评价方法合理性（F 值为 4.807）、评价主体合理性（F 值为 5.945）、绩效评价合理性的认知（F 值为 5.952）方面的得分均值均存在显著性差异，其中评教结果较好的高职教师相比于评教结果较差的高职教师，其偏向于认为绩效评价的评价内容合理性、评价方法合理性、评价主体合理性明显会更高。调查结果显示 73.3% 的被调查者的评教结果较好，这一结果也进一步解释教师的绩效评价与评教结果的关联度较高，也反映出教师对绩效评价的内容、方法和评价主体的构成方面的规范与合理性有较高期待。

考核结果不同的高职教师在绩效评价三个子维度的差异分析中，仅在评价内容合理性（F 值为 3.924）、绩效评价合理性的认知（F 值为 3.841）方面的得分均值存在显著性差异，其中年度考核结果较好的高职教师相比于年度考核结果较差的高职教师，其偏向于认为绩效评价的评价内容合理性明显会更高。尽管有 93.9% 的被调查者的年度考核结果较好，但对评价方法的合理性和评价主体合理性的认知依然不显著，说明教师对考核结果与评价方法的匹配度和评价主体的构成与胜任力依然存在疑问与分歧。

教师对绩效评价合理性认知的个体差异为绩效评价管理提供了重要线索，学校在与教师进行绩效沟通过程中，应该充分考虑被评价教师的个体背景，进一步分析了解造成个体差异的共性原因，有针对性地改进评价方案。例如针对非理论实践课教师相比理论实践课教师对学校绩效评价认同度低的现象，应该具体分析其主要差异的方面，针对主要集中在对企业实践和社会服务等评价内容合理性问题，学校应该从教师专业素质的客观需求和学校的工作要求，以及目前绩效评价的相关规定和实施情况等方面具体分析，查找出原因，提出改进措施，与非理论实践课教师加强沟通。

三、教师绩效评价作用效果分析

结合定性研究和定量研究的相关数据资料，从教师绩效评价的作用效果和教师绩效评价整体角度综合分析，教师认为学校教师绩效评价作用发挥不够，甚至有负面影响。在访谈的基础上，借助问卷题目的描述性统计分析结果可见，目前教师绩效评价的不同评价项目对教师的作用程度有明显差异，激励和导向作用总体不明显。

（一）评价项目的作用效果不一，教师对评价关注程度总体偏低

1. 较之职称评聘及与之相关的绩效评价项目，其他评价项目作用效果明显偏弱

目前的教师绩效评价项目对教师的作用程度差别较大，除职称评聘及与之密切关联的教学质量综合评价、科研工作评价对教师个体有影响外，包括奖励性绩效工资分配在内的其他教师绩效评价项目影响较小。

分析“您感觉目前学校与教师绩效评价相关的哪几项工作对您产生了较大的影响？”的选项统计结果可见，不同的评价项目对教师个体影响力度差异较大。总体来讲，职称评聘、教师教学质量综合评价、科研工作等评价项目相对重要，分别占总选项的 21%、17% 和 16%。教师教学质量综合评价、科研工作受重视程度较高，与该两项的评价结果对教师职称评聘有较大影响直接相关。研究发现教师对职称评聘中关键影响因素的认知判断结果排在前两位的是教学和科研工作，分别占总选项的 38.19% 和 26.18%。

分析教师对影响职称评聘的项目认知情况可知：学校对师德的重视程度需要进一步提高；作为以培养技术技能型应用人才为使命的高职院校，教师绩效评价中“实践工作”处在倒数第一的位置，仅占全部选项的 3.15%，令人震惊，亟待改进。

在对选项教师背景分析过程中，发现职称不同对选项有显著影响（表 3–5）。58% 的被测试教师对“职称评聘”项目的关注度较高，占总体选项分布的 21%，其中中级职称教师占 52%，占调查教师中中级职称总人数的 67%；48% 被调查的高职教师对“教师教学质量综合评价”项目的关注度较高，占总体选项分布的 17%，其中中级职称占 51%，占中级职称总人数的 54%；45% 被调查的高职教师对“科研工作评价”项目的关注度较高，占总体选项分布的 16%，其中中级职称占 47%，占中级职称总人数的 46%。由此可以看到，中级职称的教师对这三项的关注度明显高于其他职称级别的教师，分析说明职称评聘对中级教师的作用力最显著。

表 3–5　不同职称的教师对个人影响较大的评价项目选项情况分析表

职称情况	职称评聘			教学质量综合评价			科研工作评价		
	频数	不同职称比例	占同级选项比例	频数	不同职称比例	占同级选项比例	频数	不同职称比例	占同级选项比例
无	7	3%	44%	5	3%	31%	8	5%	50%

初级	43	19%	61%	26	14%	37%	34	19%	49%
中级	119	52%	67%	95	51%	54%	82	47%	46%
副高	51	23%	46%	52	28%	47%	46	26%	41%
正高	7	3%	37%	10	5%	53%	5	3%	26%
合计	227	100%	58%	188	100%	48%	175	100%	45%
综合占比	21%			17%			16%		

2. 教师对绩效关注程度总体偏低

目前学校教师绩效评价工作相关的文件有《教学工作量的计算办法》《科研工作量计算办法》《管理和社会服务工作量计算办法》《教师教学质量综合测评指导意见》《教师企业研修管理办法》《专业技术人员职称评聘基本条件》《奖励性绩效工资分配办法》以及单项评优推先工作办法等，涉及评价内容、评价方法、评价主体三个方面。

问卷数据统计显示，教师对学校绩效评价文件的了解程度偏低。对《科研工作量计算办法》了解的人数最多，但也只有 48.61% 的教师选择了解，未超过 50%；其次是《教学工作量的计算办法》，了解人数为 35.95%；《教师教学质量综合测评指导意见》为 27.85%；《专业技术人员职称评聘基本条件》为 23.54%；《管理和社会服务工作量计算办法》为 19.49%；《奖励性绩效工资分配办法》为 18.99%；选择“对上述政策都不了解”的人员比例为 17.72%。

对教师的年度考核、学生评教、教学质量综合评价结果均不清楚的教师，依次占回收问卷数的 3.05%、14.76%、29.77%。关于“教师岗位任务完成情况”的问题，有 24 人选择“不清楚”，10 人未做选择，合计占 8.65%。访谈中有 1/4 的被访谈者对学校综合评价的评价主体不清楚，除了学生外谁在评、评什么均不清楚。原因主要是评价结果好坏只和评优推先或者职称评聘关联，对于没有评职称和争当优秀先进目标的教师没有多大影响；另外评价结果没有有效的沟通反馈，制度执行缺乏刚性，均造成多数教师对学校评价工作并不太在意，由此判断学校教师绩效评价的作用非常有限。

（二）绩效评价没有有效促进教师实现"以学生为中心"的育人理念

学校教师有"成为帮助学生成长的'好老师'"的共同愿望。393 份有效问卷中除4份外,其他都选择了"将成为能够帮助学生成长的'好老师'作为个人发展的目标",这是非常令人欣喜的。教师的内心装着对学生的关爱和责任。

将教师"是否帮助学生实现了学习目标"作为衡量教师教学绩效的参照标准。通过对教师是否认为帮助学生实现了学习目标的题目选项分析（图 3–1），学生的学习目标实现情况作为体现专任教师工作绩效的核心指标，其状况并不令人满意，教师对自己的工作结果并不完全认同，"以学生为中心"的人才培养成果没有很好地实现。"达成学习目标"的教学质量意识需要加强和提高行动实效。

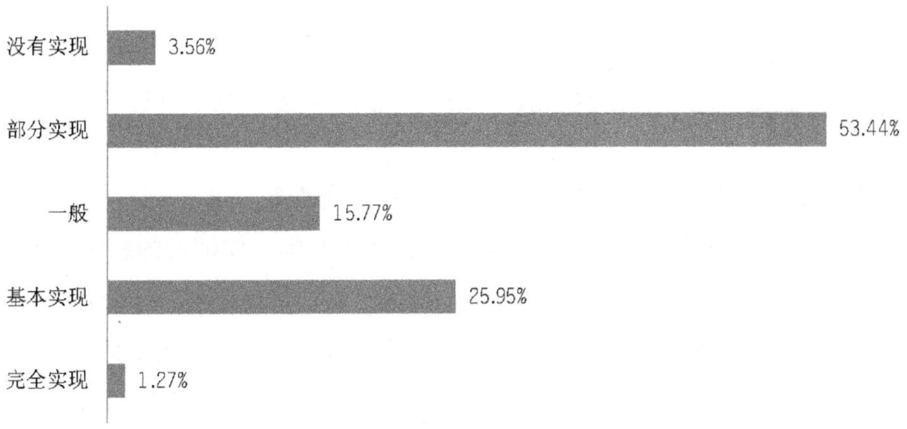

图 3–1 教师帮助学生实现学习目标情况分析

分析教师对是否帮助学生达成学习目标的自我感知情况与学生对教师的评教结果的关联性，结果显示（表 3–6），认为帮助学生"基本实现"学习目标的被测试教师中，评教结果为优秀的占比最高，有 49.02%。评教优秀的教师中，认为帮助学生"部分实现"了学习目标的占比最高，占 53.37%，其次是"基本实现"和"一般"。各不同评教结果的教师对"学生学习目标的实现情况"均以"部分实现"为主，其次是"基本实现"和"一般实现"。"完全实现""没有实现"占比非常少，只有 1.27% 和 3.56%。综合分析，多数教师认为帮助学生部分实现了学习目标，占总数的 53.44%。

分析显示教师对帮助学生达成学习目标的选项结果与学生对教师的评教结果没有对应关系，可能存在的教师自我要求标准不一的因素，一定程度上仍然能够说明教师绩效评价对教学绩效的评价中没有很好地突出对学生学习目标达成与否的评价标准，教学绩效评价没有突出对学生学习效果的关注，没有充分体现教师绩效评价结果与学生教学效果的关联。尽管学生评教中，对教学效果评价有 40% 权重设置，但由于缺少明确的相关评价指标，实际效果并不明显，学校学生评教的制度应该加强引导学生关注自身学习效果，提高指标的指导作用。

表 3-6 不同评教结果的教师对是否帮助学生实现学习目标问题选项分析表

项　目	完全实现	基本实现	一　般	部分实现	没有实现	小　计
优　秀	1	50	26	95	6	178
良　好	2	21	18	66	3	110
合　格		16	7	21	1	45
不合格		1	1		2	4
不清楚	2	14	10	28	2	56
小　计	5	102	62	210	14	393

（三）绩效评价以奖罚性评价为主，发展性评价不足

学校的教师绩效评价相关文件中规定了很多对教师工作绩效的底线要求，如果达不到相关要求，则不能够参与职称晋级、推优评先、奖金分配，对年度考核和聘任合同完成情况的任期评价都会产生影响。尽管目前很多规定并没有按照文件条文执行，教师们仍然感受到来自文件的压力。分析该现象，与教师对文件制定及执行情况不了解，而学校的绩效沟通反馈不够，没有帮助教师在评价过程中充分了解学校的要求和自身的状况，学校的绩效评价没有对教师的发展发挥积极作用有直接关系。

问卷数据统计显示，有 65.06% 的被测试教师认为学校存在评价过度的情况，另有 17.72% 的教师选择对评价工作不关注，仅有 13.42% 的教师认为学校目前的评价工作是适度的。对导致评价过度的影响因素的题目分析可见，评价结果的使用情况直接影响到评价是否过度。基于教师主观上对奖罚性绩效评价的敏感和抵触，更重要的是目前客观存在部分评价项目缺少机会平等的前提，学校教师绩效评价应该奖罚性与发展性相结合，慎用奖罚性措施，尤其是处罚性评价结果的使用要谨慎。学校目前的评价更多地体现在奖罚性。

访谈中多数教师认为学校对教师的绩效评价处罚过度，激励不够，帮助教师专业发展的作用更是薄弱。“组织对教师的评价还是应该以帮助教师成长为目的，不应该过多地奖罚，当然如果是教师自身在教学纪律等基本规范方面的违规行为该罚。”（FT25）用于奖罚性的评价结果必须做到责任清晰，机会公平，否则会造成教师对

评价公平性的质疑，起到负面作用。“教学以及与教学相关的一些科研，我觉得这些都可以作为奖罚性的指标，但是其他的就应该作为加分项，有那当然是更好了，如果没有，我可能通过其他的一些考核项目来弥补。因为有些事项是需要有机会的。机会不公平，就会导致评价结果不公平。像企业研修，我控制不了。”（FT14）

麦格雷戈的 X 理论和 Y 理论也强调应该激发教师的源动力，满足员工自尊心和自我实现的需要，不应该过分强调奖罚性措施的作用。斯金纳的强化理论认为无论积极强化还是消极强化，都能够发生期望的行为。如果员工不出现管理者期望的某种行为（如努力工作），最佳的方式是不给予任何奖励的消极强化，而不是惩罚。并非所有需要做的事情都要作为奖罚性评价内容。如果教师内心不认同，即使纳入奖罚性评价也只是应付。借助于及时反馈评价意见和建议给予教师应有的引导、帮助和鼓励更为重要。393 份有效测试问卷中，99% 左右的教师希望成为帮助学生成长的好老师，而且这种愿望中有 79.49% 源于教师自己的内心。对于这样的教师群体，保护和激发教师自身的主观能动性，通过发展性评价帮助教师成长应该更为重要。

访谈过程中大家一致认为教师绩效评价工作应该发挥重要作用。编码集中在“明确目标”“促进管理”“提升学校的管理水平”“清晰岗位职责”“稳定秩序”“促进发展（学校和个人双向发展）”“更加充分地发挥教师的能力”“指导建议”“协调关系”“适度压力”“总结反思”等关键词，进一步聚焦为“引导”“激励”“压力”三方面的作用。关于目前教师绩效评价实际发挥的作用，则有 40 位被访谈者认为没有很好地起到激励作用，其中有 13 位认为只是对少部分人起到激励作用，27 位甚至认为存在负面的作用。“目前的绩效考核办法没有起到激励大家多做事儿（的作用），没有积极作用。大量的工作内容都没体现在考核内容上，工作积极性受到影响。”（FT06）“绩效考核办法没有起激励大家做成事儿、多办事儿的作用。如果有的话，不是现在的状态，现在大家都挺应付的。”（FT09）“绩效考核总体上还没有太大压力，绩效考核相对还是很宽松的，都是基本项。”（FT16）

总体判断，学校教师绩效评价目前的作用发挥情况并不理想。教师绩效评价作用的应然与实然的差距，是我们提高教师绩效评价方案合理性的现实需求。

四、教师绩效评价合理性影响教师组织承诺

组织承诺是“个体认同并参与一个组织的强度”，是员工与组织的“一种心理合同或心理契约”（杰拉尔德·格林伯格，罗伯特·A·巴伦，2005）。组织承诺关乎员工对组织的发展目标、价值理念、决策行为的认同，关乎对组织的情感并甘心

为组织服务，关乎愿意服从组织规范要求、提高自身素质、提高工作绩效。基于质性研究中，被访谈教师提到的绩效评价存在的不合理的问题与教师的组织承诺方面多有交叉关联。比如，绩效评价内容没有明确体现学校的发展目标，教师们对绩效评价内容不认同，影响到对组织的情感；部分绩效评价内容的参与机会不均等，教师实现绩效得到的组织支持不够，影响到教师的继续承诺；绩效评价内容缺少对教师师德和岗位职责的明确要求，影响到教师的规范承诺，等等，本研究提出高职教师绩效评价合理性与教师组织承诺存在正相关。该假设的验证，为明确定位教师绩效评价的作用提供了有力的理论支持。

表 3-7　高职教师绩效评价合理性与组织承诺之间的相关分析结果

		1	2	3	4
1. 组织承诺	R	1			
2. 评价内容合理性	R	0.336**	1		
3. 评价方法合理性	R	0.442**	0.588**	1	
4. 评价主体合理性	R	0.442**	0.493**	0.713**	1

注：** 表示在 0.01 水平（双侧）上显著相关

由表 3-7 可知，相关分析的结果表明评价内容合理性、评价方法合理性、评价主体合理性与组织承诺的简单相关系数分别为 0.336、0.442、0.442，显著性检验对应的概率 P 值均小于 0.05，即评价内容合理性、评价方法合理性、评价主体合理性与组织承诺之间均存在显著的正向相关。

由此可见，“对绩效评价内容合理性认同度越高的教师，组织承诺水平也越高；对绩效评价方法合理性认同度越高的教师，组织承诺水平也越高；对绩效评价主体合理性认同度越高的教师，组织承诺水平也越高”的假设是成立的。

本研究直接借用 Meyer 和 Allen 的三维度组织承诺量表，按照感情承诺、继续承诺、规范承诺等三方面内容，对应访谈中的组织情感、组织支持、职业道德实施问卷，由表 3-8 可知，从总体的角度分析，“组织承诺”的得分均值为 3.312 分，表明大部分被调查的高职教师的组织承诺较高。从各个方面的角度分析，“感情承诺”3.409 分，分值相对较高；“继续承诺”3.190 分，分值相对较低。将被调查的高职教师在各个维度上的得分均值由高到低进行排序：感情承诺＞规范承诺＞继续承诺。

表 3-8 量表“组织承诺”的各个维度指标的描述统计结果

	最小值	最大值	均值	标准差
感情承诺	1.000	5.000	3.409	0.599
继续承诺	1.000	4.750	3.190	0.540
规范承诺	1.000	5.000	3.323	0.581
组织承诺	1.000	4.692	3.312	0.493

Meyer 等（1984）提出员工对组织能够满足其维持生活、发展自我和承担社会责任的期望与组织尽力满足员工的需要，希望员工能够忠于组织、努力工作，这种员工与组织之间的交换关系，影响员工对组织的继续承诺。

根据高职教师绩效评价合理性，以及评价内容合理性、评价方法合理性、评价主体合理性与组织承诺之间均存在显著的正向相关的假设分析可见：

目前学校评价内容没有充分体现学校的战略发展目标、教师的岗位职责要求，评价内容大而无当，影响教师专业教学的精力，影响教师对学校的组织承诺。“不太了解学校的战略发展目标，个人的发展目标与学校的发展目标应该一致的，学校发展越来越好，个人才能有更大空间发展。”（FT19）被广大教师认同为合理的绩效评价，才能更好地强化和延续教师的职业认同、组织认同，提升教师对组织的感情承诺。

评价程序方面没有采用有效方法，实现教师个体绩效与团队、组织绩效有效的关联；教师绩效评价没有采用关注教师个体差异的分类评价办法，教师得到的组织支持不够。影响了教师的组织承诺。“（学校应该商议企业）设置几个岗位给我们老师，我们轮流去研修，没有平台给老师们，就只谈奖罚，我觉得是不大合适的。”（FT14）教师绩效评价奖罚政策没有体现以工作机会公平为前提，学校对教师工作支持力度不均衡，影响教师组织承诺。教师绩效评价发展性作用不明显，绩效沟通低效，教师自身专业化发展没有得到有效的引导和支持，影响教师对学校继续承诺。

评价主体方面，“不同部门出台的评价制度存在不一致性”（FT01、FT29），部门之间缺少有效的沟通协调机制，各说各话，各做各事儿，学校制度缺少顶层设计和规划。职能部门作为学校重要的评价主体，由于相互之间协同不够，在对教师实施绩效评价过程中，消耗了教师的时间精力和工作热情。教师本身评价主体地位的缺失等均不同程度地影响到组织承诺。

总之，教师绩效评价合理性会直接影响到组织承诺，对教师绩效评价内容、评价方法、评价主体，以及教师绩效评价总体合理性的改进都会影响到教师组织承诺水平，对学校发展具有重要意义。

第二节　教师绩效评价内容方面的现状与问题

评价内容是教师绩效评价组成中最重要的部分。评价内容直接对教师的行为和结果产生导向作用，决定教师绩效评价作用发挥情况。评价内容的合理性是教师绩效评价三个组成部分中教师认同度最低的一部分。本节对评价内容合理性存在的问题进行研究分析。

一、学校教师绩效评价内容方面相关规定

学校目前对教师的绩效评价内容包括教学、科研、管理和社会服务等方面。教师职称评聘要满足相应基本条件：教学工作，包括授课课时数、课程门数以及教学质量；科研工作，额定标准工作数量和质量标准；管理服务工作；实践工作；副高以上还要承担青年教师培养工作。如果不能满足条件，便不能评聘相对应的专业技术职务，也就不能享受到相应的薪酬待遇。对应聘任的岗位，规定有相应的岗位职责，体现了教学、科研、管理和社会服务等方面工作的要求。这些均构成了学校教师绩效评价的主要内容。

（一）教学评价

教学是高职院校的中心工作，也是教师的首要任务。教学评价通过教师教学的工作量和质量两方面来评价。

专任教师需要完成学校规定的年度授课工作量。学校《教学工作量管理办法》规定“讲师每年授课工作量不少于320课时，系统担任1门以上课程全部教学工作”；副教授要求“专任教师每年授课工作量不少于288课时，系统担任2门以上课程全部教学工作”。授课工作量符合此标准，评价为合格；不符合此标准，评价为不合格。

学校制定《教师教学质量综合评价指导意见》，提出原则性要求，具体的教学

质量评价方案由各二级学院根据自己的专业特色和特殊情况在统一要求下独立制定和实施。主要通过学生对教师课堂质量评价、教研室主任对教师工作评价、教学院长对教师工作评价、督导对教师工作评价、教师同行间对教师工作的互相评价、专家听课评价等进行综合评价。上述评价内容，有的二级院部没有安排相应的评价主体，比如专家听课评价表只有 E 学院有明确规定，同行教师间教师工作评价在五个教学院部已经取消掉。每个二级教学单位都针对不同的评价主体制定了评价表，设置了评价项目和对应的分值。

依据教育部《关于建立健全高校师德建设长效机制的意见》（教师〔2014〕10号）、山东省教育厅《关于建立健全高校师德建设长效机制的指导意见》（鲁教师发〔2015〕5号），学校制定并颁布了学院《关于师德建设长效机制实施办法（征求意见稿）》，规定："损害国家利益，损害学生和学校合法权益的行为；在教育教学活动中有违背党的路线、方针、政策的言行；在科研工作中弄虚作假、抄袭剽窃、篡改侵吞他人学术成果、违规使用科研经费以及滥用学术资源和学术影响；影响正常教育教学工作的兼职、兼薪行为；在招生、考试、学生推优、就业等工作中徇私舞弊；索要或收受学生及家长的礼品、礼金、有价证券、支付凭证等财物；对学生实施性骚扰或与学生发生不正当关系；其他违反高校教师职业道德等情形均为不道德行为，予以禁止。"办法中要求对师德进行专项考核，考核结果记入教师档案，并与职称评聘、推优评先等挂钩。办法 2015 年制定以来，并没有独立实施。学校目前在教师师德评价方面还没有设定独立、明确、有效的评价标准。

（二）科研评价

学校《科研工作量计算办法》规定：科研工作量的折算所得课时之总和，即为个人年度科研工作总工作量，等同于教学课时。每位专业技术人员在任职期间的科研工作量按年度统计，专业技术任期内各年度科研工作量可累计计算。科研工作量额定标准即每位专业技术人员年度内的基本工作量。各级各类具有专业技术职务人员年度额定科研工作量标准为：正高额定 30 课时，副高额定 20 课时，中级额定 10 课时，初级额定 5 课时。科研工作评价等级分为优秀、合格、不合格。具体标准为：达到额定科研工作量为合格，超过额定科研工作量为优秀，未达到额定科研工作量为不合格。科研工作及成果包括论文（作品）、研究项目、著作、应用技术研发、学术科普报告、知识产权和音乐、文学、艺术等七大类，每一级成果均计算科研工作量。以论文类的科研工作量的折算标准（表 3-9）为例，其他类别的科研工作折算标准不一一列举。

表 3–9 山东某高职院校论文类科研工作量折算标准

序号	论文发表期刊类型	折合标准课时 / 篇
1	全国中文核心期刊（北大中文）北京大学版	60
2	全国专业类核心（含科技等）	40
3	国内中文公开发表（不含内刊、增刊）	25
4	学报	25
5	国外正式出版学术期刊(有刊号,有国别识别码,用外文发表)	50
6	国际学术会议（专题报告或大会学术交流论文）	30
7	国内一级研究会（学会、协会）学术会议（专题报告或大会学术交流论文）	20
8	公开发行的理论，刊物报纸理论版（不少于 2500 字）	15
9	SCI（科学引文索引）分区表中列为 1 区杂志收录论文	90
（成果收录转载）	SCI（科学引文索引）、SSCI（社会科学引文索引）、A&HCI（艺术人文引文索引）收录期刊论文	80
	EI（工程索引）、ISTP（科技会议录索引 ）、CSSCI（中文社会科学引文索引）收录期刊论文	60
	人大复印资料、新华文摘全文转载	35
	EI 收录会议论文、CSCD（中国科学引文数据库）收录期刊论文（核心版）	30
	人大复印资料、新华文摘部分转摘	20

（三）管理和社会服务评价

高职教师除了教学、科研之外，还要承担校内管理服务和校外社会服务的工作任务，比如在校内参与专家评审、教学管理、专业建设等活动，在校外承担科研评审、相关培训和参与专业技术研究等工作。社会服务工作的核定范围：在教师岗位的专业技术人员除承担教学和科研工作外，还需承担专业建设、教学管理、学生服务和社会服务等管理服务工作。学校《管理和社会服务工作量计算办法》规定管理服务工作量归纳为八大类，计算单位为分，每类工作确定总分计算上限。其中，专业建设工作指参与本专业的专业建设、课程建设、实训条件建设以及教育教学改革等工作;学生管理服务工作指担任兼职辅导员，兼职班主任，指导学生专业学习、社会实践、职业规划、社团及课外文化活动等；教学管理工作指组织开展教学、督导方面工作；招生就业工作指承担学院学生招生、就业工作；教师培养工作指根据专业特长与知识背景，承担院内教师专业指导、业务培训等工作；院内管理工作指承担二级学院学籍管理、资产管理、财务报销、新闻宣传等工作；社会服务工作指为政府、企业、社区提供专业技术服务；其他工作指承担学院其他任务。管理服务工作类别总分规定及年度基本工作量折算见表 3–10、表 3–11。

表 3–10 山东某高职院校管理服务工作类别总分上限表

序号	管理服务工作	总分上限
1	专业建设工作	80
2	学生管理服务工作	80
3	教学管理工作	50
4	招生就业工作	40
5	教师培养工作	40
6	院内管理工作	80
7	社会服务工作	40
8	其他工作	60

表 3–11 教师管理服务年度基本工作量计分表

序号	专业技术岗位	年基本工作量（分）
1	正高三级	60
2	正高四级	55
3	副高五级	50
4	副高六级	45
5	副高七级	40
6	中级八级	36
7	中级九级	33
8	中级十级	30
9	初级职称	40

申报评聘讲师职务的条件规定须在任助教职务期间承担班主任、兼职辅导员等学生管理及辅导工作 2 年以上，并且主动参与学生社团教育、学生社会服务实践活动；受聘后在聘期内有 1 年以上指导学生社团工作的经历，或承担班主任、兼职辅导员等学生管理及辅导工作 1 年以上，或承担党政管理工作 1 年以上。公共课教师申报评聘讲师职务要求须在任助教职务期间指导社团或社会实践活动累计 6 个月以上；

受聘后聘期内每年指导社团或社会实践活动累计不少于 1 个月。专业课教师申报评聘讲师职务及受聘后在聘期内，指导学生参加专业技能大赛获得市级及以上奖项；或本人获得院级三等及以上教学技能或专业技能竞赛奖项；或参加企事业单位横向课题，课题应有立项报告或签订的正式协议和结题报告。完成学院或部门安排的其他管理服务工作任务。

（四）企业实践评价

与企业实践相关的评价内容分散在科研、管理和社会服务方面。本文基于企业实践工作在高职院校的重要性，特别将其独立出来分析。学校要求教师参与企业实践，并专门规定了教师企业实践的管理办法，但是办法一直没有得到有效实施。学校职称评聘基本条件中对教师企业实践专门规定：专业课教师申报评聘讲师职务要求须在任助教职务期间，在企事业单位实践工作每年不少于 1 个月或在企事业单位工作 2 年以上；实践性较强的专业课教师应取得所从事专业相应的职业资格证书或技能等级证书，受聘后在聘期内到企事业单位实践工作每年不少于 1 个月。

教学、科研、管理和社会服务等上述评价内容，通过相应的计算办法对学校教师的基本工作量以及如何计量做了底线规定，在《专业技术人员职称评聘基本条件》中则明确了参评基本条件，尽管也是底线规定，但已经明显比计算办法中提出的任务量，尤其是科研任务量的要求有了相应提高，加之职称评聘是竞争性排序结果，所以申请职称评聘的教师对纳入考评的项目必然要高出基本条件要求。

二、学校教师绩效评价内容方面现状与存在问题分析

评价内容量表围绕教学、科研、管理和社会服务三方面内容，设计 29 道题目，通过描述性统计结果（表 3-12）可见管理和社会服务方面认同度最低，高达 12.18% 的人员认为管理和社会服务方面的绩效评价非常不合理。教师认为目前评价比较合理和非常合理的比例合计为 40.94%，不足 50%。在评价内容“综合”中所问及的“A27 科研工作量、管理和社会服务工作量均采用自选菜单式。在学校给出的工作项目中，教师可结合自身情况进行选择，按照相应规定，折合计算相应工作量或分值；A28 职称评聘办法规定教师如因特殊原因，可将授课工作量和科研工作量打通折算”，教师认为比较合理和非常合理的超过 50%，但对在 A28 问题追加限制条件的 A29“职称评聘办法规定教师如因特殊原因，可将授课工作量和科研工作量打通折算，但折算工作量不得超过规定工作量的一半”的问题，由于增加了折算限制，教师对其比较合理和非常合理的选择频数就减少了 20 人，降低了 5.06%。可以看出，教师希望

评价能够体现出更多的自主选择权。

表 3-12　问卷中量表“绩效评价内容合理性”各个维度指标的描述统计结果

	最小值	最大值	均　值	标准差
教　学	1.000	5.000	3.251	0.543
科　研	1.000	5.000	3.269	0.715
管理和社会服务	1.000	5.000	2.942	0.655
综　合	1.000	5.000	3.427	0.754
评价内容合理性	1.000	4.828	3.188	0.508

教学方面“合理”选项相对较集中的题目有 A1 在学生评教中规定对“教师教学是否做到以学生为主体，注重师生互动”的评价内容；A2 对教学效果的评价占学生评教总分值（教学态度、教学能力、教学效果）的 40%；A9 教师指导毕业班学生进行顶岗实习、毕业设计（论文）及答辩等，要求每位教师指导学生不超过 20 人。说明教师对学校目前教学质量强调“以学生为中心”，关注学生的学习效果导向的评价规定是认同的。合理性评价较低的题目主要集中在教学的工作量标准和计算方法方面。关于“A3 学校要求对教师教学教案完成情况进行评价”，虽然有 20.51% 的教师认为不合理，但同时也有 40% 的教师认为合理，教案管理作为学校教学规范管理措施还是需要坚持的。

科研方面“合理”选项比较集中的题目是 A13 申报评聘教授须在副教授 5 年内完成公开学术报告和学术讲座累计不少于 3 次；A14 课题申报计入相应科研工作量；A15 指导学生技术发明、开展科普性、科技活动项目获奖（不含各类技能大赛）计入教师的科研工作量。教师们希望增加科研工作量的折算项目，降低科研工作量的难度。认同副教授、教授应该发挥科研带动作用。统计显示“不合理”选项比较集中的题目是关于对不同职级的科研工作量规定的标准以及科研工作量的折算办法。

管理和社会服务方面总体认同度偏低，统计结果显示“合理”选项相对较高的题目只有 A23 实践型较强的专业课教师应取得所从事专业相应的职业资格证书或技能等级证书，A26 受聘副教授后在聘期内结对指导、培养青年教师至少 1 名。被测试教师意见相对集中在对课外服务学生和企业实践方面的规定。

（一）评价内容构成合理性存在的问题

1.“面面俱到的评价内容”弊大于利

从高职院校的办学功能，高职教育全员、全域、全过程育人的工作特点以及高职教师需要具备综合素质的要求等不同角度分析，教学、科研、管理和社会服务等方面的全面考核都有现实意义。

面面俱到、责任边界模糊的评价内容与教师的本职核心工作和有限的精力存在现实矛盾。问卷统计结果显示，“评价内容面面俱到”是导致评价过度的首要因素。

对教师绩效评价合理性的分析，离不开对被评价者实际情况的分析。教师的精力状况无疑会直接影响到教师是否能够胜任评价内容和评价要求。问卷调查每个教师可以兼任的工作共分成10类，教师对工作内容的选项最多的是教学、科研（图3–2）。对于可以兼任的工作数量，选择1项工作的教师占有效样本的17%，2项工作的占36%，3项工作的占26%，4~5项占18%，6项及以上的仅占4%。

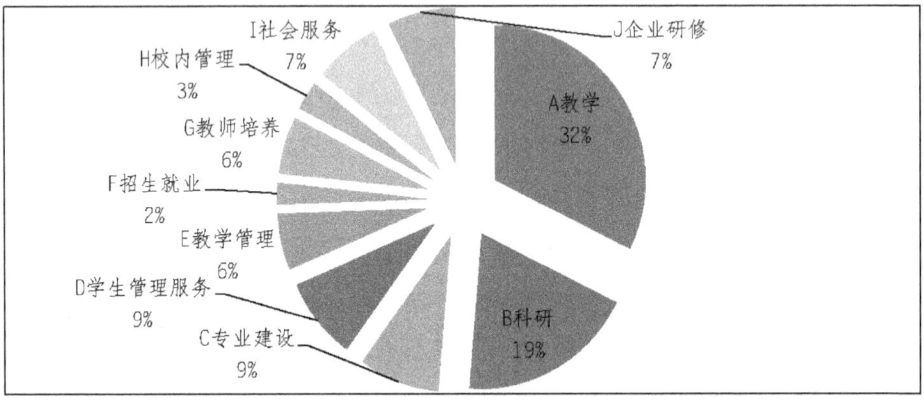

图3–2 教师对可兼任的工作内容选择结果分析图

从对教师的精力分配情况分析，目前学校对专任教师的评价工作内容数超出了教师认可的承受范围；从内容上分析，教师相对集中地选择教学和科研工作，说明教师对教书育人工作的理解偏于狭义，尤其是对社会服务和企业研修的忽视，暴露出教师对高职教师技术技能重要性认识不足。

综合分析，学校教师绩效评价的内容目前存在缺乏针对性，重点不突出，忽视教师精力承受情况的问题。

通过对年龄、学历、职称、职务、评教结果、教学质量综合评价等不同背景信息分析（表3–13），46~55岁的教师工作热情最高，该年龄段30%的教师选择可兼任3项工作，其他年龄段均以两项工作为最多选项，说明中青年教师的工作精力相对旺盛，尤其是46~55岁，个人经验相对丰富，工作能力较强，家庭负担相对减轻，正是工作的黄金时期；中级职称要比副高的整体选择工作数量要多，说明多数中级职称的教师作为学校的骨干力量，面对晋升副教授的压力和动力，工作有较高积极性；副院系长、院系长对工作项目选择要更集中在 3 项及 3 项以上工作；评教结果为“优秀”“良好”的人员对可兼任工作数量的选择明显高于其他，选择可兼任 6 项以上工作的人员中 50% 是评教“优秀”，19% 是评教“良好”的教师，教学质量综合评价结果不同的教师的选项分析与评教结果背景存在一致性，评价结果为“优秀”“合格”的教师，总体选择可兼任的工作数量要多一些，职务和绩效评价相对高的教师的工作积极性明显偏高，这与前面验证的假设是一致的。107 位“不清楚”教学质量综合评价结果的教师总体选项情况总体偏上，如果学校教师绩效沟通工作得到有效改善，相信这部分教师一定能够发挥更积极的作用。需要客观指出的是，无论什么背景的被测试教师，总体还是倾向 2~3 项工作安排。评价内容应该充分考虑教师们的意愿，不可盲目求全。超过教师精力可承受范围的考核评价，教师们会产生抵触情绪，反而影响工作绩效。

表 3-13　不同背景的教师对可兼任工作数量选项情况分析

<table>
<tr><th colspan="2">个人背景</th><th>1 项</th><th>2 项</th><th>3 项</th><th>4~5 项</th><th>6 项以上</th><th>合计</th></tr>
<tr><td rowspan="4">年　龄</td><td>23~35 岁</td><td>10</td><td>37</td><td>19</td><td>10</td><td>2</td><td>78</td></tr>
<tr><td>36~45 岁</td><td>34</td><td>68</td><td>50</td><td>37</td><td>10</td><td>199</td></tr>
<tr><td>46~55 岁</td><td>18</td><td>29</td><td>31</td><td>21</td><td rowspan="2">4</td><td>103</td></tr>
<tr><td>55 岁以上</td><td>4</td><td>4</td><td>3</td><td>2</td><td>13</td></tr>
<tr><td rowspan="5">学　历</td><td>大专</td><td>1</td><td>0</td><td>1</td><td>0</td><td rowspan="2">7</td><td>9</td></tr>
<tr><td>大学本科</td><td>33</td><td>35</td><td>31</td><td>23</td><td>122</td></tr>
<tr><td>硕士研究生（硕士）</td><td>29</td><td>92</td><td>65</td><td>44</td><td rowspan="2">8</td><td>238</td></tr>
<tr><td>博士研究生</td><td>3</td><td>8</td><td>4</td><td>1</td><td>16</td></tr>
<tr><td>其他</td><td>0</td><td>3</td><td>2</td><td>2</td><td>1</td><td>8</td></tr>
<tr><td rowspan="5">职　称</td><td>无</td><td>1</td><td>10</td><td>3</td><td>1</td><td>1</td><td>16</td></tr>
<tr><td>初级</td><td>12</td><td>33</td><td>16</td><td>8</td><td>1</td><td>70</td></tr>
<tr><td>中级</td><td>28</td><td>54</td><td>50</td><td>38</td><td>7</td><td>177</td></tr>
<tr><td>副高</td><td>23</td><td>37</td><td>25</td><td>20</td><td>6</td><td>111</td></tr>
<tr><td>正高</td><td>2</td><td>4</td><td>9</td><td>3</td><td>1</td><td>19</td></tr>
</table>

职　务	教　师 督　导	60 3	127 5	83 2	52 3	11	333 13
	教研室主任 副院系长	3 0	4 2	14 2	9 4	1 3	31 11
	院系长	0	0	2	2	1	5
评教结果	优　秀 良　好	27 21	59 37	45 34	39 15	8 3	178 110
	合　格 不合格	7 1	21 1	10 1	7 0	1	45 4
	不清楚	10	20	13	9	4	56
教学质量综合评价	优　秀 合　格	19 25	39 37	29 33	25 18	6 2	118 115
	基本合格 不合格	7 1	25 3	9 0	7 0	1	48 5
	不清楚	14	34	32	20	7	107
选项分布		66	138	103	70	16	393

访谈中绝大多数教师认为科研和管理、社会服务工作都会一定程度地促进教学工作，精力允许的情况下大家还是应该多参与相关工作，提高自己的综合素质和育人水平。但教师们认为目前评价内容大而全，面面俱到，缺乏针对性，对重点、难点工作和个人岗位职责体现不够。评价内容缺少对教师的岗位分析，造成学校所制定的岗位职责和工作标准与教师对自身的岗位认识存在差距。“我接受综合评价。但我觉得人才培养最重要，我们专业从原来基本上是 1 ∶ 1 的录取，到 4 ∶ 1 的录取，原因就是专业越做越好，所以人才培养质量很重要。”（FT07）“对于高职院校，综合评价教师教学、科研和社会服务还是应该的，但应该充分体现教学重要性，教学工作投入多，能力提高了，其他两方面自然就好了，否则，根本没有社会服务的能力和机会。”（FT25）“教师是否应该综合评价，应该首先要建立一种真正合理的分工制度，不同的岗位有其相应的工作职责，不是要处处打通。专任教师与辅导员边界打通，事实上是职责不清。教师主业不明，只好不断应付。”（FT44）

访谈过程中大家谈到比较多的就是目前教师精力不足的问题。就算有上进心的教师，面对综合评价的要求，在教学、科研、服务学生社团、进宿舍、做班主任、企业研修、社会服务等具体评价内容面前也感到力不从心，疲于应付，工作只有数量没有质量，甚至于都影响到教学核心工作。“我带学生做项目、社会服务，你工作量要给我打通啊，课时量要减少啊。因为一个人精力有限。可现在各说各头儿的事儿，落在一个人身上，恐怕很难做好。老师的精力是有限的，科研也好，社会服务也好，教学还是应该占大头。一些管理服务性的工作要避免宽泛，别淡化核心工作。”（FT15）“教师就应该首先做好教师更应该做的东西，给他腾出精力和心思来，比如进宿舍，学生管理上的问题，太分散精力，现在好像大家糊弄着能把课上完就不错了，学校缺少静下心来上好课的风气，好像上课是次要的事情。”（FT02）

对高职教师绩效评价内容综合性的要求符合高职教育发展需要，但方法应该科学，实事求是。学校的综合评价内容应该突出重点，扬长避短，给教师适度的自由发挥余地。挤占专任教师的专业备课或辅导学生时间来做专职辅导员应该负责完成的宿舍管理方面的工作，显然没有把劲儿用在刀刃上。教师的育人形式，要鼓励多样化、有效性，防止走向形式主义。访谈中 FT15 提到的“各说各头儿的事”，部分解释了“教学工作量、科研工作量、管理和社会服务工作量规定部分项目可打通折算，科研以及管理和社会服务工作有可选择项目清单”，却难以实施操作的原因。各职能部门和责任部门抓住自己分管的单项工作对教师进行评价，没有顶层统筹设计，“千针万线”落到教师个体身上，教师难免承受不住。

在访谈中，也有教师提出自己或其他教师付出大量精力做的工作，没有体现在评价内容中，既没有折算工作量，也没有与各种奖励挂钩，感觉工作积极性被挫伤了。一方面学校评价内容重点不突出，的确有些重点工作没有体现在评价内容中；另一方面评价内容不应该包罗万象，基础性、常规性的工作应该作为日常管理对待，是基本的工作责任和义务。不纳为评价内容的常规工作并不意味着不重要。

另外，教师从不同角度提到了评价标准一刀切的现象。对于不同职称的教师在教学、科研工作量和具体工作任务上区别不明显。比如教师的岗位差异、特长差异等均没有体现在评价的具体标准中。“应该区分不同教师的能力，有些老师科研压力非常大。不应该过分要求科研，至少不应该一刀切地去要求。”（FT01）“企业实践研修是好事，但是咱学校的制度不完善，第一个问题，比如说你在企业干了20年，来学校又让你去企业研修，一刀切了，就没有意思了。”（FT01）

2. 师德在评价工作中的重视程度不够

关于“目前在教师职称评聘条件中起最关键作用的因素”问卷，数据统计显示，只有 19.68% 的教师认为师德是重要的。

分析师德评价内容方面存在的问题，有 32.75% 的教师认为“师德评价没有明确的评价指标”，25.50% 的教师认为“师德的评价内容不够清晰”，24.75% 的教师认为“分值不好判断”，17.00% 的教师认为“师德占总评价内容的权重不大”。

教师的职业道德是教师认真对待课堂教学、用心关爱学生的内在动力。在崇尚个性和拜金主义等社会思潮下，有些教师的职业状态出现问题：功利主义严重，工作只做表面文章，与自己利益相关的事情凑上去，默默奉献的事情绕开走；评教中威胁利诱学生，把给学生考试评分当成可交易的砝码；迟到、早退，上课打手机；着装随意，不注重仪表；说话随便，发布不负责任的言论；不用心备课，授课内容陈旧，教学方法因循守旧，不学习、不研究，拒绝教学新事物；不关心学生，与学生缺乏交流，只有上课时间见个面，不研究学生；甚至有些教师对校外兼课的用心程度超出校内本职工作。这些不良的行为态度必须得到规范纠正。

立德树人是教育的核心使命，教师必须要做到学为人师，行为世范。正如启功先生所言：“所学要为世人之师，所行应为世人之范。”道德示范是教师对学生言传身教，是教书育人首先要做到的。道德素质是在教师的所有专业素质中最为重要的。教师本身的职业状态直接影响着学生对未来职业状态的认知。不符合教师岗位职责要求的不良行为必须借助教师绩效评价的尺子得到纠正和处罚，体现组织制度的严肃性。

3. 教学在教师绩效评价中的核心地位体现不够

“目前在教师职称评聘条件中起最关键作用的因素”统计分析选项中教学工作和科研工作排在前两位，远远高于其他选项，教学工作选项略多于科研工作。同时选择教学和科研的教师仅 32 人，占样本教师总人数 393 人的 8.14%，说明认为教学和科研同等重要的教师为少数，教师存在将教学与科研对立的倾向。

评价内容应该突出培养学生和提高教师的双师素质，将教学放在核心位置，充分保证教师的教学精力。“教师教学质量综合评价在职称评聘条件中有体现，但没起多大作用。”（FT16）“职称评审主要就是专家评审，专家评什么？就主要看你的科研，比如说我这一年上 500 个课时，和标准 288 个课时的参加职称评审，没有任何的影响。但我有省级科研课题，我有市级科研课题，我有国家发明专利，分数肯定马上提上来，这是一种导向。你去搞课题，写论文，那你授课的精力肯定是受牵扯的。”（FT01）“去年我给中级职称评审，有个老师只有 3 篇论文，而且有一篇还是第二作者，在参评者中，他的材料相对弱，但他连续 5 年评教都是优。其他老师有三个两个的。我认为他是好老师。这就看我们评审的导向了。”（FT15）职称直接影响着教师的切身利益，职称评价中科研的显著影响，会误导教师认为学校对教学不重视，从而打击对教学的积极性，削弱对教学工作的热情和成就感。

教学工作对于教师毫无疑问是最重要的，也许正因为这是常识，所以不被刻意强调。分析教学工作没有得到高度重视的原因：首先，教学质量不太容易客观评价。学生个体差异非常大，测量教学成效是比较困难的事情，比较科研评价教学评价更难实施；其次，受普通高校评价文化影响。普通高校对教师研究能力的重视也影响了高职院校。企业实践、教师的“双师”素质这些高职特色性的要求没有得到应有的体现。但不管原因是什么，我们必须正确发挥评价内容强调教学的导向作用。职称评聘应进一步加强与教师教学质量综合评价结果、教师技术技能水平的关联，而不应该过分强调科研论文。教师不仅仅教书，更重在育人。教师的教书、育人不能机械割裂，课堂应该是教师育人的主阵地。不能一味追求形式主义，对一些与教师核心的教学工作关联度不大的事情不分主次的进行考核评价，不仅难有实效，还会分散教师的精力。

4. 教师的企业实践整体薄弱，无法满足提升教师技术技能水平的需要

职业教育的成功经验一再验证高职教育必须走产教融合、校企合作、共同育人之路。无论是德国的双元制教育、澳大利亚的 TAFE 证书教育，还是美国社区学院的教育，都是高度重视与企业行业合作育人，重视学生的职业体验。教师的技术技能水平和实践能力是职业院校教师的必备专业素质。美国、德国、澳大利亚等多个国家的同类院校都将其作为聘用教师的重要条件。

对高职教师来讲，企业实践不仅能够提升教师的技术技能水平，而且能够丰富教师的教学素材，同时对教师应用技术研究水平也有提高，其重要意义应该超过教师的科研绩效。教师们访谈和问卷情况显示学校的企业研修实践环节存在严重问题。制度虽然有若干规定，但是没有得到有效执行，企业实践的管理和实施情况不理想。教师缺少企业研修的机会和条件。

本研究回应学校教师企业实践现状与技术技能人才培养工作对教师的“双师”素质要求之间存在的突出矛盾，特对目前教师的“双师”素质情况进行了分析。

高职院校的实践课课时原则上要求不低于总课时的 60%，在被测试教师中只有 15.27% 的教师担任纯理论课，接近 85% 的教师需要教授实践技能。在被测试的教师中，有 4 个二级教学院部的被测试教师分别仅有 1~2 人只教授纯理论课。所任课程同时涉及理论与实践的教师，必须具备“双师”素质才能胜任教授相关课程。应对授课任务对教师实践能力的要求，近 10 年来，学校持续从企业招聘技术骨干，为学校积累了一定数量的“双师”型教师。从教师企业任职经历（图 3–3）可见，被测试教师中有 15.78% 的教师有 5 年以上的企业工作经历，就是该做法的效果显现。但与高职院校实践课程对教师技术技能的要求相比，单纯靠从企业招聘教师的途径是无法从根本上解决问题的，况且从企业来校的教师也存在更新技术技能的持续学习实践的需要。如果企业研修不能保障或没有达到锻炼技术技能的实效，随着时间的推移，这些教师过去企业经历积累的技术技能经验和掌握的产业、行业的信息都会落后。因此，教师的企业研修和社会实践服务对高职教师是必需的。

统计显示，高达 21.12% 的教师企业研修时间每年不足一个月，甚至 20.10% 教师几乎没有企业研修经历，这些统计数据说明教师的企业研修没有做到常态化、制度化，学校的企业研修存在严重的问题。

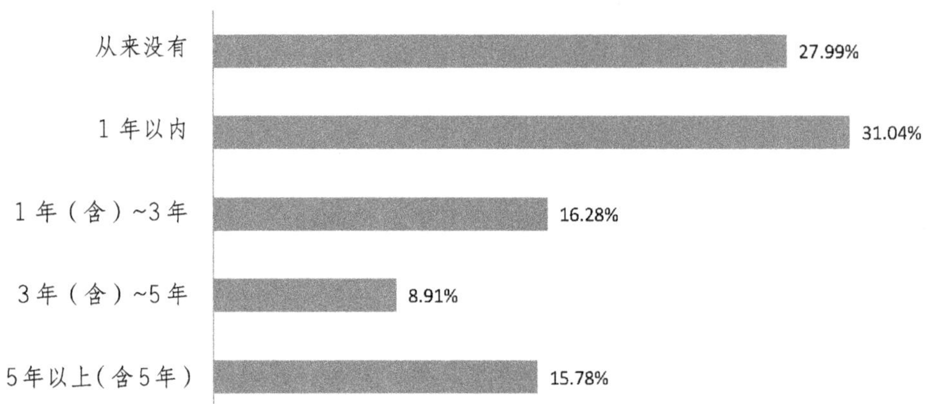

图 3-3　教师企业任职经历分析图

受“双师”素质教师界定条件的导向，目前高职教师除高等教育教师资格证之外，专业课教师一般会考取职业资格证书，比如工程师序列、会计师序列等等。21.12% 的被测试教师拥有两个以上的职业资格证书。多数教师认为职业资格证书能够证明教师的技术技能实践操作能力。考取资格证书很显然是目前教师成为具备“双师”素质的教师的重要渠道。

相对于职业资格证书的“纸上谈兵”，多数被测试教师认同企业研修和从事与专业相关的社会服务工作能够提高教师的“双师”素质（表 3–14）。从教学工作本身的要求看，企业研修与社会服务是教师提高实践技能、胜任教学需要的重要途径。

表 3–14　提升“双师”素质途径效果分析

项　目	非常大	较　大	一　般	不　大	完全没有作用
企业研修	22.65%	29.77%	30.03%	13.23%	4.33%
与专业相关的社会服务	26.72%	38.42%	23.16%	9.41%	2.29%

山东省教育厅为促进职业院校教师“双师”素质发展而在职称评聘文件中提出了企业研修要求。学校教师职称评聘条件规定“A24 专业教师 3 年内完成不少于 4 个月的连续性企业研修并考核合格，方能参加各类评先评优和专业技术职务评聘”，该条款既有现实意义又有政策依据，却有大比例被测试教师认为不合理，高达 46.58% 的被测试教师选择“很不合理”和“不合理”，另有 3.80% 的教师没做选择，仅有 5.06% 的教师认为“非常合理”。

由表 3-15 可知，在关于企业任职工作经历不同的高职教师在 A24 题项上的差异分析中，通过单因素方差分析可得，检验的 F 值为 7.887，检验的 P 值为 0.000，小于显著性水平 0.05，应拒绝检验的零假设。可见企业任职工作经历不同的高职教师在 A24 题项上存在显著性差异。企业任职工作经历较多的高职教师相比于企业任职工作经历较少的高职教师，其明显更偏向于认为 A24 企业研修的规定是合理的。

表 3-15　企业任职工作经历不同的高职教师在 A24 题项上的差异

	均值	标准差	F 值	P 值
5 年以上（含）	3.669	1.207	7.887	0.000
3（含）~5 年	3.607	1.215		
1（含）~3 年	2.865	1.085		
1 年以内	2.444	1.047		
从来没有	2.314	1.255		

注：检验的显著性水平为 0.05

由表 3-16 可知，在关于任课类型不同的高职教师在 A24 题项上的差异分析中，通过单因素方差分析可得，检验的 F 值为 3.964，检验的 P 值为 0.000，小于显著性水平 0.05，应拒绝检验的零假设。可见任课类型不同的高职教师在 A24 题项上存在显著性差异。任课类型为“理论实践课”的高职教师相比于其他任课类型的高职教师，其明显更偏向于认为 A24 企业研修的规定是合理的。

表 3-16　任课类型不同的高职教师在 A24 题项上的差异

	均值	标准差	F 值	P 值
纯理论课	2.394	1.075	3.964	0.000
理论实践课	3.200	1.118		
纯实践课	2.538	1.167		
兼　有	2.768	1.160		

注：检验的显著性水平为 0.05

教师尤其是从企业研修中获益或需要通过企业研修提升自身技术技能水平的教师，认同企业研修和社会服务工作，但对相应的绩效评价现状不满。被访谈者对该问题的态度与问卷测试结果完全一致。被访谈的教师认同企业研修和社会服务的重要性，甚至有些教师高度重视企业研修和社会服务，认为这是高职教师的必修课，是保证高职教育质量的重要途径（FT02、FT09、FT18），但在谈及目前学校教师企业研修和社会服务的实际状况时，大家比较一致地认为目前企业研修存在参与机会不均等、研修流于形式的现实问题。这也解释了大比例被测试教师认为职称评聘中规定的企业研修要求不合理的原因。

“现在企业研修都是假的，但作为真的去考核，这是最大问题。”（FT15）“前一阵说老师的 CRP 造假，你说不造假的话，评职称卡人家，你让人去研修，企业让去吗？找关系去了，也就是考察一下，拍个照，了解一下行业动态。”（F01）“教师到企业去实践研修，目前来讲的话，还是流于形式。效果确实是没有，纯粹是虚张声势，徒有其表，浪费时间。去企业还不如在实验室待着有效果呢。”（FT12）学校目前对社会的服务几乎处于同样的境况。“我觉得社会服务还是挺重要的，但是这两年也是时间不够，没法去做更多的社会服务。”（FT18）“我社会服务参与少一些，可能实际能力不太足，职称也不够，没有资格，达不到服务企业的要求。（个人认为社会服务）不能列为考核指标，不合理。有能力就去做，没能力就不做，不能硬性考核。”（FT10）“我觉得服务企业和社区你要是对于团队就很合适，对于个人来说就不合适，把它定为对团队评价的指标（比较合适），它是需要一个团队来完成的。”（FT09）

评价内容应该关注实效，没有实际效果并且缺少平台支持的评价，得不到教师的认同。建立在工作机会不均等基础上的惩罚性措施影响到教师切身利益，就会导致教师在提供材料时作假。这种评价现状不仅让教师反感，甚至会削弱组织凝聚力。

5. 科研方面存在高职特色不够鲜明的问题，教师科研能力总体偏弱

学校教师近三年来论文发表和主持、参与课题情况的统计结果（图 3-4、图 3-5）显示，学校教师科研绩效水平总体偏弱。教师对科研对教学促进作用认同度一般，虽然被测试教师中有 55% 认同和非常认同科研对教学有促进作用，但也有 5% 的被测试教师“完全不认同”，15% 的“不认同”。尽管有职称评聘等教师最为关注的利益驱动，但教师的科研绩效仍然总体较弱，教师对科研工作认同度不高。如何借助绩效评价内容，突出高职特点，强调应用实践和教研，发挥科研提升教师专业素质和提高教学质量的积极作用，是急需解决的问题。

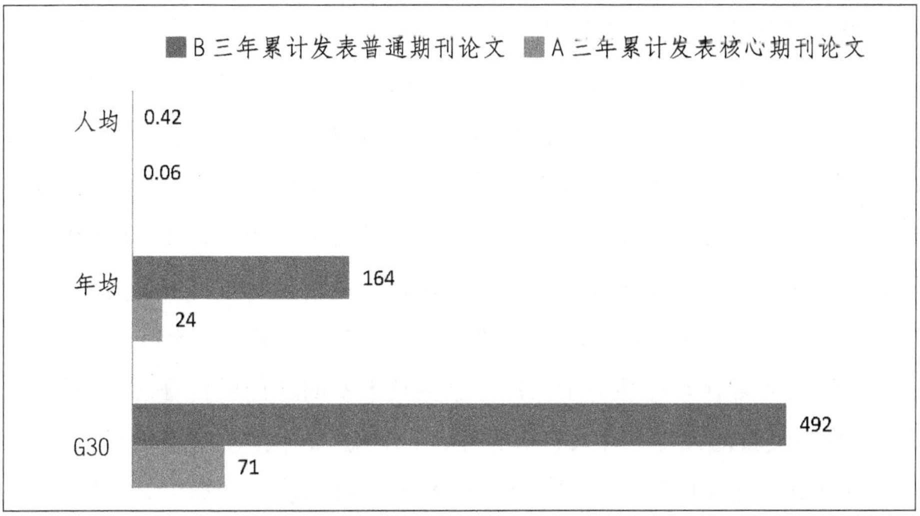

图 3-4　专任教师三年发表论文情况统计

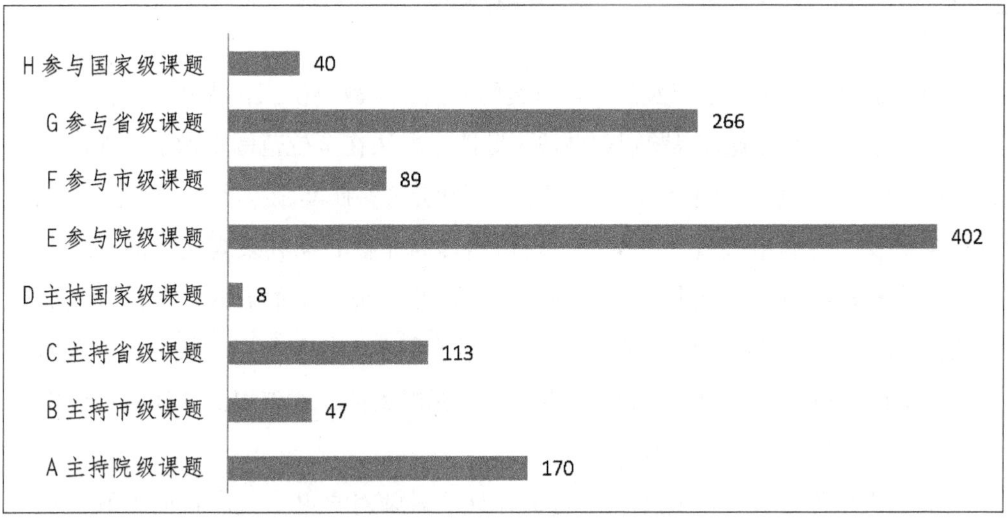

图 3-5　专任教师三年来主持或者参与“四级”课题情况

“科研工作量的计算方法，是否突出了校企合作应用技术研发成果、职业教育研究成果，引导专业技术人员广泛参与，提高研究水平和服务社会的能力”问卷数据显示，25.57% 的教师认为没有作用，34.43% 的教师认为作用不明显，29.87% 的教师认为作用一般，认为作用明显的教师只有 8.35%，认为作用非常明显的教师仅仅占 2.03%。

综合上述题目的统计数据，可以判断尽管多数教师认同科研对教学的促进作用，但目前教师对学校教师科研绩效评价的状况是不满意的。

访谈中普遍的观点认为高职院校与普通研究型大学相比，理论研究型科研是高职教师的弱项，也不应该是高职院校所倡导的。高职院校应该以应用技术的研究开发、教学研究为主要的科研项目，评价教师的教研能力、技术研发能力、专利申请和转化情况，所以评价内容不宜过分强调发表论文等理论性的研究。科研工作盲目借鉴高校的科研评价办法，缺少高职院校的特色。量表中关于“专任教师受聘后需要同时完成对应级别的论文（著作、教材）与课题（项目、专利、成果奖精品课程等）各一项”，认为“很不合理”和“不合理”的被测试教师占 27.85%，仅有 5.06% 的被测试教师认为非常合理；而关于“指导学生技术发明、开展科普性、科技活动项目获奖（不含各类技能大赛）计入教师的科研工作量”，认为“很不合理”和“不合理”的被测试教师占 13.67%，有 18.48% 的被测试教师认为“非常合理”，“非常合理”的选择率是所有评价内容合理性量表中最高的题目。由此判断，教师认为体现高职教育应用技术技能特色、与工作直接相关的科研评价是合理的，而认为偏理论性的论文和课题研究的评价导向不合理。

目前，学校对科研管理涉及的《科研奖励办法》《教科研工作量计算办法》《科研经费使用办法》和《横向课题管理办法》等四个办法在全校范围里做了一次调研，意见最集中的是《教科研工作量计算办法》，其次是《科研奖励办法》。意见主要有：学校缺少对发明专利申报成功的奖励；应适当提高非核心期刊发表文章的奖励；科研基本工作量标准过高，尤其对于教辅人员；降低科研工作量最低要求，以奖励为主，惩罚为辅；科研工作量应与教学、管理和社会服务工作量打通，教师自由选择；提高教师出版教材折算的课时数，1 万字 1 课时标准太低，建议提到 5 课时；应用技术类科研应该增加折算课时等等。

教师对科研评价方面的意见，一方面体现了教师对自己个人利益的争取，希望轻松一点，不希望有太大的压力，希望得到奖励，避免受到处罚；另一方面也反映出学校科研管理客观存在不合理地方，比如对发明专利以及其他应用技术类科研，教材编写等教研重视不够。基于高职院校培养应用技术技能型人才的功能定位，学校应该在科研评价内容中突出应用技术技能类的科研和社会服务项目，发挥导向作用。

6. 学生服务方面的部分评价内容流于形式，没有实效

“以学生为中心”是高职院校培养人才的重要理念和实践要求，是充分实现学生学习主体性、提高人才培养质量的关键，同时也是教师是否具备较高的专业素养的核心体现。是否了解学生是“以学生为中心”开展人才培养工作的前提；是否帮助学生实现了学习目标则是对“以学生为中心”理念的实践成果的检验。学校目前的教师评价内容强调教师对学生的教育不仅仅局限于课堂之内，教师要全面地关心帮助学生。但综合访谈和问卷调查的数据信息，其效果并不理想。

被测试教师对学生的知识基础、学习习惯、学习需求和自身所教授课程在人才培养方案中作用的了解程度，这四项的统计结果（表 3–17）显示总体分布基本一致。其中了解度最低的是学生的学习需求，了解度最高的是所教课程在人才培养方案中的作用。基于对整个人才培养目标的了解，教师能够更好地理解和执行自己的教学任务，通过言传身教去影响学生。作为共同育人的团队中的一分子，每一位教师对自己的目标任务应该了然于胸。20.51% 的被测试教师选择“非常了解”专业人才培养方案以及所教授课程在人才培养方案中的定位和作用，这显然是不够的；11.13% 的被测试教师选择“完全不了解”“不大了解”的情况则令人担忧。

表 3–17　教师对学生了解程度分析表

选　项	您了解所教学生的知识基础吗?	您了解所教学生的学习习惯吗?	您了解所教学生的学习需求吗?	您了解专业人才培养方案以及您所教授课程在人才培养方案中的定位和作用吗?
完全不了解	3.04%	3.29%	2.53%	3.54%
不大了解	5.06%	10.38%	9.11%	7.59%
一　般	18.23%	26.33%	30.63%	19.49%
比较了解	59.49%	50.63%	48.61%	47.59%
非常了解	14.43%	8.61%	7.85%	20.51%

问卷对教师是否认同需要去了解学生进行了追问，统计结果（表 3–18）显示，多数教师认同并愿意努力去了解。教师绩效评价应该发挥导向作用，营造良好的氛围，推动教师去了解学生，帮助教师将积极的主观态度转化为有效的现实行动。

表 3–18　关于教师是否需要了解学生的态度分析

选　项	您了解所教学生的知识基础吗?	您了解所教学生的学习习惯吗?	您了解所教学生的学习需求吗?	您了解专业人才培养方案以及您所教授课程在人才培养方案中的定位和作用吗?
不需要	1.52%	2.78%	2.78%	3.54%
需要，不会主动去了解	17.72%	21.01%	20.51%	18.48%
需要，努力去了解	65.32%	65.06%	67.59%	69.62%

学生服务工作非常重要，学校应该营造关爱学生的氛围，让教师基于爱心和职业责任去关爱学生，全员育人。访谈和问卷分析显现，学校教师主观上关爱学生的意识很强，希望能够帮助学生更好成长。评价要充分体现对教师“以学生为中心”的思想，促进人才培养目标的达成，不应人为地打破岗位界限，硬性地给专任教师确定学生服务项目并进行考核评价，比如通过量化去宿舍次数、去班级次数，这样往往会流于形式，分散教师的工作精力，让教师产生抵触。

对于A学院“教师每月2次进学生宿舍关心学生，需要顺便在公寓管理员处登记一下，以作为行为证明”的做法，问卷统计结果显示192位教师认为该做法“非常不合理”“不合理”，占有效问卷人数的48.85%，393人中只有13人认为非常合理。

将课外辅导学生社团活动、辅导学生参加大赛、与学生结对帮扶等发挥教师专业特色，能够让学生得到有效帮助的项目作为发展性评价指标，予以导引和激励。“老师和学生之间的沟通很有必要，但不能硬性规定，不然师生之间的感情就变味了。去学生宿舍，可以拉近师生关系，但强行规定就变成了走形式。”（FT16）“我每次去学生宿舍检查卫生、跟学生聊天，都觉得这种服务赶不上我在实验室里跟学生交流，我觉得进宿舍就是流于形式。”（FT12）在全省技能大赛获得一等奖的一名学生在学校的经验交流会上说，他大学最幸福的时光就是在老师的专家工作室里，和志同道合的同学跟着老师做实训项目。“我一早起来，就有学生陆续在QQ上求聊，问问题的、考证的还有倾诉心情不好的。你回慢了，就用闪屏一阵阵震你（笑）。我得静下心来跟他讲，这个题怎么做，那个事儿怎么回事儿。这些不列为考核也要做。”（FT22）“学校对这些工作的安排，还是要考虑到大家的岗位分工，还是要有边界。任课老师主要的考核内容，还是应该围绕着课堂。课堂外与学生的互动、关心，应该鼓励，但不适合强制考核。其实，老师付出的，在评教中很多都能体现出来。”（FT21~FT24）

任何有责任心的教师，都会和学生建立自然而有效的互动，这是一种朴素的师生关系。关爱帮助学生的形式多种多样，不是评价规定的任务所能囊括的。通过评价的硬性手段来要求教师按照规定动作去关爱学生，反而会挫伤教师的主观能动性，助长机会主义。学校应该倡导教师与学生的交流和帮助，营造教师关爱学生的风气。

以学生为中心，以教师为基石的理念应该是学校文化的重要底色。“亲其师，信其道”，学生和教师之间是然，学校与教师之间何尝不然。“以人为本”体现的是一种平等尊重和关爱，是增进教师对学校感情、激励教师组织承诺的重要因素。问卷中仅有12.6%的教师认为学校的教师绩效评价中体现了“以学生为本”；仅有

8.40% 的教师认为学校的教师绩效评价体现了“以教师为本”。数据体现出教师渴望得到学校的关爱、支持和尊重。

（二）评价标准存在的问题

1. 教师绩效评价指标体系缺失，评价标准模糊，佐证依据不科学

学校缺少重点突出、路径清晰、各方面绩效政策协调的绩效评价指标体系。目前并行的评价内容和指标很多，没有系统梳理。“教师考核指标不健全、不系统，没有结合院校的发展和教师特点。没有将学院的长期发展规划与短期目标相结合。”（FT41）“职称评聘标准不像其他单位有详细规定，不用专家委员会来评，自己对照就挺有数。咱学校就没数，结果出来之前都懵懂，如果不建立量化指标评价体系，会引起很大的矛盾。”（FT16）

评价标准关乎整个评价方案的有效性，佐证依据应该具有权威性、公信力，并且可获得。像科研、企业研修、社会服务、校企合作、辅导学生社团等很多对学校和教师个人发展、对教育学生非常重要的工作，评价内容界定不清楚、评价的标准不清晰、佐证依据不权威都直接影响了其评价结果的客观性、真实性，导致评价效果大打折扣，甚至产生负面作用，引起教师们的反感，影响学校工作氛围和工作绩效。“绩效指标总体设定不高，并且比较空泛，不能反映学院的中心任务。”（FT40）所以，评价内容必须描述具体、清晰，评价标准要科学、有效。

访谈中也有教师提到，“科研工作量的界定还是有点模糊？你比如说教材吧，以前认为是科研工作量，现在不认为是科研工作量了”（FT01）“社会服务也不好考量啊，是按次，按服务对象的人数算，还是服务的社区算？”（FT09）“我觉得我们现在的企业研修制度实实在在地说有些东西还是表象化。我去拍个照就完事了？！”（FT18）“服务学生工作可以鼓励老师这么去做，但是关键就是你的要求是什么，应该怎么去做，结果是什么。提出要求很重要，否则就不了了之了。”（FT27）从上述教师们的交流中，我们可以看到不清晰、不明确的评价标准会让教师们无所适从。

2. 教学工作量的确定没有充分考虑专业、自然班等差异，科学论证不足

教学合理性量表涉及教师绩效评价内容的题目中，被测试教师认为最不合理的是“讲师每年授课工作量不少于 320 课时”，“很不合理”与“不合理”的选项占 40.00%；相关的“专任教师年度授课基础工作量为 288 课时”，“很不合理”与“不合理”的选项占 23.29%；“全院只有思政课、军事理论课按照自然班数计算工作量，1 个班系数为 1，3 个班以内系数为 1.2，特殊情况 4 个以上合班课，系数按 1.3 计算”，

"很不合理"与"不合理"的选项占 24.81%；"基础课时量的确定没有考虑专业课程体系及师生比等情况的差异"，"很不合理"与"不合理"的选项占到 27.34%。

工作量的标准和确认方法是教师绩效评价内容中最显性、最直观，也是与教师关系最为密切的内容，直接涉及教师的职称评聘条件和奖励性绩效工资的分配。教师绩效评价标准应该建立在教师精力可承受的前提下，客观对待不同工作间存在的难易程度上的差别。

3. 比较讲师岗位任务的科研工作量，对副教授及教授没有体现出更高要求

分析教师绩效评价内容——科研部分的量表问题，被测试教师认为不合理的主要是"A16 申报副教授，须在讲师期间，独立或作为第一作者在核心期刊以上刊物发表 1 篇以上教育教学研究论文和学生思想政治工作研究论文，或在核心期刊以上刊物发表 1 篇以上本专业学术论文；或参与编写正式出版的著作（前三位）；或主编正式出版的校本以上教材；或主编的教材获市级及以上奖励"与"A17 副教授主持立项一个一般项目的院级课题即完成年度科研基本工作量"（表 3-19）。

表 3-19　部分科研评价内容量表问题选项结果分析

题目	很不合理		不合理		一般		比较合理		非常合理	
	频数	百分比	频数	百分比	频数	百分比	频数	百分比	频数	百分比
A16	39	9.87%	70	17.72%	138	34.94%	111	28.10%	37	9.37%
A17	34	8.61%	72	18.23%	145	36.71%	104	26.33%	40	10.13%

副教授的评聘规定的科研工作要求明显高于副教授岗内科研工作任务要求。按照目前科研工作量要求，副教授每年达到折合 20 课时的科研工作量即可。按照学校的科研课时折算规定，副教授年内只要完成以下任意一项工作就可以了：在学报或普通刊物上发表一篇论文，立项一项院级人文社科类或应用技术类课题重点项目或一般项目，结题一项院级课题（折合 40 课时），等等。论文转载及各级各类科研成果奖、比赛等均可以折算科研课时，各项之间任选。不难看出，完成科研年度工作量比评副教授的具体要求要容易得多。

各职称对应的科研工作量的要求分别为正高 30 课时，副高 20 课时，中级职称 10 课时，初级职称 5 课时。综合分析该规定与科研工作量折算办法可见，不同职称等级的科研要求并没有拉开距离。对教授、副教授在科研上的引领作用应该进一步提出要求。从被测试教师统计的论文和课题情况来看，学校总体的科研力量偏弱。

4. 管理和社会服务的评价制度没有得到有效执行

学校制定并颁布的《关于印发管理服务工作量计算方法的通知》没有全面执行，只有 19.49% 的被测试教师了解该办法的内容。《关于印发管理服务工作量计算方法的通知》未能全面执行的原因分析情况见图 3-6。49% 的教师选择了“不清楚”，教师对教师绩效评价工作的参与度和关注度可见一斑。

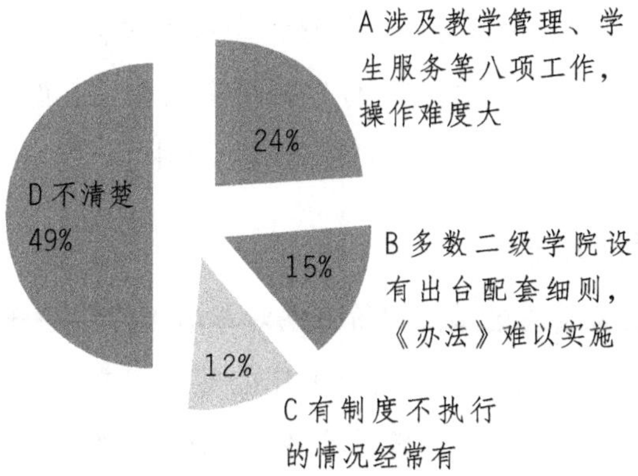

图 3-6 《关于印发管理服务工作量计算方法的通知》未得到全面执行原因分析

第三节 教师绩效评价方法方面的现状与问题

评价方法贯穿于教师绩效评价的全过程，与评价内容、评价主体、组织承诺、民主参与等因素均有交集。编码整理访谈数据过程中，与评价主体相关的 360° 评价方法没有归为本部分，而是归在评价主体部分，虽如此，评价方法编码频率仍然排在各主轴编码被编码频率的第二位，仅次于评价内容。被访谈者的话题基本聚焦在评价的具体方法、评价程序和评价工具三个方面。评价具体方法主要涉及分类考核、团队和个人关联考核、发展性与奖罚性考核结果的使用；评价程序主要涉及评价反馈、公示、申诉；评价工具主要涉及评价内容录入平台和网上评教等评价系统等。被访谈者对于发展性和奖罚性评价结果使用方法的高度关注，体现出评价结果的使用对教师有很大影响。本节就教师绩效评价方法合理性存在的问题依据访谈所形成的框架维度进行分析。

一、学校教师绩效评价方法相关规定

学校目前教师绩效评价方法还处于比较传统的阶段，在绩效评价实施过程中涉及目标管理法、360° 绩效评价方法、等级评定量表法、强制分步法等具体方法。虽然部分方法有其形无其实，并没有充分发挥应有的作用，但是总体来讲学校的教师绩效评价处于基本正常运行的状况，发挥着基本作用。

（一）具体评价方法

1. 学校运用了目标管理的绩效评价方法对年度工作任务分解和科研工作量评价

学院文件规定了不同级别人员科研工作的数量和质量标准，年终评价一次。由于教师撰写论文、研究课题、编纂教材等科研工作，一般是在教室和办公室之外业余时间完成，过程中的行为基本无从监督，目标管理法就起到了积极的导向和激励作用。2013 年以来，学校每年都制定年度工作要点，分解到各职能部门和二级教学院部，确保工作任务全面体现并得以执行。但由于战略目标不够清晰，工作任务分解又过于细琐，并且没有把工作任务进一步分解到具体责任人，造成教职员工对工作要点的战略作用认识不到位，对工作要点本身认同度不高。各部门被动地完成工作，工作集中在少数人身上，并没有与广大教职员工达成战略共识，没有全面调动大家积极性。

2. 学院教师教学质量综合评价已经基本实现了 360° 考评

教师教学质量综合评价项目包含学生评教、领导评教（包括院系负责人、教学副院长、教研室主任等）、同行互评（根据实际情况限定教师范围，院系内或教研组内）、督导评教（督导个人或督导小组）等。但在教师总体评价方面缺少顶层设计、统筹协调，政出多门，评价目标不明确，评价内容没有统筹设计，评价工作没有形成有序的多元评价体系，绩效评价的作用不显著。比如教务处负责教师的教学课时量，人事处负责教师职称评聘，科研处负责教师的科研工作量，质管办负责教师教学质量综合评价，二级学院负责教师的教学质量和日常管理，等等，部门之间没有建立有效的沟通协调机制，教师绩效评价缺少一个总牵头部门统筹协调评价工作。

3. 学校近三年来的教师绩效评价过程中基本采用同行评议法

借助专家力量，请第三方院校对参评人员的材料进行综合评议，其中论文、课题等组织校内外专家进行盲评，确定论文、课题质量，从而确定教师的科研水平。这种方法保证了评价主体的相对独立，并且具有一定权威性，发挥了积极的作用，尤其在科研能力评定方面。但是，对于高职专任教师的评价应该更突出的教学效果和日常教学及相关工作表现，这些评价内容在评价材料中难以体现，外部专家在不了解教师及学校实际工作环境的情况下，仅仅通过材料审核，不足以对参评者做出综合客观判断。所以，该方法的使用应该适用于对学术水平的评价项目，以发挥该办法的优势。

4. 学校部分二级教学院部课堂教学效果评价采用评级量表法

这种方法是最简单、运用最普遍的绩效评价方法，即编制一个量表，把员工的绩效设计成若干个项目，由评价者对每一个考核项目做出评价和记分，常用5点量表。等级评定量表法采用数量化考核评价，尽量把影响绩效的每一因素都反映出来，有较高的合理性和有效性，并且相对来说简单易行。量表中指标和标准的设计是关键。但是过于宽大的或中庸的评价者、责任心不强的参评者，会把每个人的每个项目简单地评为高分或平均分，评价者的态度、感情、偏见等因素容易掺入绩效评价当中。这种评价导致出现“好人不好，强人不强，弱者不弱”的评价结果。

5. 学院的教师教学质量综合评价结果运用强制分布法

教师教学质量综合评价现阶段实行分专业分类别排序，并按比例控制划定等级。评价结果分为“优秀”“良好”“合格”和“不合格”四个等级。“优秀”等级比例为评价教师总数的30%，“良好”等级比例为评价教师总数的60%，“合格”和“不合格”等级为评价教师总数的10%。“不合格”等级根据实际情况，可以有或者没有。学校年底的年度考核评价也采用强制分布法。强制分布法来自于概率统计的正态分布，特点是“两头小，中间大”，在形成绩效评价结果方面运用普遍，但强制分布法虽然能够很好地解决“好好先生”问题，但是它自身也存在不足。事实上这种硬性分配和排序的强制分布法在实际应用中也有明显的不足，比如一个专业或一个部门的员工，都是行业内的“高手”，如果强制分布，那么这个部门靠后的可能也不会比其他部门靠前的差，结果会影响教师的自尊心。

6. 学校部分评价工作一定程度上运用了分层级分类别评价方法

学校在职称聘用的办法中采用分职级评价办法（姑且视为分类评价法的一种体现），根据不同岗位（技术岗、工勤岗、职员岗）、不同职级（初级、中级、副高级、高级）进行了分类规定，在工作内容、工作量上有所差异，体现了分类考核。对于专任教师则统一为技术岗，在不同职级的要求上有所区分，但区分度不高，不同职级之间的工作要求差异不是很大，造成很多教职员工不是很认同目前的分类办法，甚至认为没有真正分类。

另外，高职院校不同专业群的情况各有差异，为更好地适合每个教学部门的专业特点，学校将奖励性绩效额度的二次分配权授予各二级教学部门自行掌握，实行分层管理。各二级教学部门将绩效分配方案报学校人事处备案。但从实践情况看，各二级教学部门对绩效分配方案基本沿用老办法，改革力度很小。综合来看分层级分类别的办法有其形而无其实。

总之，学校目前评价中运用的具体方法仍然处于相对传统陈旧的经验做法阶段，评价过程多数采取表格打分、手工统计汇总的方式，统计工作耗时费力，效率较低。现在理论界比较推崇的借助信息化平台，运用 AHP、DEA、模糊数学法等数学统计分析的方法于教师绩效评价中，学校还未曾涉及。

（二）评价程序

教师绩效评价程序主要指教师教学、科研、管理和社会服务工作量的计算和评价过程，以及教师教学质量综合评价的反馈、教师职称评聘、岗位聘任、年终评优、绩效工资发放、其他评优推先等各项绩效评价项目组织评价的相应程序以及评价结果的使用情况。

学校目前教师绩效评价工作总体体现了学校二级授权的管理模式，无论是各项工作量的统计，还是教学质量综合评价、职称评聘、岗位聘任、年终评优、绩效工资发放等项目评价和结果使用，均是院级相关职能部门代表学校制定管理制度办法，提出对相关工作的原则性要求，二级院部在原则性要求规范下研究制定实施细则。具体执行程序为教师填报、二级院部初审初评、学校相关职能部门或工作组复审复评。需要复评的是一定级别以上的，比如教师职称评聘副教授由二级院部按条件推荐，学校组织评审，教授由二级院部推荐、学校组织评审后报上级主管部门（自2016年起，二级教授以下的全部职称评聘权限均授权学校自行组织）。重要的评价项目比如职称评聘、年度评优等学校会成立专项工作领导小组及工作组。

学校对于各项教师绩效评价项目的实施过程均规定了办法发布前的意见征求阶段，办法上院长办公会、党委会研究通过阶段，各环节评价结果公示阶段（公示期一般为 5 个工作日）。重要评价结果需要院长办公会、党委会研究通过。

教师年度考评办法基本每年都会修改，职称和岗位评聘的相关办法会在每届评定前予以修改，而教师教学质量综合评价等相关办法也会根据学校的情况修改。

评价结果的使用最主要的是职称和岗位聘任、绩效工资分配等。具体情况如下。

1. 职称和岗位聘任

职称和岗位评聘与教师切身利益紧密相关，教师按照《技术人员职称评聘基本条件》申请参评职称评聘，并需要按照相应职称申请岗位聘任及签订岗位聘任合同，虽然制度规定可以低职高聘或高职低聘，但操作中基本还是按照职称进行岗位级别聘任。同一专业技术职务，又分为不同的级别即为不同的岗位，比如讲师对应八级、九级、十级，副高对应五级、六级、七级，等等。不同级别对应不同的工作绩效，当然对应的薪酬待遇也不一样。《岗位聘任合同》规定能够完成相应的工作，就会享受相应的待遇，如果不能完成岗位任务，那就不能享受相应的薪酬待遇。

2. 绩效工资分配

学院有专门的奖励性绩效工资分配办法。指导思想是建立科学规范的收入分配机制，实施绩效工资与教职工履行岗位职责和业绩贡献紧密结合，充分发挥绩效工资的杠杆作用，激励广大教职工爱岗敬业，多做事、做成事，积极主动完成岗位工作任务。

奖励性绩效工资突出对工作的奖励，主要体现超额工作量和工作贡献等。根据市人力资源和社会保障局相关文件规定，其额度总量由市人力资源与社会保障局核定管理，学院在总量范围内制定适合自身情况的奖励性绩效工资分配办法，体现绩效评价与奖励性绩效工资分配的关联性。学校采取二级管理的方式，将绩效额度核拨到各二级教学部门由部门根据工作绩效使用。教师岗位（二级院部除党政主要负责人外）奖励性绩效的岗位工作奖包括对教师授课、科研和管理服务三部分工作的奖励。教师岗位的工作奖按学生数全部核拨二级学院由二级学院考核发放。公共教学部的教师授课工作量奖励费由授课所在二级学院支付，管理服务、科研工作量奖励费按二级学院（除学生相关管理服务工作量奖励费）平均数核定。二级学院用于授课工作的奖励原则上不低于本二级学院奖励性绩效工资总量的65%，管理服务工作奖励费原则上不低于10%，科研工作奖励费原则上不低于10%。

各二级学院根据自身情况及学院规定的课时费范围确定授课工作量奖励费标准，初级、中级、副高、高级专业技术职务分别按0.9、1、1.1、1.2的系数确定具体课时费。学院的教师绩效工资分为基础性绩效工资和奖励性绩效工资，其中基础性绩效工资主要由市人力资源和社会保障局按月按标准统一划拨到教职工个人工资卡里。由于奖励性绩效工资占教师薪酬收入的比例较低，所以对教师的激励力度不大，对教师行为的调整作用也不够大。

3. 教师年度考核评优

学院教职工年度考核分为优秀、合格、基本合格、不合格四个等次。按照市人力资源和社会保障局统一规定，年度考核结果存入教师本人档案，作为岗位聘任、续聘、解聘、专业技术职务晋升、增资和奖惩等重要依据：考核结果为“优秀”等次的，予以奖励，奖金标准可参照800元/人执行；考核结果为“合格”及以上等次的，可正常晋升一级薪级工资；考核结果为“基本合格”等次的，当年不能正常晋升工资薪级，并对其批评教育，一年内不能参加专业技术职务评审申报，连续三年考核为“基本合格”的，可予以解聘；考核结果为“不合格”等次的，当年不能正常晋升工资薪级，视情况可给予调整工作岗位或待岗培训，调整工作岗位后，其待遇按新任工作岗位重新确定；对无正当理由不服从学院岗位调整的，可对其予以解聘；连续两年考核为“不合格”等次的，应予以解聘。学院的年度考核评优工作，更多地体现为一种精神奖励或者荣誉。评价结果为“优秀”，大家并不是很看重奖励资金，但是教师们还是比较看重这个荣誉，因为年度评价考核结果在岗位聘任、专业技术职务晋升等其他方面会被参考使用到。由于“优秀”名额非常有限，部分教师自我评价觉得获得优秀可能性较低，就会选择放弃和无所谓的态度，只限于保“合格”等次。多年来，除非有重大违规违纪情况，年度考核评价结果基本没有“基本合格”和“不合格”，多数教师处于“合格”等级。

4. 评价结果反馈

目前，教师绩效评价反馈是高职院校人力资源管理中比较薄弱、容易被忽视的环节，一定程度上存在着重评价轻反馈的现象。主要原因是有些管理者认识不到反馈的意义，缺乏评价信息反馈的意识；或者也知道要反馈，但只是简单反馈一下评价分数或评价等级就草草了事；另外，缺少反馈的技巧和能力也一定程度影响沟通反馈效果。

学院在教师绩效评价反馈方面也是偏薄弱。关于教师绩效评价的三大板块——教学工作、科研工作、管理和社会服务工作——教师得到的评价信息几乎就是评价结果的等级情况，至于为什么得到这样一个等级，哪些方面还需要改善和提升，哪些方面做得比较好应该继续发扬，等等，就不得而知了。其他方面的评价，比如年终考核评优等，也是同样的问题。

绩效反馈的目的是让教师知晓评价结果，尤其是知晓其中原委，明白自己的差距和不足以及努力的方向。这就需要管理者了解教师情况，就评价结果以及教师得到此评价结果的原因与教师进行沟通，达到绩效沟通的目的。教师教学质量综合评价中，督导作为一个评价主体，在日常教学管理中，通过听课、评课、议课等方式，与教师沟通反馈得相对充分，也遵守了绩效评价反馈在过程中经常性、及时性的原则，但是其他评价主体的反馈信息不够及时，也不够充分。

（三）评价工具的情况

学生网上评教系统刚开始试用，就取得了明显的效果，解决了一些以前学生评教工作存在的弊端，比如可信度、公正性、统一性不够等等问题，重新完善和确定学生评教的标准和指标体系，与 CRP 系统录入的教师、学生和课程数据库信息紧密结合，运用信息技术重新设计一套学生网上评教系统，实现系统自动统计、汇总、排名和查询等功能，很大程度上改善了学校学生评教工作。对学生评教工作进行流程重造，从传统的手工评教变为网上评教，实现评教数据自动统计排名，按照不同条件查询。对学生评教中的一些误差问题通过设计进行处理和解决，提高学生评教的有效性。教师网上听评议课反馈模块有效改善了教师听课意见反馈的及时性问题，教师们对这种充分尊重个人信息的反馈形式也非常满意。但是，信息化数据平台和软件资源的建设与全面信息化还是有很大差距。

二、学校教师绩效评价方法现状与存在问题分析

评价方法合理性量表围绕评价具体方法、评价程序、评价工具等三方面内容，设计 24 道题目。通过描述性分析统计结果（表 3-20）可见，评价方法合理性均值得分 3.196 分，教师总体上基本认同。评价具体方法、评价程序、评价工具均值显示评价具体方法得分最低，处于合理性相对较低的水平。问卷中高达 24.42% 的教师认为评价具体方法方面的绩效评价“非常不合理”或“不合理”，只有 5.27% 的教师为“非常合理”。评价工具合理性的认同度相对较高。选择评价方法的选项“一般”的教师较为集中，结合访谈情况，综合分析量表测试结果，该现象与教师对于学校教师绩效评价重视不够、不了解相关政策，以及政策本身存在不合理情况等都直接相关。

表 3-20　量表“教师绩效评价方法合理性”各个维度指标的描述统计结果

	最小值	最大值	均　值	标准差
评价具体方法	1.000	4.533	3.042	0.533
评价程序	1.000	5.000	3.418	0.665
评价工具	1.000	5.000	3.525	0.729
评价方法合理性	1.000	4.667	3.196	0.503

评价具体方法合理性量表中被测试教师认同“合理”程度相对比较集中的有“B2 学校实行二级管理，各二级院部结合专业等特点依据学校相应制度，制定各自的实

施细则，比如《教师教学质量综合评价指导意见》《奖励性绩效工资分配办法》等”“B3《学院奖励性绩效工资分配办法》规定各二级学院用于授课工作的奖励费原则上不低于本二级学院奖励性绩效总量的65%”“B12 年度考核结果存入本人档案，作为岗位聘任、专业技术职务晋升、续聘、解聘、增资和奖惩等重要依据”。说明多数教师认为学校目前以二级管理为主要特征的评价办法、奖励性绩效分配突出教学工作，以及评价结果与个人奖罚和发展关联应用等方面的规定是合理的。

“不合理”选项比较集中在以下几方面：一是学校团队绩效与个人绩效关联问题，两者需要关联但如何关联是需要进一步研究和改进的问题。二是教学质量综合评价等级确定及结果使用方面，教师们比较排斥对教学质量综合评价结果与个人利益紧密关联使用的做法。联系 B12 教师认同年度考核与个人利益挂钩的选项结果，结合访谈情况分析其原因，一方面评教结果能否作为奖罚依据影响个人利益的权威性被教师质疑，另一方面教师不愿意接受严格的奖罚性评价结果造成强大压力的工作状态；三是关于奖励性绩效分配办法，支持多劳多得与不同意奖励性绩效工资分配与评价结果紧密关联的态度呈现一定的矛盾现象。四是评价结果使用的严肃性问题。被测试教师对学校评价文件没有得到严肃执行总体认为“不合理”。

评价程序合理性量表的描述性统计结果显示，教师对目前学校评价程序方面的制度规定还是认为基本合理的，尤其是在民主参与、公示以及对制度及时修正等方面，认为“合理”和“非常合理”的超过50%。评价工具合理性量表的描述性统计结果显示，教师对目前学校在评价工具方面积极尝试网络信息化手段、提高评价数据资料收集的效率、丰富与教师直接有效地绩效沟通渠道的做法是认同的。

（一）评价具体方法存在的问题

1. 学校、部门和个人绩效之间没有形成有效的关联评价

对教师绩效评价方法“B1 目前教师绩效评价内容基本没有体现学校、院系、个人绩效之间的层层分解关系”的合理性，有 8.10% 的被测试教师认为“很不合理”，12.66% 的认为“不合理”，而认为“非常合理”的仅有 4.81%。与之相关的问题“B13 年度考核优秀的二级院系，其院长和书记个人年度考核为‘优秀’等级”，有 9.11% 的被测试教师认为“很不合理”，16.46% 的被测试者认为不合理，而认为“非常合理”的仅有 6.08%，未选择的被测试教师高达 11.40%。数据分析显示教师认为合理的做法应该是建立学校、院系、个人绩效之间的关联关系，但是对目前这种关联办法是不认同的。以教师的职务为控制变量（G6），与 B1、B13 的相关性测试显示为显著相关（表 3-21）。同类职务的被测试教师，对 B1 和 B13 的态度具有一致性。

表 3-21　B1 层层分解评价与 B13 院系长评价结果与院系关联的相关分析结果

项　目	显著性（P 值）	与 A24 题相关系数
B1	0.047	0.907★★

注：检验的显著性水平为 0.05。控制变量为 G6 的 Spearman 偏相关分析结果，相关系数为 0.907，显著性检验 p 值小于 0.05

在学校近三年的绩效评价过程中，关联与不关联的做法均尝试过。部门评价结果与部门负责人评价结果关联，基于学校主要领导认为部门工作绩效与部门负责人的领导能力和工作态度直接相关，借助关联的做法，部门负责人对部门工作的责任意识会更强一些。

2016 年度的部门绩效评价方案比 2014 年度评价方案增加了量化指标的成分，减少了民主打分所占的权重，主观因素的影响降低，客观性得到提高。评价结果的争议较 2014 年度明显减少，党委成员对评价结果基本没有提出异议，大家都认为按照规则产生的结果就应该给予认可，而 2014 年度的评价结果最被诟病之处就是主观性太强，说服力不够，结果报党委会审议时，党委成员都对结果有异议，最后虽然通过了已产生的评价结果，但 2015 年度直接取消了部门考核。由此可见，评价方法的客观性是大家最为关注的。

分析 2016 年度的评价结果，部门绩效好坏和部门负责人工作的状态总体一致，但也存在个别部门与部门负责人绩效表现不一致的情况。部门评价结果的科学合理性，是关联与否的关键。不够科学合理的部门评价结果与个人绩效关联，将进一步放大评价结果不合理的负面影响，如果牵连到教师个人利益，会影响整个团队工作气氛；另一方面，部门绩效只与部门负责人的年终绩效评价挂钩，难以达到借助绩效评价促进全员协同的作用，组织的绩效目标、部门的绩效目标、个人的绩效目标没有形成协同关联的目标体系。

谈及是否应该关联评价的问题时，73% 的被访谈者认为应该关联；9% 的被访谈者认为应该分情况关联或不关联，“个体绩效与团队绩效有密切的关系，但作为高校教师的考核，也要考虑到个体劳动的特殊性。根据工作独立性和合作性决定关联程度”（FT44）；18% 的被访谈者持反对意见，“你看我们 X 院长，她基本上挑起我们院系所有的工作，整天累得跟什么似的，但是如果我们院系不是优秀，她就不能评优。我们院系估计啥时候也评不上优秀，那样对她不是很公平”（FT23）。在实际工作中，的确客观存在着努力付出不一定摘得硕果的现象。如果团队绩效与个人绩效关联，那么团队绩效评价方法的科学性，以及被评价者所在团队的基础状态都会较大程度地影响到对团队成员个人的评价结果。

学校应该进行顶层设计，建构学校、团队、个人关联一致的绩效评价体系，科学设计绩效评价方法，充分体现学校、团队、个人互为支持的协同关系。

2. 目前的分类评价方法没有进行有效的分类设计

关于“B8 目前学校在岗位绩效任务和奖励性绩效工资分配办法中体现了按照职称级别的分类评价方法，不同职称规定不同的岗位任务、评聘条件和绩效工资分配系数”，被测试教师认为“很不合理”和“不合理”的分别占 8.35% 和 13.42%，而认为“比较合理”和“非常合理”的分别占 32.15% 和 5.06%。相关分析（表 3–22）可知，教师的职称与 B8 有显著相关关系。不同职称的教师对该做法合理性判断存在差异，不同职称的教师对奖励性绩效按不同职级分配的情况的合理性有不同的认知。

表 3–22　B8 目前岗位绩效分配办法与 G5 教师职称相关分析结果

	显著性（p 值）	与 G5 相关系数
B8	0.037	0.900★★

谈及是否应该实施分类评价时，20 个被访谈者中，只有 2 人认为对专任教师没有必要而且也无法科学操作分类评价办法，其他 18 位被访谈者则表现出了对高职教师绩效分类评价办法的支持和期待。支持分类评价的被访谈者认为分类评价可以平衡各类型岗位教师的优秀比例，调动大家的工作积极性，而不是把优秀名额固化在一类岗位教师的身上，就像 FT02 所谈到的：“这些年考核优秀基本上都是集中在一部分人身上，当然这部分人非常优秀。这个考核是不是也可以分不同岗来，比如说教师岗、教研室主任岗等，我不做教研室主任以后再没得过优秀，一共工作 15 年，得了 4 次优秀，都是在教研室主任岗位的时候，就是整的这些东西能不能真正激励到大家，反正我得不了优秀，很多人就是这种想法，反正和我没有关系，又轮不到我。”同样是专任教师，也有不同的岗位分工，比如教研室主任、督导、教学秘书等，具体到不同的岗位职责和要求必然是有所区别的。对于专任教师来讲，基于教学、科研、实践和社会服务等不同专业特长的教师，按其擅长的工作进行分类，更具有现实意义，可以很好地发挥个人优势，形成组织合力。

3. 奖励性绩效工资分配没有与绩效评价结果建立有效关联，没有完全打破平均主义，没有充分体现多劳多得

“B9 个别二级学院的奖励性绩效分配办法中规定超课时授课工作量课时费与基

础工作量的课时费一样，没有超工作量的额外补贴。”有高达 21.01% 的被测试教师认为很不合理，29.62% 的被测试教师认为不合理。说明教师强烈地希望奖励性绩效能够体现教师付出的额外劳动，实现多劳多得。

关于学校教师绩效评价结果是否应该通过奖罚与教师切身利益关联的问题，被访谈的教师中，只有 3 位教师持有保留意见，其他 40 位教师均认为评价结果应该与教师的待遇挂钩。“公平公正的薪酬政策应该是真正体现多劳多得、少劳少得、不劳不得的原则，鼓励多做工作，激励优质工作，薪酬应与年度考核、教师评教等相结合，考核优秀的提高分配等次，评教结果与课时费挂钩，分出等级，真正起到导向作用。”（FT43）

教师的薪酬结构包括基础工资、基础性绩效、奖励性绩效，前面的两部分占到总额的 70% 以上，与课时量和其他奖励挂钩的只是奖励性绩效部分。目前的奖励性绩效额度由人事局按照教师职称职务结构、相应工资绩效标准套算出来，这就导致教师心理上很大的抵触情绪，教师往往把其视同为身份工资，认为是自己应该得到的，感觉自己保质保量地完成工作就应该足额得到奖励性绩效，凭什么统筹给别人。另外，当自己超量完成工作，付出劳动取得成绩后，又感觉应该有额外的物质上的激励，目前奖励性绩效仅占工资绩效总量的 20% 左右，难以起到物质激励的作用。课堂教学以外要求完成的工作没有与奖励性绩效关联，多只有精神上的激励，教师认为不合理。学校针对教师参加比赛、辅导学生大赛制定了专门的绩效奖励政策，并且体现在学校年底考核评价条件中，教师对自身参加大赛和辅导学生参加大赛的积极性明显提高，由此说明物质奖励能够激励工作积极性。

奖励性绩效工资的发放办法关系到教师切实利益，也是教师意见比较集中的问题。学校试图以增加对骨干教师、名师，大赛获奖教师的培训机会作为奖励，但这些培训往往教师只有假期才能有时间参加，而且假期还有大量的备课、企业研修、带学生实习实践等任务，所以培训机会往往又变成了工作压力。学校作为省精神文明单位，每年有数量可观的奖金，教师们也非常高兴，但是因为是平均发放，所以并没有产生特别的激励作用。总体来看学校存在个体差异性激励不足的现象。

访谈中大部分教师认为学校虽然制定《奖励性绩效工资分配办法》，并且将权利下放到各二级学院，要求各二级学院在学校分配的奖励额度范围内与教师的工作量和工作质量关联，体现多劳多得，激励先进，鞭策落后。但实际执行中一方面绩效评价内容设计不完善，另一方面可供分配的奖励性绩效额度有限，还有受习惯了“大锅饭”的传统做法的院系长们不愿意得罪人等因素的影响，二级学院对奖励性绩效工资分配仍然延续平均主义做法，绩效奖励和个人的绩效表现关联度并不高。几乎全部的被访谈者认为没有感受到奖励性绩效的激励作用。在讨论奖励性绩效工资是否应该“上不封顶、下不保底”的问题时，43 位参与该问题讨论的教师中，28 位表示完全应该，13 位表示还是应该有个保底数，也有 2 位教师认为不应该差距太大，很多事情并不是教师自己不想做好。如何让二级学院的院系长敢于打破“大锅饭”现状，实现奖励性绩效工资与教师的绩效表现挂钩，需要给予院系长应有的支持和压力。

4. 教学质量综合评价结果的强制分布及评价结果的使用不合理

教学质量综合评价是教师绩效评价内容的重要组成部分，体现教师的教学工作质量，因此教师对该部分评价方法合理性是否认同非常重要。以下与教学质量综合评价相关的几个题目，反映出教师不认同目前学校教学质量综合评价的一些具体办法。

对于“B15 质管办根据教学质量综合评价结果而不是学生评教结果选择教师安排督导去听课”，被测试教师中分别有 9.11%、15.44% 选择“很不合理”“不合理”，也有 23.29% 的被测试教师认为“比较合理”，4.05% 的选择“非常合理”。教学质量综合评价中最主要的组成部分是教师的授课情况，由学生、督导、教研室主任、教研室同行教师、二级学院院系长等进行评价。但由于除学生外的评价主体都是抽查听课的模式，做不到对每一位教师授课情况的全程了解，也难以客观地对被评价的全部教师做到全面客观比较，所以 24.55% 的被测试教师认为按照综合评价来选择听课督导不合理是可以理解的；但如果没有督导、教研室同行和教研室主任的专业的意见，单纯按照学生评教结果来确定教师授课质量，学生的评课能力也一直被争议。平衡各方情况，按照教学质量综合评价结果来确定教师的教学质量，从而决定听课督导也是有一定道理的。关键要提高对教师授课情况的评价水平。

对于“B6 教学质量综合评价优秀等级数量比例为评价教师总数的 30%，良好等级比例为 40%，合格和不合格等级为 30%”，被测试教师中分别有 10.63%、16.71% 选择“很不合理”“不合理”，29.11% 的被测试教师选择“比较合理”，仅有 3.54% 的选择“非常合理”。在教师教学质量综合评价结果分级方面，强制分步法是比较通用的一种方法，便于操作、相对公平，以较好地化解不同教师因评价的宽大倾向、严格倾向或居中趋势而产生的评价偏差。但是由于是以院系为单位的排名，院系间水平差异就会造成同样水平的教师在不同院系的评比结果不同，尤其是处于边界状态的教师。为降低强制分布给教师带来的过度影响，2016 年 11 月学校在《教师教学质量综合测评指导意见》中，将 5% 的“不合格”等级取消掉，由各院系自行确定合格与不合格比率，不再硬性规定不合格率。由于学校的评优推先、晋升晋级、职称评聘等相关办法中体现出的评价结果与教师的切身利益越来越密切，教师对教学质量综合评价结果越来越在意了，强制分布无疑给大家带来了压力。

对于“B10 个别二级学院将教学质量综合评价结果与课时费挂钩，对优秀等级的教师每课时费根据可分配额度予以增加，比如每节课多 10 元奖励”，被测试教师中分别有 11.39%、20.76% 选择“很不合理”“不合理”，也有 25.57% 的被测试教师认为比较合理，6.58% 的认为非常合理。在前面的文献综述中提到重量轻质是目前学校教师绩效评价中普遍存在的问题，将教师的课时费与教学质量挂钩无疑是一种有意义的尝试，得到评教成绩好的教师的肯定。同时也会给评教成绩差的教师带来很大的压力，直接影响其个人的经济利益，评教成绩差的教师对此存在抵触情绪。教学质量综合评价的合理性是该做法是否合理的前提。

对于“B11 申报评聘副教授职务须在任讲师职务近 5 年教学质量综合评价均在‘合格’以上，其中至少 2 次为‘优秀’”，被测试教师中分别有 14.94%、18.99% 选择“很不合理”“不合理”，也有 25.32% 的被测试教师认为比较合理，5.57% 的认为非常合理。“那天报教学能手，资格审核时有一个就是因为没有连续三年评为优秀而被退回来。关联性越高，越能鼓励你。”（FT22）学校在教学能手、名师选拔条件中体现了对教师教学质量综合评价结果的重视，这也代表了学校对教学工作的重视。不过，这仅仅是对于少数想成为教学能手、名师的教师产生了激励和约束，而在与全体教师相关的绩效分配方面却没有什么关联。访谈中教师也反映职称评聘中教学绩效与评聘结果也没有太大的关联。“评价结果应充分运用到教师的职务晋升、薪酬调整、岗位调配、培训、升职等过程中，将评价结果和教师的职业发展有机结合起来。这样每一位教师才会认真地对待这件事情。”（FT41）“目前，我院教师绩效评价与职称评聘有一定的关联度，体现度能达到 50%~60% 就很不错了。”（FT43）

认为绩效评价奖罚性管理手段能够促进工作，这是教师们非常公正无私的表现。奖罚制度本身是非常复杂的管理手段，不同的人群、不同的事件、不同的文化、不同的环境，奖罚的方式也必须有所区别。不同的年龄、性别、职业、学历、经历、资历，不同的奖罚方式对其效果也不一样。从访谈和问卷统计分析可以看出，学校教师是非常看重公平性的群体。学校应该高度重视和提高评价结果的客观公平性，减少学校因为自身制度不规范、执行过程中的不严肃而导致评价结果不合理。奖罚规则在充分酝酿论证基础上，一旦制定，必须严肃执行。

（二）评价程序存在的问题

校长负责、教授治学、民主管理是现代大学制度的基本要求，民主治校是现代大学制度的重要特征。学校教师绩效评价程序总体是按照教学院部二级管理的授权体系来设计，一定程度体现了民主程序。比如量表中“B18 职称评聘规定了部门民主评议推荐环节”“B19 年度考核评价一般采用个人总结、院系内公开述职与民主测评、院系综合评价与公示、校考核领导小组审议、党委会审议、全校公示、结果备案”“B20 考核优秀等级的名单或职称评聘拟聘人员的名单一般均在全校公示五个工作日”等，被测试教师认同度均非常高，选择“比较合理”和“非常合理”的基本超过 50%。

然而，通过民主参与量表中涉及的实际执行情况与制度规定情况符合度的评价，可以发现若干规定没有很好地落实执行。

1. 教师绩效评价结果及结果的使用情况缺少及时有效的反馈

被测试教师认为“E10 我会及时详细地了解到教学院长、教研室主任对自己教学质量综合评价情况的反馈”比较符合和非常符合实际情况的有 42.78%；认为“E11 我不清楚什么原因影响了自己教学质量综合评价等级结果”比较符合和非常符合实际情况的有 31.39%；“E13 我知道自己每月奖励性绩效工资发放额度的依据”比较符合和非常符合实际情况的有 30.63%，而“很不符合”和“不符合”，即不知道自己每月奖励性绩效工资发放额度的依据的教师有 26.08%。显然教师绩效评价结果及结果的使用缺少及时有效的反馈。著名的心理学家赫洛克信息反馈实验证明，及时对员工的工作结果进行评价，能强化他的工作动机，对工作起到促进作用。

对教师过去工作绩效的评价等级结果和奖罚措施不是教师绩效评价的终极目的。通过教师绩效评价让教师的思想观念、行为和能力发生变化，促进今后的工作绩效和个人专业化成长更为重要。及时有效的反馈无疑是帮助教师发展成长的非常重要的途径。但是访谈中 100% 的教师认为自己没有得到过系统、全面、有效的面对面的个人绩效评价反馈意见。

近三年来虽然督导听评议课的反馈越来越详细，教师教学质量综合评价可以在学校 CRP 系统里查到个人的评教结果，并且可以看到一些学生的评价意见，但其他评价主体给予的评价意见仍然不清楚。而教师们非常希望能够得到评价结果的及时反馈和存在问题的分析指导，以明确下一步的努力方向。但是评价结果的反馈工作做得很不够，“我 2002 年入校以来，从来没有得到过面对面的或者书面的任何形式的评价结果分析，只知道学生评教结果。同行、督导、教研室主任和院领导的评价结果都不清楚，更不用说原因分析了，所以也没有感受到得到帮助成长发展的作用。”

（FT29）也有教师表达了对学校目前绩效评价反馈工作的失望，“我说的反馈不是光告诉你一个结果，我们在荷兰的时候，他们的专业负责人会在每个学期初跟每个教师谈话，主要是针对上学期的情况及你这学期的计划，提醒你该注意的东西，每个学期末也会找你谈话，有一个反馈。真的是帮助提高的反馈，如果单纯看一个结果的话，这个合格什么问题也说明不了。”（FT02）在访谈和平时与教师的交流中，笔者还注意到一个现象，很多想了解到自己综合评价情况的教师会觉着不太好意思光明正大地去了解自己的评价情况，担心被人笑话，而了解评价结果的过程往往是通过私下里去打听。有些掌握评价结果的管理者也抱有同样心态，不欢迎教师查询了解自己的评价情况，认为对方多事儿。评与被评者似乎都没有意识到这是被评价者本就应有的知情权。

教师们对有效的评价反馈表达了内心的认同，“督导听我的课，给我指出来的几个点，课下立马反馈，或者通过听课系统网上反馈也挺好的，不伤老师自尊心，老师都有上进心，看了这个之后针对工作有所改进就行了。”（FT19）督导教师的听评议课近几年来越来越注重与被听课教师间的沟通交流，及时反馈。多渠道进行反馈交流，教师感受到督导对其尊重与帮助。督导听课越来越受到教师欢迎。“听评课有作用。经常被听，每次都有反馈，有帮助。我也需要反思。”（FT11）“督导听完之后他当场反馈，好就是好，不好就是不好，而且说得很客观。感到自己被尊重了。以前你问我到底存在什么问题，不知道！”（FT12）教师对学校给予他的支持和帮助是能够体会到的。三年前学校专门成立了质量管理部门，组织督导人员从帮助教师的角度去教室开展听评议课，并强调与被听课教师进行及时沟通反馈，在访谈中几位教师都主动提到督导的评课对其工作的帮助。FT11 与 FT12 代表了经常被听课和偶尔被听课的教师的感受。我们也可以从督导的角度体会到听评议课对教师专业发展的效果，“一堂课的设计、教学目标要完成，包括教师教和学生学两方面。上周五下午听了一次课，听得我都不想离开教室了，讲得挺好。当然也有问题，就是讨论的时间有点长，我与讲课教师做了沟通，其实对我也是促进和学习。”（FT10）研讨氛围的形成，对教师的专业成长大有裨益。

反馈就是帮助教师对自己的行为结果进行了解，通过这种了解起到强化先前行为的作用，从而促进教师出现更多的类似行为，这一心理现象被心理学家称作“反馈效应”。听评议课的情况一直以来都是作为发展性指标来使用的，比如发现教师讲课中的问题。个别性的问题与被听课教师及时沟通，跟踪观察；共性的问题反馈给教师发展中心，便于其有针对性地组织相关学习讲座培训等。评议反馈的内容和形式也多样化：内容有专门的课程、专门人员、实训条件、课赛融通等专项督导；形式有随堂、座谈、说课等。总之，以帮助教师成长为目的的反馈沟通，教师们是欢迎的。

2. 未严格执行教师绩效评价制度，教师绩效评价的权威性和公正性受到影响

分析“目前学校未完成岗位任务书规定工作的教师，基本没有按照规定承担相应责任”，问卷中分别有 8.86% 和 19.75% 的教师认为这种现象“很不合理”和“不合理”。作为知识分子的高职院校教师具有尊重规则的契约精神。如果学校不按照制度办事，教师对学校的规章制度的失望会迁移到对学校的失望。访谈中 80% 的被访谈者不满意学校评价结果的使用。某些评价结果存在应该予以处罚却没有说法的现象。“咱学校现在定的这些奖罚性指标，按照岗位合同，很多人没达到要求。也没有任何说法。完成不完成没有任何区别，对于努力完成规定任务的人来说这就太不公平、太伤人心了。”（FT12）“去年年底统计岗位任务完成情况，带学生社团好多人没做，就抓瞎了，找我说现在能不能给个班。有个老师以为社会实践能够算课时，教学课程差两个课时就没有补课。结果最后社会实践不算了。我觉着这个制度也是说变就变。他后来跟我说，早知道，把那两课时给补上。但只是统计完了，人事处没有反馈最后结果。考核结果不了了之。”（FT22）绩效评价内涵解释随意变化，评价标准不明确，教师们对评价制度规定不明所以；未严肃执行评价制度规定的奖罚条款：这些现象都削减了评价的权威性和公正性。

3. 对不认同的评价结果，教师缺少正常的诉求渠道

14.34% 的被测试教师认为“缺少正常的诉求渠道”是造成学校教师绩效评价过度的原因。认为“E16 目前教师对自己认为不公平的评价结果有明确的申诉渠道”很不符合和不符合实际情况的被测试教师分别为 14.68%、18.48%，认为非常符合的仅有 4.81%，另有 3.29% 的被测试教师没有选择答案；认为“E17 教师的申诉能够得到及时回应”很不符合和不符合实际情况的被测试教师分别为 12.91%、22.03%，认为非常符合的仅有 2.53%，另有 3.54% 的被测试教师没有选择答案；认为“E18 教师绩效评价结果公示后，就无法更改了”符合和非常符合实际情况的被测试教师分别为 23.29%、8.10%，45.06% 选择“一般”，另有 4.30% 的被测试教师没有选择答案。统计数据可以反映出教师对评价结果的申诉政策不够了解，申诉渠道不畅通。

学校目前的评价办法中缺失明确的申诉程序，对评价结果感到不公正的教师需要自己去面对所有评价环节，去找教研室主任，找教学副院长、院长，找系里督导、校级督导了解评价情况及得低分的原因。这种做法出现两种情况：一方面很难得到一个客观答复，尤其对于主观性的评价打分，很难评判打分的公允性；另一方面反映问题的教师会背负很大的压力，被人认为是“计较”“找事儿”。对评价情况的知情权和申诉权都应该是教师正常的、基本的合法权利，必须得到学校的保护，成为一种正常的行为。学校应该欢迎、鼓励“计较”“找事儿”的教师对评价工作进行监督，帮助评价工作的管理者和评价主体进行反思和改进。

在上学期教师教学质量综合评价结束后，笔者接待了一位基层教师对评教结果的投诉，投诉人谈及：一是基于信任，来倾诉一下自己对评价结果的不满和无奈；二是反映学校目前没有专门受理解决评价投诉的部门，投诉过程中感到无处申辩，被各种推脱；三是明知道自己学生评教的得分排在院系前列，个人又有丰硕的科研、管理和社会服务工作量及成果，可是面对教研室主任给那么低的分却无法理论，没有打分量化依据，也怕伤和气；四是明明是正常的了解情况，却低三下四地暗中进行，感觉很不正常。该教师工作非常认真努力、有上进心。当他四处争取改变自己评教结果无效之后，选择与分管教学质量评价的院领导交流，虽然是一份信任，但何尝不是最后的争取。能够从他的言语中体会到他的无奈与愤怒。但基于制度和评分办法存在的问题，而且时间也已经是评价工作结束一段时间以后了，只能维持原评价结果。该教师遇到的这件诉求事件非常有代表性，学校应该研究解决让教师的申诉权得到保障，建立明确的诉讼制度，营造正常的申诉文化。

（三）评价工具存在的问题

学校没有集成评价系统，数据填报标准不规范，录入不及时，数据没有有效地用于评价工作。对于量表中涉及教师绩效评价充分运用评价系统实现学生和教师网上评教、评教信息反馈，以及通过信息化手段收集评价信息等做法，被测试教师表现出高度一致性地认同，认为“很合理”和“非常合理”的被测试教师超过 50%。目前学校在信息化建设方面已经做了大量基础性工作，包括校园网络办公自动化系统（简称 CRP）、学生网上评教系统、听评议课系统等。访谈中大家也不同程度地提到这些系统在学校教师绩效评价中发挥的作用。FT03 指出：“评价有个关键问题是一定要给老师记录好，一个老师做了什么，就立马记下来，不然到了年底考核就忘记了。”没有规范有效的评价信息录入平台，整理和记录评价数据会额外占用教师很多时间精力。

学校信息化经过多年的建设，已经具备了较为完善的网络和软、硬件支撑环境。但仍然存在着教学、科研、管理和社会服务等学校和个人信息平台相对或绝对孤立的情况，各应用系统缺少统一门户、统一身份认证。工作过程、数据采集过程、评价过程的一体化尚未完全实现。评价信息仍然存在多头重复录入、突击性录入、数据口径不一致等问题，导致教师疲于应付填写表格、统计数据、信息录入等工作，教师有抵触情绪。另一方面由于缺少及时完整的数据，过程评价无从落实，评价反馈更是形式化，做不到及时性、有效性。

第四节　教师绩效评价主体方面的现状与问题

评价主体作为教师绩效评价的实施者的特殊性决定了其重要地位。“事在人为”，评价主体的状况，直接影响着评价的结果和评价作用效果。评价主体合理性影响评价内容合理性和评价方法合理性。评价主体合理性从主体的构成和主体胜任力两个方面分析。评价主体由内部评价者和外部评价者共同构成。

一、学校教师绩效评价主体方面相关规定

（一）教师教学质量综合评价的评价主体

学校由质管办负责教师教学质量综合评价的工作。目前这项工作基本实现由二级教学部门负责人、教研室主任、督导、教师同行、学生共同参与的360° 多元评价主体模式。从各二级教学部门分别制定的综合评教管理办法及实践情况来看，各二级教学部门的具体做法是有差别的。各二级教学部门教师教学质量综合评价方案规定的评价主体及权重情况（表3–23）。

表3–23　各二级教学部门教师教学质量综合评价主体及权重分配情况

二级院部	学　生	督　导	教研室主任	教学院长	教师同行
A 学院	60%	15%	15%	10%	
B 学院	60%	25%	15%		
C 学院	60%	15%	10%	10%	5%

（续表）

D 学院	60%		40%		
E 学院	50%	20%	20%		10%
F 学院	60%	10%	20%	10%	
G 学院	50%	25%	15%	10%	
H 学院	60%	测评工作小组（由督导、教研室主任、学院领导组成）评价（30%）			10%

表 3-23 显示，各二级院部的教师具体评价方案中，都包括学生评价和教研室主任评价。评价主体所占权重中，比例最大的是学生，其中两个教学院部规定学生评教结果占权重的 50%，其他六个学院均规定学生评价结果占权重的 60%；其次是督导和教研室主任的评教权重处于第二或第三的位置。除 D 学院没有设置督导评教权重，而将教研室主任的评价权重设为 40% 外，其他七个教学部门督导或教研室主任的评教权重主要设定在 10%~25% 区间内，督导和教研室主任在评教中的地位虽然存在不同部门在规定上的差异，但总体来看共同承担着评价主体的任务。教学院长和教师同行作为评价主体，有三个二级学院没有规定学院领导参与，有五个二级学院没有规定教师同行参与，其他规定有教学院长和教师同行参与的二级学院，其评价结果对应的权重值也都是 5% 或 10%，比例较低。权重设置代表评价主体的重要程度，即对评价结果的影响力度。通过以上表格可以看出，大家普遍认可学生评价、教研室主任评价的重要性，但对督导评价、领导评价和同行评价权重，存在认识上的不一致。

各二级教学院部对参评学生范围的规定也各有特点（表 3-24）。除 C 学院外，其他各二级学院都关注到了学生评价范围对评价结果客观性的影响，并采取了相应规定，其中 A 学院规定学生为综合测评前 20 名的学生（班额一般在 40~50 人），其他各二级学院都是采取通过去掉最高分最低分的做法。另外还考虑到参评班级数的影响并做了相应规定。

在上述各二级部门实践的基础上，2016 年 11 月学校质量管理办公室代表学校制定发布《教师教学质量综合测评指导意见》，意见中规定学生评价权重占 50%~60%，督导评价权重占 20%，教研室主任评价权重占 15%，二级院部教学院长评价权重占 5%，同行评价权重占 5%，教师自评权重占 5%，同行与教师自评的评价权重可降低为 0，结余权重相应可以增加到学生的权重里。另外，对于学生评教主体去掉全班参评人数 5% 的最高分和 5% 的最低分。

表 3-24　二级教学院部学生评教主体参评范围表

二级院部	学生评教主体参评范围
A 学院 B 学院 C 学院 D 学院 E 学院 F 学院 G 学院 H 学院	每班综合测评前 20 名的同学 去掉全班参评人数 10% 的最高分和 10% 的最低分，求平均值。两个及两个以上班，取各班的平均值 没有明确说明 每一位学生。如果没有选的选修课，不参评。如每项都填 0 分，评价作废。尽量不要出现满分的情况。每班去掉 4 个最高分、去掉 4 个最低分，求平均分 班级全体学生参评，参加人数 95% 以上 分班级分课程评价，去掉全班参评人数 5% 的最高分和 5% 的最低分，求平均值。两个及两个以上班，取各班的平均值 班级全体学生参评，参加人数 90% 以上 抽测一个任课班级。每班去掉 3 个最高分，去掉 3 个最低分，求平均分

（二）其他教师绩效评价项目的评价主体

根据学校《教学工作量计算办法》规定，目前授课课时量以及其他折算教学工作量由原先教务处统计确认，改为各二级教学院部通过校园 CRP 系统自行统计确认。

根据学校《科研工作量计算办法》等相关规定，目前科研工作量由科技处审核确认。各二级院部组织教师将各自的科研工作及时记录在校园 CRP 系统。

管理和社会服务工作量由各二级院部自行统计确认。年度考核评优工作由人事处牵头，各二级院部根据学校年度考核评优工作方案对组织各院系教师进行年度考核评价。职称评聘以及其他选拔工作，基本上由人事处按照相关的工作办法组织实施，必要时会请外部专家参与，或者完全委托校外第三方同行评价。学校目前教师绩效评价项目评价主体构成情况如图 3-7 所示。

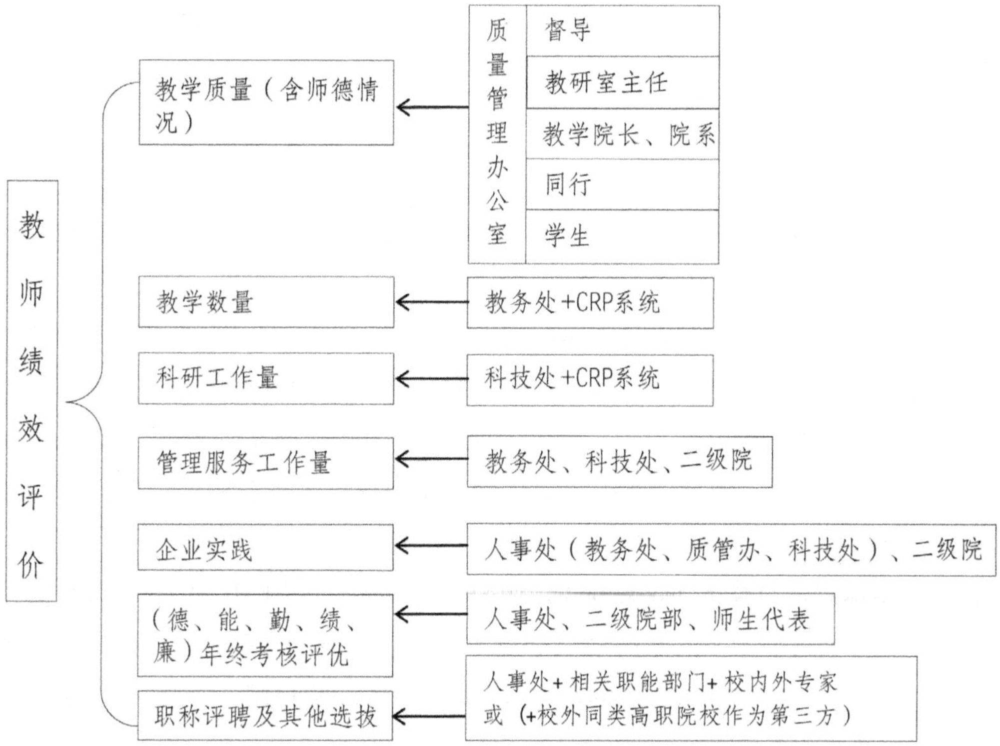

图 3-7　教师绩效评价主体构成

人事处、教务处、科技处、质管办、二级院部等职能部门代表学院对教学、科研、管理和社会服务工作量的评价主体，主要是根据相关制度对工作量进行确认，其工作效果主要受文件内容的合理性、执行人对文件理解和执行水平、工作流程、工作态度等影响，而最关键因素是文件制度本身和执行人的执行力。目前主要的工作方法是教师自下而上地通过 CRP 申报，二级院部的把关环节没有发挥实质作用，职能部门也基本是形式上把关。CRP 系统程序设置和数据信息标准滞后于学校教学和管理改革的行动，很多教师创新工作的工作量无法录入系统得到承认。

二、学校教师绩效评价主体方面现状与存在问题分析

评价主体合理性量表围绕评价主体结构合理性和评价主体胜任能力两方面，设计 15 道题目，从各维度指标的描述统计结果（表 3-25）可见，被测试教师对评价主体合理性认为很不合理和非常合理的均为少数，多数教师持中间态度。相对于对校外评价主体合理性的认同程度，被测试教师认为校内教师绩效评价主体的合理性较低。

表 3-25 量表“教师绩效评价主体合理性”各个维度指标的描述统计结果

	最小值	最大值	均 值	标准差
校 内	1.000	5.000	3.176	0.637
校 外	1.000	5.000	3.350	0.706
评价主体合理性	1.000	5.000	3.234	0.583

分析统计结果，教师对各评教主体所占权重情况存在一定的意见分歧，尤其是教学质量综合评价是否应该以学生为主的问题，如何看待和使用学生评教结果也是被访谈教师关注的问题。教师们比较认同的是理性对待学生评教结果，有选择地使用学生评教结果。55.44% 的被测试教师认为“C8 对学生评教主体进行选择，比如去掉全班参评人数 5% 的最高分和 5% 的最低分”比较合理和非常合理。

评价主体胜任力合理性量表的描述性统计结果显示，教师比较认同目前评价主体胜任力方面的规定。“C9 教学质量综合评价工作中不同的评价主体对评价内容有所区分”，认为合理和非常合理的占 55.45%，“C11 职称评聘工作中论文质量由人事处委托校外省内专家评审”“C12 参与论文质量评审的专家会有普通本科院校的副教授以上专家”“C14 学校副教授以上职称评聘工作委托第三方省外高职院校进行异地评审”“C15 研修企业相关人员参与教师企业研修实践的考核评价”，认为比较合理与非常合理的均超过 50%，说明教师非常认同学校对评价主体胜任力的重视，认同评价主体的专业水平、公正性和独立性。

评价主体的构成与主体的胜任力是影响评价合理性的重要因素。对于问卷中“X17 您认为主要是哪些要素影响评价主体胜任力？”，被测试教师的选择见图 3-8。

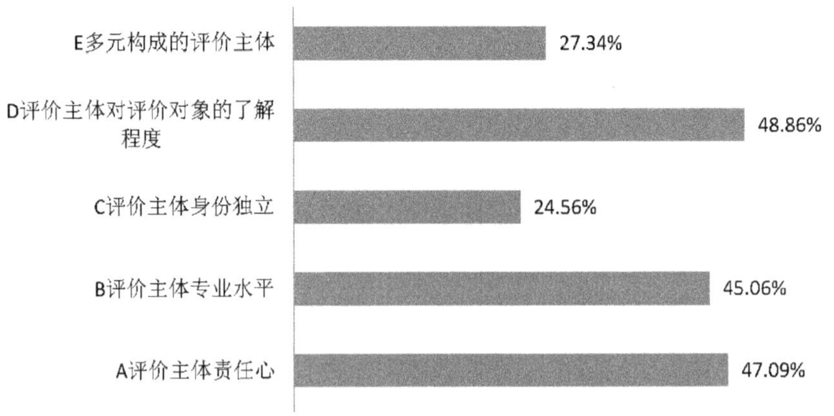

图 3-8 评价主体的影响因素分析

访谈过程中，关于评价主体的构成问题有37位被访谈者谈及，大家普遍认为目前各评价主体发挥的作用是不一样的，并且都对评价主体的权重设置表示关注。关于不同评价主体的情况，对职能部门作为评价主体的现有状况谈及不多，主要集中在个体评价者，关注最多的是学生，其次是督导人员。有10位被访谈者提到督导的评教工作，其中8位肯定了督导评教对被评价者发挥了积极的帮助作用，有一位认为督导的专业背景影响对不同专业的评价，另有一位认为督导评教干扰了教师的教学自主性。

学校教师绩效评价主体主要有职能部门和具体个人评价者，其中职能部门按照部门职责主要对教学、科研、管理和社会服务工作量计量制定管理制度，并依据制度规定进行审核和确认，同时牵头评价结果的使用，比如年度考核、职称评聘、教学质量综合评价、评优推先、奖励性绩效分配等。个人评价者主要指学校和院系督导员、院系长、院系教学院长、教研室主任、教研室同行、学生、外部专家等，其工作主要体现在教学质量综合评价过程中。不同二级院系根据自身的情况对上述评价者也有一定取舍，权重的分配各二级教学单位也有一定差异。总体来看，每个二级教学单位的评价主体都是以学生为主，学生评教权重占50%以上或更高。

（一）评价主体构成方面存在的问题

从内部评价主体和外部评价主体的角度分析，被测试教师对职称评聘等重要评价项目请进外部专家作为评价主体的做法认同度较高；内部教师绩效评价主体主要集中在对教学质量综合评价。学校教学质量综合评价基本按照360°评价方法，评价主体构成实现了多元结构，包括学生、督导、同行、教研室主任、院系长等。对比分析C5、C6被测试教师的选项情况，教师对学生评教在教师教学质量综合评价中的核心地位还是认同的。从构成来看，教师自身以及部分院系的院系长在制度设计上有缺位的问题。

1. 评价主体的构成中缺少教师本人的自我评价

教师自身的评价在评分权重中没有体现，自评基本体现在述职环节。

对量表题目“C5在教学质量综合评价中，教师自评占5%权重”认为很不合理和不合理的被测试教师占10.63%和18.99%，认为比较合理和非常合理的占24.81%和5.57%。教师的意见分歧较大。

对于“E4教师述职是自我评价的有效手段”认为比较符合和很符合的占31.90%和9.62%，而认为很不符合、不符合的分别占4.56%、10.63%，认为一般的占40.51%。结果显示多数教师还是认同教师述职的自评形式。

访谈中关于教师自评情况也有一些交流。“老师没有自评，只有教研室内部述职，履行程序。综合评价里，没有老师自己的打分。”（FT02）老师形成书面的述职报告，在一定范围内交流。通常做法是在往年稿子的基础上适当改改了事，述职报告没有很好地起到阶段性的总结反思的作用。“大家轮着念一遍，有些人的总结，几年下来都差不多，简单改改接着用，也不一定有人认真听。”（FT15）

在教师绩效评价工作中，教师同时承担着主体和客体两个角色。教师了解自身绩效的行为和结果，教师本人作为评价者参与评价，可以提高评价结果的客观公允性。教师自评是参与评价工作的重要形式，是表达自身价值理念、利益诉求的重要形式，是学校民主管理的重要体现。目前教师以述职的形式自我评价，由于制度设计没有很好地体现教师自评对评价结果的影响作用，教师述职可能会一定程度上影响到民主测评的成绩，并影响到最终的评价结果，但是述职对评价结果的影响是隐形的，不直观，所以虽然多数教师认同教师述职可以实现有效地自我评价，但由于教师主观上对自评重视不够，目前教师述职基本流于形式，效果并不理想。

关于教师自身作为评价主体的研究，从文献综述分析来看远远少于对其他评价主体的研究，反映出教师自评不仅仅在实践中没有被足够重视，理论研究方面的重视同样是不够的。也有学者提出教师自评的重要地位，认为教师自我评价是落实教师评价主体多元化的重要措施，“可以使自我评价的过程成为自我反思和发展的过程”（陈振华，2012）。本研究认为教师自评是教师民主权利在学校绩效评价工作中的具体体现。

2. 教学院长及其他上级评价者存在缺位情况

学校目前有三个二级学院的领导没有参与教学质量的综合评价。一方面是因为教学副院长或院系长不能保证每学期对任课教师的课都听上一遍，对任课教师的情况做不到全面了解，所以不参与评教是负责的做法；另一方面某些教学副院长、院系长不愿意得罪人，不愿意对教师实名评价，有当“老好人”的想法。

对于“C7 在教学质量综合评价中，二级院部教学院长评价占 5% 的权重”认为很不合理和不合理的占 9.62% 和 12.91%，而认为比较合理、非常合理的分别占 24.81%、6.08%，认为一般的占 44.05%。

在访谈者中多数被访谈者还是认同领导作为评价者，但也提出领导不去听课，其评教结果缺少客观性，“有些评价不是很客观，比如有些领导甚至没听过我讲的课”（FT12）。建议发挥领导全面掌握教师参与院系工作情况的优势，应该对教师的工作态度和工作综合表现进行打分，像 FT13 说的那样：“领导给我打的应该是工作态度分。”

综合访谈和问卷情况，对教师的教学质量综合评价的评价主体应该包含上级领导，但是上级领导对哪些评价内容进行评价，还是要体现领导的工作特点和优势。领导参与教师的教学质量评价，既是权威体现，更是责任担当。

（二）评价主体胜任力存在的问题

1. 校级督导存在年龄结构等方面问题，评课标准需要与时俱进

督导在教师的教学质量综合评价工作中发挥着重要作用。对于“C2 在教学质量综合评价中，督导评价占 20% 权重”认为很不合理和不合理的分别占 7.09%、14.43%，认为合理和非常合理的占 34.18%、5.32%。分析可见对于督导评价 20% 权重基本是认同的，同时也是对督导评教工作的认同。但也不能忽视对督导评价不认同的教师的感受。

学校督导近两年来持续改进对教师听课评价及时反馈的工作。教师对督导听评议课的满意度越来越高。“听完后有一个讨论，有交流和反馈。我觉得挺好的。”（FT28）学校开发了听评议课的软件系统，手机即可登录上网操作。督导和其他听课教师一方面在听课后争取面对面地和被听课教师进行交流，就被听课教师的课程设计思想、教案编制及实施情况、学生学习状态等一系列相关问题进行及时沟通。对于无法做到面对面及时沟通的，则要求督导或其他听课教师通过 CRP 听评议课模块，当天将自己听课中关注到的问题反馈给被听课教师。被听课教师对有价值的意见或有疑义的意见可以主动约听课教师再做进一步交流。如此可实现对被听课教师的业务指导，教师们普遍认为督导评课有效果，被听课教师能够从中受益。

同时也存在 FT01 在访谈中提到的情况：“咱们现在督导老龄化比较严重，有的传统观念很重，认为老师讲课有板有眼就是好老师，我觉得督导队伍里可以加一些年轻一点的老师，最好是中青年教师。”总体来看，督导的年龄结构偏老化，教学思想过于传统，不同专业背景对教学方法理解上的差异也一定程度地制约了督导作用发挥。也有教师担心督导过分强调标准化的要求，会压制教师教学的自主权、创造性，“如果全校的老师都按照督导老师要求做会不会磨掉一些个性，趋向一些共性要求”（FT14）。

2. 部分教研室同行的评价结果不客观公正，评价作用发挥不理想

教研室同行应该对彼此的教学态度、教学能力水平、教学成绩非常了解，具有发言权。但是同行之间互评的实践情况不尽人意，目前已经有五个院系取消了同行评教，保留的院系，同行评价所占的权重也非常有限，基本规定在 5%~10%。

对于“C4 在教学质量综合评价中，同行评价占 5% 权重”的题目，选择“很不合理”和“不合理”的被测试教师占 7.85%、15.95%，“比较合理”和“非常合理”的分别占 30.63%、5.32%。多数认为是合理的，但也有 23.80% 的被测试教师认为不合理。

同行评价目前存在问题较多。主要体现在过于主观，凭印象打分，存在首因效应、晕轮效应，“大家不会客观去评判某个教师实际做得怎样，认定这个人自私自利，则他做的所有事情都是为他自己做的，然后几年来都（给他）打低分”（FT029）；也有教师利用同行评价发泄平时交往中的不满情绪，“我们三人曾经被打过 30 分，后来听说就是看不惯我们整天一起上下班关系好”（FT022），而被打低分的三名教师都是学生评教成绩一直处于院系前列的；“老好人主义”，给被评价教师统一满分或高分，“大家的心态是都不容易，给个高分”（FT05）；没有公平打分的独立环境，“满屋子人一起打，谁给谁低分，被人看着呢！”（FT15）。这些现象共同导致了同行评教结果低效或无效。

教师对组织授予的评教权利没有深刻理解，不重视、不珍惜对他人的评价权；另外，各院系在组织评价工作时的形式主义作风，也不同程度地造成了教师对同行评价工作的不重视。

3. **教研室主任作为评价主体存在态度和方法的问题**

教研室主任对教师的工作行为和结果是除教师本人之外掌握情况最全面的，应该在教师绩效评价中发挥重要作用。但目前受到评价实施的具体问题干扰，教研室主任在评教中的作用发挥并不充分。各二级教学单位及各教研室主任自行掌握评价方法，虽然有评价的具体项目明细，但是评价结果往往忽略项目得分，不严格要求对每一项目赋分，而是直接给出总分，忽视评分过程，评价结论缺少支撑，影响评价结果的客观、公正。评价结果缺乏可比性、指导性和权威性。

对于量表题目“C3 在教学质量综合评价中，教研室主任评价占 15% 权重”认为很不合理和不合理的分别占 6.84%、17.72%，认为比较合理、非常合理的分别占 33.16%、6.08%。

访谈中 FT22 结合他自己和他们院系其他几位教研室主任对教研室教师评价的做法，谈了谈情况：“我没有用（学院的表），我在一个基础分的基础上加减，忘了最后是什么分数了，反正也分出了三六九等。上公开课的、参加学校大赛的、辅导学生大赛的、组织学生大赛的都加分，课改的加分。还有，像 J 老师这样的，虽然没有参加这些活动，但是工作特别认真的，不能不加。我跟 C 主任说了我的做法。她说这是个办法，她也准备这样做。但是D主任那边吧，她没问过我。E主任我们简单讨论过，她最后怎么定的我也不清楚。不过最后我们四个教研室要求报上去的就是给老师评价的总分数，不要别的。我是给老师怎么打的，我的依据是什么，我留着底儿。将来谁来找，我有依据。但他们都不知道我是怎么打的。”

这种教研室主任评教的状况有一定代表性，教研室主任间评价能力和态度差别较大。院系规定的评价方案形同虚设，仅采用教研室主任给教师的评价总分。评价的主观性、随意性很强，导向性、激励性不够。对教研室主任评分的客观公允性没有管理和监督，尤其需要引起重视的是，被评价教师不清楚评价规则是什么。不了解评价标准，评价的导向作用无从谈起。

4. 外部专家的胜任力方面存在问题

学校在教师绩效评聘工作中也会根据需要借力外部专家的力量，在评价主体合理性量表中也设计了一些相关题目。总体来讲，被测试教师对这些做法的合理性有较高的认同度。

对于“C13个别二级院部请校外合作企业专家参与教师教学质量的评价”认为很不合理和不合理分别为5.82%、12.15%，认为比较合理和非常合理的分别为34.18%、6.84%。对“C15研修企业相关人员参与教师企业研修实践的考核评价”认为很不合理和不合理分别为5.82%、9.62%，认为比较合理和非常合理的分别为36.46%、5.32%。C13、C15从外部专家或利益相关者的角度帮助学校评价教师教学和企业研修质量，都是非常有意义的做法，也得到了更多教师的认同。作为一种面向全体教师绩效评价的制度规定，如何易于操作、务实有效，还是需要研究落实实施细则。

对于“C14学校副教授以上职称评聘工作委托第三方省外高职院校进行异地评审”认为很不合理和不合理分别为6.33%、10.13%，认为比较合理和非常合理的分别为36.20%、10.63%。第三方省外职业院校评价专家必然不如本校内部人员了解被评价者的日常工作表现，但是统计结果显示，多数被测试教师认为该做法是合理的。对于与教师切身利益关系最大、教师最关注的职称评聘工作，教师们最看重的是评价主体的独立性、公正性。但也有教师感受到为了保证评价主体的独立身份而带来的其他方面的遗憾，有教师提到“去年我们还去外校评。外校的老师知道我们老师的表现吗？职称评聘一定要综合老师在学校各个方面的表现，和学校的导向性重点任务挂起钩来”（FT15）。近几年来，高职院校流行本校教师职称评聘工作委托给同类外校，保证评价者的独立性，以实现评价结果的公平性。在对学校的工作环境和参评者的日常真实表现不了解的情况下，外校专家只能根据书面材料对参评者做出评价，由于信息不对称而导致的评价结果不尽客观的情况在所难免。要发挥外部专家评价的优势，本校应该明确评聘条件和主导原则，并且由本校的职能部门对材料进行初审，有条件的学校应该与评聘专家就评价的价值导向进行充分交流。

（三）学生作为主要评价主体，其胜任力方面存在的问题

学生在评价主体构成中的权重，以及学生作为评教主体的胜任力情况，是学生作为教师绩效评价主体需要重点关注的两个方面。多标准、多形式、多渠道的招生方式导致高职院校目前生源呈现多元化、差异化的结构，包括普通高中生和中职学生通过夏季普通高考考入高职的，普通高中生考入“3+2”高职本科连读的，普通高中和中职学生通过春季技能考试或春季自主单独招生考入高职的，以及中职与高职“3+2”培养的学生通过中职学校自行命题考试升入高职的。多生源的学生从文化课基础、学习能力、学习态度等方面均表现出很大差异，综合素质也差别很大。差异化的结构给学校制定人才培养方案、实施教学都带来了一系列挑战。学生对同一教师的教学质量的评价结果不一。学生的评教态度、评教能力均有差异，影响学生评教结果的因素呈现复杂化趋势。

被访谈者均谈到学生的评教情况。其中绝对支持以学生评教作为教学质量综合评价结果的有7位，认为可以将80%以上的权重归学生，甚至于评教全部由学生来评，“我觉得学生都可以占到百分之百，全部”（FT014）；也有6位被访谈者对学生的评价能力提出质疑，认为学生评价存在不负责、不胜任的情况，不建议采纳学生评价意见，“‘3+2’这样的班，不负责的学生就有一大片，他们就是胡打，管他严格起来，到学期末评教你惨得不能再看”（FT02）；其他32位则认为学生评教虽然存在一些问题，但相比其他评教主体，学生还是更有发言权的，“说实话，咱上课好不好可能还是学生感受的最深”（FT13）。

对“G27教师的学生评教结果”与“G28教师的教学质量综合评价结果”进行关联分析，结果（表3–26）显示学生的评教结果与教师的教学质量综合评价结果有显著的相关性。

表3–26 G27学生评教结果与G28教学综合评价结果相关性分析结果

变量名	*P*值（双尾检验）	相关系数（与G28）
G27	0.037	0.900***

注：G27与G28的Spearman相关系数为0.900，双尾检验*P*值为0.037小于0.05。

为更全面地研究学生评教的问题，本研究还对 137 名大一、大二的本校学生进行了问卷调查（附录四），学生涵盖 7 个二级学院，每个二级学院 19~20 人，均有过评教经历，其中半数以上有 3 次以上评教经历。被测试学生的个人信息如表 3–27 所示。

表 3–27　被测试学生个人信息统计表

个人信息		频　率	百分比	累计百分比
年　级	大一	69	50.36%	34.61%
	大二	68	49.64%	100.00%
班级排名	30% 内	74	54.01%	54.01%
	30%~60%	40	29.20%	83.21%
	60% 后	20	14.60%	97.81%
评教次数	1~2 次	59	43.07%	43.07%
	3~4 次	39	28.47%	71.53%
	5 次以上	39	28.47%	100.00%
合　计		137	100%	

通过对学生评教问卷答案情况统计分析（表 3–28）可见，多数学生对学生评教的意义持积极态度，认为评教在帮助教师了解教学情况、改进教师的教学水平等方面应该发挥有益作用。但就学生评教实际给学生带来的收益，被测试学生整体呈现对此感受偏弱的情况，也暴露出学校对学生评教在组织宣传和结果应用上存在不足；对于学生评教效果的看法，总体认为效果一般；通过学生对自身评教行为的分析可见，学生整体对评教态度是积极认真的，呈现负责的态度。学生具备一定的评教能力，对于教师的教学质量有客观、公正的判断能力。学校缺失评教细则标准，一定程度影响到评教的客观性。问卷中“对学生要求严”“与学生关系好”等问题也呼应了教师访谈中涉及的相应问题。总体来讲，可以看到教师们所担心的学生评教中存在的问题，不同程度客观存在着，但应该不是主流的问题。如何科学有效地发挥学生评教的作用，在学校制度建设和提升教师、学生认识方面还需要积极探索实践。

“C1 在教学质量综合评价中，学生评教占 50%~60% 权重”，对此认为很不合理和不合理分别为 8.10%、14.43%，认为比较合理和非常合理的分别为 32.91%、9.37%。虽然绝大多数的被测试教师认同学生评教的主体地位、核心地位，但同时也不能忽视 22.53% 的被测试教师对此规定不认同，另有 3.55% 的教师没有选择选项。对学生问卷结果的分析显示，84% 的学生认为该权重是合理的，11% 的学生认为偏高，只有 1 位学生认为偏低。

表 3-28　学生的“学生评教”问卷答案统计表

一、学生对评教意义的看法：					
1. 你认为评教的意义是什么？（可多选）	帮助老师了解教学情况：122	改进教师的教学水平：105	有助于学生民主管理：87	评估教师教学水平重要依据：70	意义不大：31
2. 你认为评教活动最大的受益者是谁？	学生：28	教师：23	管理者：36	学校：50	
二、学生对评教效果的看法：					
3. 你认为学生评教能否对教师教学进行全面评价？	能：45	不知道：36	不能：55		
4. 你认为目前的评教指标体系能合理反映不同课程授课老师的教学水平吗？	非常同意：12	基本同意：111	不同意：12	非常不同意：2	
三、学生对自身评教行为的看法：					
5. 对评教你所持的态度是？	非常认真，客观公正：108	无所谓，尽快完成教学质量：26	根据个人情绪给分：3	报复老师的机会：0	
6. 你通常给老师的反馈信息是否真实？	否：1	大部分是：36	是：89		
7. 你是否认为学生对教师的教学评价公正合理？	是：57	一般：78	不是：2		
8. 如果你给教师较高评价，最主要的原因是？（多选题）	教学严谨、有条理：105	教学幽默风趣：89	专业知识丰富：103	和学生关系好：71	

（续表）

9. 如果你给教师较低评价，最主要的原因是？（多选题）	授课不认真、敷衍了事：102	知识和技能水平低：91	和学生关系不好：59	对学生要求太严格：47	要求不太严格：4
10. 你认为大学生评教中学生群体出现了哪些不良现状？（多选题）	没有评价参考标准：57	学生没有意识到评教的重要性，随便打分：69	学生打分太主观，只凭对老师的感性认识而非教学评价：88	学生将评教作为查阅课程成绩的前提，而非享受自己的权利：24	不喜欢这个老师：15

注：答案后的数字表示选择该答案的人数

学生作为评教主体的主要构成部分是被访谈者基本认同的，也是理论研究所支持的。Campbell（2007）提出："学生评教是一个有价值的评价教师的方法，学生能够为其教师提供公正的评价，学生知道有效的教师品质。"同时，他也强调了这个结论的前提是学生在经过指导、认真对待评价的情况下。总体分析，学生评教的比重可以在 50%~60%。

不同生源的学生素质差异很大，我们必须正视高职学生评教群体存在的问题。有些学生对学习、对专业、对课程不感兴趣，转嫁到对任课教师不满，影响对任课教师的客观评价；有些学生不能正确地理解教师严格要求他们的苦心，对要求严格的教师给予差评；有些学生受辅导员或任课教师干扰，将评分当成一种交换利益的筹码，对不该给予高分的任课教师打高分；专业不同、课程不同、年级不同、学生素质不同等客观情况都会影响评教结果；学生自身的能力所限，对教师课程的有效性、专业性并不一定具有客观的鉴定能力；另外，不同专业的学生对分数的敏感程度不一样。学生胜任力方面具体存在的问题分析如下。

1. 学生素质高低会影响学生的评教胜任力，从而影响教师教学质量评价结果

访谈过程中，有 28 位教师主动提到了学生素质差异对教师评价结果的影响，其中有 5 位教师结合自身体会谈了中高职"3+2"学生在日常学习和评教中的表现，FT02 老师结合自己多年的从教感受和仅有两次成绩是"良好"的评教都来自中高职"3+2"学生的经历，印证了学生的素质对评教结果是有重大影响的。"我不教他们班可能评教永远都是优秀，但是一教他们班，就得了一个良，我说这是怎么了，我们督导说你说咋了，你想想你这学期教什么班了，我才恍然大悟。"（FT02）有老师提到，“学习成绩越差，越不爱学习，越不喜欢听老师的话。曾经有个学生100分的卷子只考了8分，却迁怒于老师，认为老师不让他及格，为难他，跟老师闹矛盾，恶意打低分。一些不负责任的老师，和学生不发生任何冲突，反而容易得高分”（FT04）。

2. 少数学生缺乏公正、诚信意识，教师严格要求学生会导致得差评

学生的公正、诚信是影响教师教学质量客观评价的重要因素。FT014结合他在德国某应用技术大学的学习体会谈到学生评教应该嵌入在诚信体系中，相信学生能够诚实客观地对教师的教学情况进行评价。“德国学校对老师的评价就是完全交给听课的学生。没有其他领导来听课，就是发给我们一张评价表，所有的课上完评价表要交到学校的。这个体系中的学生都会去完成，这个体系也是有效的。”

教师严格要求学生会招致学生的反感，导致学生在评教时给教师差评。这是教师们谈及学生评教时的一种主流观点。在访谈中有6位教师主动谈到这一点，笔者与访谈中被提到的一位教师做了延伸交流：“虽然过去3年了，但想起那次评教还是特别伤心。我是对他好，可他觉着我针对他、为难他，结果串联好几个学生一起给我打低分。后来我就告诉自己，这些学生不是自己的孩子，实在不想学就由着去吧，别招惹。”这位女教师是一位略显内向、非常敬业的教师，现在还能浮现出她在回忆那次恶意评价事件时伤心的表情。对于较难学习的专业，学生更容易对任课教师产生抵触情绪。“学生对学习抵触，特别是我们工科专业，提高兴趣太难了。有时候必须采取一些手段强迫他去学习。这时候就有抵触情绪，评教分值就不会太高。”（FT25）不过访谈中也有3位教师不同程度地认为学生对待严厉要求他们的老师会有客观判断，不一定影响评教结果。FT018更是结合自己的评教结果和体会，认为讲究方式方法的、对学生负责的严格要求，能够得到学生的理解支持。

汕头大学针对教师普遍观点“我要求高了，学生给我打分就低了”，就近五年来学生评教和学生成绩关系进行了专题调研，研究了五年里学生评教的成绩与教师给学生分数的关系，涉及7700多个数据。结果是，“从全校的范围来看，学生成绩和学生评教之间是微弱的正相关，也就是说，不能推断教师群体为了获得较高的学生评教分数，而呈现出给学生高分成绩这一假设。我们用7000多个数据一对一进行比较，如果从教学来分，学生成绩和学生评教之间走向没有明显的规律，可以判断两者之间没有显著的关系；对学生评教分数较低的课程进行分析，得出的显著性水平不高，不能判断这些课程的学生评教与成绩之间存在相关。从这三个结论就可以得出，给学生的分数高低跟学生评教之间没有正相关，教师可以放心地对学生提出严格要求”（蔡映辉，2017）。

尽管汕头大学与多数高职院校的学生群体存在一定差异性，其研究结论有校本局限，但是无论学生因为教师严格要求而给教师低评的现象是否已经造成了对学校教师绩效评价结果的影响，学校尊重关爱教师、教师尊重关爱学生、学生尊重爱戴教师，这份“爱”的循环传递应该是能够解决这个问题的重要措施，值得去努力。

3. 学生评教的独立性受到干扰的情况，一定程度上会影响评教结果

有教师谈道：“有的老师他课上得不是那么好，可是评教得分非常高。我就问学生，学生就告诉我了，他的评教分低了，抓的学生就多了。”被追问是否有威胁学生时，答：“不知道他是不是有语言上明确威胁那种，但是学生确实告诉过我他们的担心。”（FT016）

对 137 名学生问卷结果分析发现，在“你认为大学生评教中教师群体出现了哪些不良现状（多选）”题目下，有 58 名学生（42% 的被测试学生）选了“教师在课堂上谈评教，并示意学生给自己高分”；有 54 名学生（39% 的被测试学生）选了“教师因学生对自己的评价给予学生期末分数”；有 44 名学生（32% 的被测试学生）选了“教师为了得高分，不惜讨好学生，放松课堂要求”；更有 122 名学生（89% 的被测试学生）选择了“教师对评教结果毫不在意，针对评教结果不做任何教学行为改变”。从学生的视角，认为教师不同程度地干扰到学生评教，试图通过影响学生以得到较好的评教结果，但评教后，并不会针对评教结果和建议去改变自己的教学行为，学生认为自己的评教意见没有得到教师重视。

学生作为学习的主体，是教师教学质量的影响者和见证者。如果教师群体中有人利用教师的权威给学生施加压力，单纯用师德高尚来约束的作用是有限的，通过明确的制度约束来规范，让违反师德的行为者得到应有的惩罚是必需的。

总之，不同的评价主体面对不同的评价内容总会有相对熟悉的、权威的方面，也会有相对不熟悉、不权威的方面，我们应该根据评价内容组织胜任评价的个人或部门来完成评价工作，形成相互补充的团队，共同完成教师绩效评价。对于“C9 教学质量综合评价工作中不同的评价主体对评价内容有所区分”，高达 55.55% 的被测试教师认为比较合理和非常合理。评教主体的构成应该是多元互补的。在若干评价主体胜任力的条件中，评价主体的责任心、公正的品格是首要的。

教师绩效评价合理性本身包括教师绩效评价内容的合理性、教师绩效评价方法的合理性和教师绩效评价主体的合理性，他们相对独立而又互相影响，每一环节的问题都对教师绩效的整体合理性产生影响。本研究提出了评价内容、方法、主体三方面相互影响的研究假设。综合分析教师绩效评价整体上存在战略导向性不够，评价行为导向性不够，特质导向性不够，教师民主参与程序落实不够，教师自身、用人单位等评价主体作用发挥不够等问题。进一步研究问题产生的原因，针对存在的问题提出改进措施，是本文的现实意义。

第四章

教师绩效评价影响因素研究

深度分析产生问题的原因，对症下药是根本性解决问题的必需环节。本研究采用质性与量化相结合的混合研究的顺序性探索策略，旨在在大量访谈和问卷收集的数据基础上，充分发现问题，并借助量化分析工具，进一步探索影响问题的因素和作用机制，以期提出有效的教师绩效评价改进策略。在对教师绩效评价现状与问题分析的基础上，本章聚焦本研究的第二个问题：高职教师绩效评价影响因素研究，对存在的问题进行原因探索和解释。

第一节　教师绩效评价合理性的影响因素

根据质性分析结果，本研究构建了研究内容框架，结合相关文献，在框架核心概念的基础上，确定了变量，并提出了解释性研究假设。本节借助结构方程模型，通过 AMOS20.0 统计分析软件对民主参与与教师绩效评价合理性关系进行验证。

一、教师绩效评价合理性影响因素路径分析

该量化分析方法适应同时处理多个因变量的情况。各变量之间的结构关系见图 4-1。

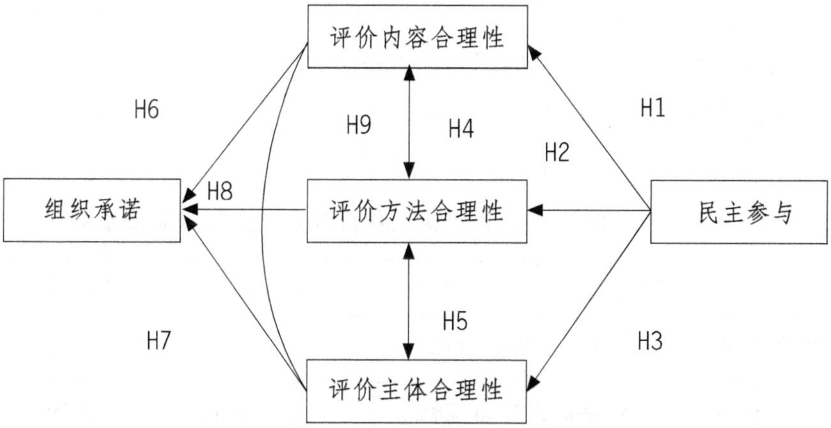

图 4-1　高职教师绩效评价合理性及影响因素假设验证路径关系

基于上述研究框架，使用结构方程模型运算结果整理之后，各变量之间的路径系数估计、CR 系数和 *P* 值如表 4-1 所示。其中民主参与与评价内容合理性、评价方法合理性、评价主体合理性的估计路径系数分别是 0.638、0.513、0.576，民主参与

和评价内容的估计路径系数要高于评价方法和评价主体。说明民主参与程度对评价内容影响最显著，教师绩效评价实践中教师民主参与程度越高，绩效评价的内容越合理、评价标准越科学，充分听取民意基础上确定的评价内容，更能够得到教师的认同。民主参与与教师绩效评价方法和评价主体的路径系数均大于0.50，说明民主参与程度正向影响评价方法和评价主体，教师民主参与程度越高，评价方法设计和确定越科学适当、评价主体的构成和作用发挥越合理有效。教师民主参与对教师绩效评价合理性意义重大。

评价内容合理性、评价方法合理性和评价主体合理性之间的路径系数分别是0.640、0.734和0.605，该路径系数均大于0.60且与三个维度的相关分析结果是一致的。其中评价方法合理性与评价主体合理性的路径系数是最高的，从一个侧面揭示了教师绩效评价是师资管理的重要环节，因而对实施评价的主体有较高的素质要求，科学合理的评价方法是达成管理目标的重要因素。三者之间的路径系数估计可以看出彼此之间的正向影响关系，所以必须科学确定评价内容和标准，合理选择评价方法和评价主体，方能实现评价目标。

评价内容合理性、评价方法合理性、评价主体合理性与组织承诺之间的路径系数分别是0.519、0.597和0.598，这一结果与组织承诺和三个子维度的相关分析的结果是一致的。其中评价主体与组织承诺的相关系数最大，其次是评价方法和评价内容。实践中评价主体的确定越全面客观，那么结果得到教师认可的可能性就越大，教师的组织承诺水平也相应越高；同样，评价方法的选择和评价内容与标准的设计影响到评价结果的客观性，进而影响组织承诺水平。

以上路径系数均大于0.50，CR系数大于4.0，通过水平为0.001的显著性 P 值检验。

表4-1 高职教师绩效评价及影响因素模型回归路径系数

模 型	路径系数	CR 系数	P 值
H1：民主参与——→评价内容合理性	0.638	7.983	***
H2：民主参与——→评价方法合理性	0.513	6.397	***
H3：民主参与——→评价主体合理性	0.576	7.561	***
H4：评价内容合理性←——→评价方法合理性	0.640	8.186	***
H5：评价方法合理性←——→评价主体合理性	0.734	10.675	***

（续表）

H6：评价内容合理性——→组织承诺	0.519	6.574	***
H7：评价主体合理性——→组织承诺	0.597	8.367	***
H8：评价方法合理性——→组织承诺	0.598	8.398	***
H9：评价主体合理性←——→评价内容合理性	0.605	8.687	***

二、民主参与对教师绩效评价合理性的影响

结合质性研究和量表统计分析可见教师的绩效评价合理性存在的问题，比如评价内容的构成过于综合、“面面俱到”，评价内容及评价标准一刀切，教师自身作为评价主体作用发挥不够，评价反馈低效，缺少教师对绩效评价结果的申诉渠道，等等，其深一步的原因均可以追溯到教师对绩效评价的民主参与不够，教师的参与权、知情权、申诉权在绩效评价过程中落实不到位等问题。

（一）教师民主参与程度对教师绩效评价合理性存在正向影响

教师民主参与的三个维度——参与权、知情权、申诉权——与评价内容合理性、评价方法合理性、评价主体合理性之间的相关分析结果见表 4–2。

表 4–2 高职教师的民主参与与其绩效评价之间的相关分析结果

		1	2	3	4	5	6
1. 评价内容合理性	R	1					
2. 评价方法合理性	R	0.588**	1				
3. 评价主体合理性	R	0.493**	0.713**	1			
4. 参与权	R	0.320**	0.414**	0.388**	1		
5. 知情权	R	0.320**	0.440**	0.380**	0.543**	1	
6. 申诉权	R	0.330**	0.385**	0.331**	0.496**	0.479**	1

注：**. 表示在 0.01 的水平（双侧）上显著相关

由表 4–2 可知，相关分析的结果表明参与权、知情权、申诉权与评价内容合理性的简单相关系数分别为 0.320、0.320、0.330，显著性检验对应的概率 P 值均小于 0.05，即参与权、知情权、申诉权与评价内容合理性之间均存在显著的正向相关。由此可见，“教师的参与权认同度越高，对绩效评价内容合理性的认同也越高；教师的知情权认同度越高，对绩效评价内容合理性的认同也越高；教师的申诉权认同

度越高，对绩效评价内容合理性的认同也越高”是成立的，其中申诉权与内容合理性的相关程度要高于参与权和知情权。在评价实施过程中，教师对评价内容的了解深度和评价标准的客观性关注度较大，应进一步明确评价内容和指标体系，同时确定合理的评价标准，保证教师参与的申诉渠道畅通、反馈及时，目前教师申诉权的需求得到满足的程度与参与权和知情权相比差距最大。

相关分析的结果表明，参与权、知情权、申诉权与评价方法合理性的简单相关系数分别为0.414、0.440、0.385，显著性检验对应的概率P值均小于0.05，即参与权、知情权、申诉权与评价方法合理性之间均存在显著的正向相关。因此，“教师的参与权认同度越高，对绩效评价方法合理性的认同也越高；教师的知情权认同度越高，对绩效评价方法合理性的认同也越高；教师的申诉权认同度越高，对绩效评价方法合理性的认同也越高”是成立的。其中知情权与方法的相关程度最高，其次是参与权和申诉权，说明就评价方法合理性而言，教师对知情权的关注度最高，现行的评价实践中对评价方法的使用的合理性与公正性需要重点关注和改进。

相关分析的结果表明，参与权、知情权、申诉权与评价主体合理性的简单相关系数分别为0.388、0.380、0.331，显著性检验对应的概率P值均小于0.05，即参与权、知情权、申诉权与评价主体合理性之间均存在显著的正向相关。即教师的参与权、知情权和申诉权越高，对绩效评价主体的合理性认同度就越高。其中参与权的相关程度最高，其次是知情权和申诉权，反映在具体的评价实践中，就对评价主体合理性认同度而言，教师的参与权越大，就越了解自己需要接受来自哪些主体的评价，进而会有针对性地关注自身绩效的完成情况，其次是对评价的知情权越高、申诉渠道越明晰，就越认同绩效评价主体的合理性。

本研究选取量表中被测试教师选项差异相对较大，不合理选项占比较高的题目，比如A22教师进学生宿舍关心学生、A24企业研修的相关规定、B9超课时不适用超课时费、B10综合评教结果与课时费挂钩、C1学生评价情况、C4同行评价情况、C5教师自评情况、C7教学院长评价情况、E11综合评教结果反馈情况、E16申诉渠道情况、E17教师表达意见回应情况，按照性别、年龄、职称、院系等教师个人背景信息对其不同选项情况进行分析，在关于性别、年龄、职称不同的高职教师在各个题项上的差异分析中，通过独立样本t检验可得，显著性检验对应的概率P值均大于显著性水平0.05，性别、年龄、职称不同的高职教师在A22、A24、B9、B10、C1、C4、C5、C7方面的得分均值均无显著性差异，性别、年龄、职称不同的高职教师在各个题项上的实际表现差不多，无明显的差异。

在关于院系不同的高职教师在各个题项上的差异分析（表 4–3、表 4–4）中，通过单因素方差分析可得，其显著性检验对应的概率 P 值小于显著性水平 0.05，院系不同的高职教师在 A6、A22、C1、C4、C5、C7 方面的得分均值存在显著性差异。 E 学院的高职教师相比于其他院系的高职教师，明显更偏向于认为 C1、C5 的规定是合理的；D 学院的高职教师相比于其他院系的高职教师，明显更偏向于认为 A22、C4 的规定是合理的；C 学院的高职教师相比于其他院系的高职教师，明显更偏向于认为 C7 的规定是合理的。

表 4–3　院系不同的高职教师在各个题项上的差异（一）

	F 学院	A 学院	H 学院	B 学院	E 学院
A6	2.679 ± 1.156	2.741 ± 1.193	2.967 ± 0.956	2.538 ± 1.146	2.882 ± 0.931
A22	2.717 ± 1.007	2.638 ± 1.165	2.550 ± 1.141	2.269 ± 1.105	2.216 ± 0.966
A24	2.868 ± 1.331	2.379 ± 1.167	2.683 ± 1.112	2.596 ± 1.209	2.373 ± 0.999
B8	3.057 ± 0.949	3.121 ± 0.957	3.200 ± 0.935	2.865 ± 1.138	3.118 ± 1.070
B9	2.283 ± 1.063	2.431 ± 1.011	2.383 ± 0.958	2.404 ± 1.071	2.627 ± 1.113
B10	3.075 ± 1.141	2.552 ± 1.062	2.883 ± 1.151	3.019 ± 1.000	3.176 ± 1.144
C1	3.264 ± 0.944	3.172 ± 1.201	3.317 ± 1.049	2.885 ± 1.096	3.588 ± 0.920
C4	3.208 ± 0.968	2.862 ± 1.161	3.150 ± 1.039	2.788 ± 0.936	3.373 ± 0.999
C5	3.057 ± 1.082	2.845 ± 1.005	2.983 ± 1.112	2.615 ± 1.051	3.255 ± 1.036
C7	2.943 ± 1.082	3.000 ± 0.955	3.267 ± 1.023	2.808 ± 1.049	3.078 ± 0.977

注：检验的显著性水平为 0.05

表 4–4　院系不同的高职教师在各个题项上的差异（二）

	G 学院	D 学院	C 学院	*F* 值	*P* 值
A6	2.138 ± 1.246	2.946 ± 0.941	2.906 ± 1.131	2.392	0.021
A22	2.241 ± 1.123	2.757 ± 1.038	2.679 ± 1.015	2.056	0.047
A24	2.310 ± 1.285	2.703 ± 1.051	2.528 ± 1.030	1.331	0.234
B8	2.966 ± 0.944	3.432 ± 0.728	3.264 ± 1.022	1.382	0.211

（续表）

B9	2.276±0.960	2.703±1.051	2.623±0.985	1.108	0.357
B10	2.862±1.093	2.919±0.983	3.170±0.995	1.968	0.058
C1	2.966±1.085	2.865±1.058	3.396±1.007	2.820	0.007
C4	2.759±0.951	3.378±0.794	3.189±0.833	2.919	0.005
C5	2.655±1.143	3.243±0.723	2.943±1.008	2.359	0.023
C7	2.655±1.111	3.270±0.804	3.283±0.863	2.323	0.025

注：检验的显著性水平为 0.05

上述分析说明，院系对教师有明显的影响，在学校二级授权管理下，院系具有一定的决策自主权，院系的风气和整体绩效水平有明显差异。二级教学院部的教师民主参与水平存在差异。民主参与程度影响教师绩效评价合理性的假设可以解释院系不同对绩效评价量表题目选项的差异。

表 4-5　院系不同的高职教师的民主参与程度的差异（一）

	A 学院	B 学院	C 学院	D 学院
参与权	3.164±0.464	3.005±0.507	3.325±0.487	3.318±0.514
知情权	3.049±0.519	3.129±0.498	3.167±0.493	3.375±0.514
申诉权	2.980±0.527	2.939±0.593	3.239±0.439	3.261±0.523
教师民主参与	3.073±0.376	3.027±0.446	3.248±0.389	3.320±0.478

注：检验的显著性水平 0.05

表 4-6　院系不同的高职教师的民主参与程度的差异（二）

	E 学院	F 学院	G 学院	H 学院	*F* 值	*P* 值
参与权	3.211±0.516	3.276±0.493	3.009±0.698	3.223±0.593	2.458	0.018
知情权	3.325±0.476	3.251±0.378	3.133±0.701	3.352±0.570	2.719	0.009
申诉权	3.101±0.555	3.132±0.375	2.747±0.668	3.122±0.604	3.814	0.001
教师民主参与	3.218±0.378	3.226±0.323	2.975±0.631	3.237±0.473	3.411	0.002

注：检验的显著性水平 0.05

由表4–5和4–6可知，在关于院系不同的高职教师的民主参与程度的差异分析中，通过单因素方差分析可得，院系不同的高职教师在参与权、知情权、申诉权、教师民主参与方面的得分均值均存在显著性差异，因为其显著性检验对应的概率P值均小于显著性水平0.05。

从上述的分析结果可得，C学院的教师相比于其他院系的教师，其在参与权方面的民主参与程度明显会更高；D学院教师相比于其他院系的教师，其在知情权、申诉权、教师民主参与方面的民主参与程度明显会更高。

（二）教师参与权、知情权和申诉权之间存在显著相关性分析

教师的民主参与三个维度参与权、知情权、申诉权之间的相关分析结果如表4–7所示。

表4–7 高职教师民主参与各个维度指标之间的相关分析结果

		参与权	知情权	申诉权
参与权	R	1		
知情权	R	0.543**	1	
申诉权	R	0.496**	0.479**	1

注：**. 表示在0.01的水平（双侧）上显著相关

由表4–7可知，相关分析的结果表明参与权、知情权与申诉权的简单相关系数分别为0.496、0.479，显著性检验对应的概率P值均小于0.05，即参与权、知情权与申诉权之间均存在显著的正向相关。

参与权、申诉权与知情权的简单相关系数分别为0.543、0.479，显著性检验对应的概率P值均小于0.05，即参与权、申诉权与知情权之间均存在显著的正向相关。

知情权、申诉权与参与权的简单相关系数分别为0.543、0.496，显著性检验对应的概率P值均小于0.05，即知情权、申诉权与参与权之间均存在显著的正向相关。

由此可见，“知情权、申诉权与参与权存在显著正相关；参与权、申诉权与知情权存在显著正相关；参与权、知情权与申诉权存在显著正相关”的假设是成立的。基于验证结果进一步分析可知，高职教师民主参与的三个子维度中，参与权与知情权的相关程度最高，其次是申诉权。结果与访谈过程中了解的情况一致，教师的参与权越高，对绩效评价的认知度就越高，知情权也就得到提升；同样，参与权越高，对绩效评价的过程了解就越深刻和充分，申诉权也能得到有效保障，不会造成申诉

无门或者无效投诉；反之，教师的知情权和申诉权越高，就越能够提升教师参与绩效评价的积极性，进而能从根本上保证绩效评价结果更加客观公正。

第二节　教师民主参与的现状与问题

教师民主参与对学校的工作具有全面、积极的促进和保障作用。本研究已经验证的研究假设证明，教师的民主参与影响高职教师绩效评价合理性。分析教师民主参与现状和问题，对于提高教师的民主参与程度，发挥教师民主参与实效，改进教师绩效评价有重要的现实意义。

一、教师民主参与现状分析

民主参与量表按照参与权、知情权、申诉权等三个维度，设计了 21 道题目。在关于量表“教师民主参与”的各个维度指标的统计结果（表 4–8）中，教师民主参与程度总体得分均值为 3.171 分，表明大部分被调查的高职教师有一定的民主参与度。从各个维度分析，其中“知情权”3.222 分，分值相对较高；而“申诉权”3.077 分，分值相对较低。由此可见，将被调查的高职教师在各维度上的得分均值由高到低地进行排序：知情权＞参与权＞申诉权。教师总体认为学校民主参与方面的实际情况与题目中所表达的制度条例，以及制度所应该实现的效果有一定差异，尤其是申诉权方面。

表 4–8　量表“教师民主参与”的各个维度指标的描述统计结果

	最小值	最大值	均值	标准差
参与权	1.000	5.000	3.198	0.535
知情权	1.000	5.000	3.222	0.522
申诉权	1.000	5.000	3.077	0.549
教师民主参与	1.000	5.000	3.171	0.439

分析参与权量表统计结果，教师教学质量综合评价、奖励性绩效工资分配、职称评聘等重要的制度实施前，学校相关职能部门或二级学院会面向教师采取不同形式（座谈会、职代会、公示等）征求意见，但参加各类座谈会的教师人选多数由领导确定，总体感觉学校征集教师意见的各种安排更多是走形式，教师的意见基本没有被采纳，民意得不到有效表达和反馈。

分析知情权量表统计结果，多数教师会比较及时地得到学生和教学院长、教研室主任评价结果的反馈，但也有 31.39% 的教师“不清楚什么原因影响了自己教学质量综合评价结果（指不同的评价等级）”（E11）。多数教师比较关注学校职称评聘、年度评优等评价方法和相关工作过程中评价结果的公示。但是，奖励性绩效工资分配情况等绩效评价结果的透明度并不高。相对于其他量表，本量表被测试教师未选择题目选项的频数略高。综合分析，学校教师对教师绩效评价的知情权偏弱。

分析申诉权量表的统计结果，多数教师对申诉权的意见表达是目前教师对自己认为不公平的评价结果缺少明确的申诉渠道；教师的申诉得不到及时回应；教师行使申诉权会惹所在院系领导不高兴；学校领导不重视教师反映的关于教师绩效评价的问题；教师只有实名申诉才会被学校相关环节受理。尤其是 E16、E17 意见更为集中。由此可见，学校目前教师的申诉权没有得到有效保障。问卷中关于教师绩效评价理念问题的讨论，也充分说明学校目前的民主实践效果并不理想。

二、教师民主参与方面存在的问题

教师的民主参与程度对教师的绩效评价合理性有直接的影响。褚宏启等（2014）认为，“教育治理的典型特征是多元主体参与的共同治理，即‘共治’。治理的直接目标是‘善治’”，并提出衡量教育善治与否的十个标准，位居首位的即“参与度”。褚宏启（2014）从教育治理的理论角度，提出学校中好的治理能够有效地影响学校中的教师和学生，“善治意味着通过治理学生受教育的选择自由权、学习自由权、表达自由权，教师的教学自由、学术自由权，都得到更好的保障和增进。善治意味着相关主体依附性的减弱和主体性的增强”。而依附性的减弱与主体性的增强则将有利于教师更好地发挥教书育人的自主权。不少研究指出，教师在学校中权力的增加，有助于教师教学效能的提升（Anthony，1998；李雪松，2013）。通过访谈和量表分析，学校目前的民主参与方面存在不足。

（一）学校民主风气方面存在的问题

1. 科层管理的行政模式影响教师民意表达，影响教师教书育人的自主性

学校作为一个教学机构，与其办学功能和团队管理相适应的管理模式应该是有

利于教师和广大教职员工直接表达意见建议的扁平化的管理模式。但学校目前仍然有着根深蒂固的行政烙印，管理程序强调按职务、按级别层层申报，直接导致管理效率低下，民意不能畅通表达。“（关于对教学实训软件的需求）我去跟教研室主任反映过，我不能自己去找院长，得一级级上报。”（FT27）在崇尚民主的学校里，教师却不能自主地反映教学需求、受制于层级规定的现象是突兀的，必须改变。

2. 学校对教师规定性动作太多，忽视岗位特点和教师自身特点，教师教书育人的自主权受到较多干扰

高职院校目前的学生状况和人才培养目标要求教师的教书育人工作必须具有相对的独立自主性和创造性。高职教师承担着培养学生独立思考和创新能力的任务，需要激发学生们的学习自主性，引导他们建构知识、理解知识、运用知识、提高技能，同时面对知识基础和学习能力差别很大的学生群体，要对课程目标、课程教法、课堂组织做出适时的调整，以期使相应教学方法能够有效适应学生，这都需要高职教师因材施教。然而访谈中多位教师认为，学校对教师规定性动作太多，教师教书育人的自主权受到较多干扰，教师忙于应付面面俱到的绩效评价项目，没有精力去了解学生和研究教学。学校缺失真正意义上的民主宽松的教师绩效评价环境。

“我觉得应该积极地去发挥老师的主动性和能动性，激起他的创造欲望。现在我看到的是死气沉沉的现象，其实蛮忧虑的。比方说定专业计划吧，对专业老师和教研室主任也是一个很重要的事情，大家是不是应该很踊跃地发表看法，无论同意的还是不同意的你应该对专业的未来提出一个意见。现在大家都觉得这个事情跟自己没有多大的关系，基本不参与不过问，觉着反正咱的意见也不重要。”（FT17）问卷中关于“G23 您了解专业人才培养方案以及您所教授课程在人才培养方案中的定位和作用么？”本应该是每一位任课教师都了解甚至熟悉的内容，被测试教师只有 47.59% 选择比较了解，20.51% 选择非常了解；而对于“认为是否需要了解？”的追问，也只有 65.06% 的被测试教师选择“需要，努力去了解”。

教师绩效的提高不应该过分强调绩效评价的外在压力作用，好的绩效评价方案不应该仅仅产生外在压力，更应该激发教师的内在动力。“比方说我教学上的东西很喜欢，我就想把它做深了。但是你始终没有时间坐下来，总是疲于应付学校给你安排的各种各样的新任务。”（FT15）绩效评价方案仅仅把教师作为完成工作任务的工具去施加影响和约束，必然会忽视民意，不顾及教师的自身情况，绩效评价内容不合理，形式上的东西太多，教师不胜其烦，没有精力去主动研究工作，只是疲于应付。学校对教师的评价应该体现出一定的弹性，让教师拥有自主工作的空间，尊重教师育人的主导地位。给教师时间做自己喜欢的工作，保护教师教书育人的适度自主权。

（二）教师民主参与权方面存在的问题

1. 教师民主参与权落实不够，影响到教师对绩效评价合理性的认同

进一步分析 FT17 谈话中所提到的“我参与不参与没有多大的关系，反正咱的意见也不重要”，我们发现这种现象本身暴露了教师民主参与权利的落空。大家对目前的评价工作产生了不满情绪，但又没有民主诉求渠道，即使反映了也难以被采纳。民主参与权缺失，教师完全被置于被评价者的被动地位，其积极主动的工作意愿自然被打击，消极应付也就成了一种常态。通过建设民主的治理环境、民主的评价环境，让教师充分参与到评价方案的制订和执行过程，充分听取教师的意见建议，保障教师教书育人合理的自主权，这是学校必须实现的教师民主参与教师绩效评价过程的应有状态。

2. 教师参与绩效评价方案论证的实际状况是形式大于实质

学校目前在制度设计并非没有民主环节的相关规定，但是制度实施过程更多是流于形式，或者让教师感觉是在走形式。在绩效评价方案的前期论证过程中，教师的意见采纳率不高。比较量表问题 E1、E2、E3 的三组相关数据（表 4–9），多数教师证实学校对教师绩效评价民主参与权的制度设计是比较健全的。制度规定了教师民主意见征集环节，而且形式多样，但是参加座谈会的人选多由部门领导确定等做法导致有意见表达需求的教师不一定有参与机会，参与的教师的意见也没有被充分采纳。

表 4–9　教师民主参与量表部分题目 E1~E3 结果分析

量表题目	很不符合	不符合	比较符合	非常符合
E1. 教师教学质量综合评价、奖励性绩效工资分配、职称评聘等重要的制度实施前，学校相关职能部门或二级学院会面向教师采取不同形式（座谈会、职代会、公示等）征求意见	5.32%	5.82%	36.20%	14.94%
E2. 参加各类座谈会的教师人选主要由领导确定，我没有参加过	6.33%	15.70%	25.82%	13.16%
E3. 我感觉征集意见的各种安排主要是走形式，教师的意见基本没有被采纳	3.29%	8.61%	30.38%	23.54%

小组访谈中 FT21 谈起她有一次作为教师代表参加座谈时，因为提出一些方案的疑义，结果遭到主持会议领导的批评，“我当时就想，以后有这种会，我再也不去了，不参加了。即使参加了我也不说好，也不说不好”。FT24 前面基本没有说话，只是安静地听或不时地附和，FT21 一说完她立刻说道：“我们院系，就几个年龄大的老师还能发表点儿意见，其他人特别我们年轻人根本没有机会表达自己的想法。其实我们觉着什么制度啦、办法啦早就定了，只是走个过场，各二级学院应该都是这种情况。”由此可以看出学校的教师民主参与有其形而缺其实。教师的意见建议并没有很好地表达出来，更不要讲被有效采纳了。FT15 谈到学校奖励性绩效工资分配办法论证会：“我当时参与了二级学院论证会，没有用，你的意见和想法不会改变结果，学校已经给画好整体框架。下个月就要实施，不同意就没法发工资，大家赶紧通过，赶紧签字，你只能去同意。”

奖励性绩效工资分配办法的论证程序是由二级部门的职代会和学院的职代会两级论证，由职能部门汇总代表们的意见修改完善方案，最终由党委会研究决策。由于奖励性绩效发放涉及每位员工的切身利益，所以论证过程中有很多代表发表了意见，但是基于职能部门和教师两大不同岗位类型的员工都希望得到绩效分配的政策倾斜，同一岗位不同职级的人员之间也互不满意绩效分配规则。各方利益难以平衡，意见间互相矛盾，达不成共识，最后基本上还是维持了初始征求意见稿。

民主参与理论非常重要的一点就是通过提高民主参与的有效性，吸引更多的公民参与到民主活动中，发挥民主参与的进步作用。访谈过程中有 5 位教师认为自己的意见在这次事情中被忽视了，认为学校的民主制度是在作秀。从中需要思考的是，在民主集中的过程中如何通过有效的沟通，让参与意见的教师充分了解决策的原则、过程，让教师充分表达自己的意见建议，并对意见建议采纳与否及原因与教师做及时沟通，这样教师对形成的方案更容易产生同理心，理解民主基础上的集中，积累民主参与的经验，提高民主参与水平。

民主参与量表中题目“E6 我会向有关部门和领导反映教师绩效评价办法和执行中的问题”“E7 教师向学校有关部门和领导反映的教师绩效评价方面的问题能够得到回应”旨在了解学校教师民主参与主动性和学校领导对民主意见的重视程度，教师和领导可以很全面地反映学校民主参与的文化。从数据分析（表 4-10）可见，多数教师不会向有关部门和领导反映教师绩效评价办法和执行中的问题，而且多数教师认为有关部门和领导对反映的相关问题不会得到回应。学校的教师民主参与教师绩效评价，虽然有一定的基础，但实效还有待提高。

表 4-10　教师民主参与量表 E6、E7 结果比较分析

量表题目	很不符合	不符合	比较符合	非常符合
E6. 我会向有关部门和领导反映教师绩效评价办法和执行中的问题	7.85%	19.24%	19.49%	5.06%
E7. 教师向学校有关部门和领导反映的教师绩效评价方面的问题能够得到回应	11.14%	14.94%	19.24%	4.30%

（三）教师民主知情权方面存在的问题

1. 公示等信息公开政策执行情况参差不齐，教师的民主知情权没有得到完全落实

公开是公平公正的前提，涉及被评价者对自身及其他共同参评人员评价结果及评价结果使用情况的知情权。学校在教学、科研、管理和社会服务工作量统计，以及绩效工资发放、职称评聘、推优评先，甚至教师出国选拔等与评价相关工作的管理办法中，都规定了信息公开的程序要求，教师教学质量综合评价结果要求定向反馈给被评价教师本人。学校的评价信息公开理应在制度保障下得到落实，但是实际执行中，该环节还是存在不少问题。

绩效发放的政策作为绩效评价的重要奖罚措施，每月发放额度与依据应该是教师高度关注的，每位教师都应该清楚知道。但在民主知情权的量表测试中，对于“E13 我知道自己每月奖励性绩效工资发放额度的依据”“E14 我清楚院系机动部分的奖励性绩效的分配情况”两道与绩效工资发放相关的题目的选项显示，相当一部分教师对绩效工资发放情况不知情。其中题目 E13 有 11.14% 的被测试教师选择“很不符合”，14.94% 的选择“不符合”；题目 E14 有 14.43% 的被测试教师选择“很不符合”，20.25% 的选择“不符合”。而 E13、E14 选择“非常符合”的分别只有 6.33%、5.57%。绩效工资的奖罚激励作用发挥的情况可想而知。

对于教师绩效评价结果及使用情况公开与否的问题，形成了两大意见阵营：一说应该公开，作为学校的成员，学校管理范围内的信息不存在个人隐私，而且公开有利于强化评价文化，加强评价导向性和影响力，同时也可以让大家互相监督，考量评价的客观公允性。比较有代表性的观点认为：“只对个人公开没意义，对大家公开，才可以。你拿得少说明你工作没到位，你拿得多说明你工作做得好，少拿的多拿的原因都让他知道。现在都不知道拿得多为什么拿得多，拿得少为什么拿得少。都感觉拿得少了。”（FT15）一说不应该公开，评价的目的应该是帮助教师成长，

将信息反馈给当事人就可以了，应该顾及教师们的自尊心，不能让暂时落后的老师太没有面子，而且评价结果也不一定是客观的。访谈者认为信息公开可能会造成很多矛盾，影响学校和谐氛围。“我觉得评教结果也不适合太公开了吧，毕竟还有个面子问题。但是，你得有一个详细的解释。如果真是遇到什么问题的时候，比如老师觉着不公平的时候，你得告诉人家这个结果是怎么出来的。”（FT21）

百度对隐私权的解释是“自然人享有的私人生活安宁与私人信息秘密依法受到保护，不被他人非法侵扰、知悉、收集、利用和公开的一种人格权，而且权利主体对他人在何种程度上可以介入自己的私生活，对自己是否向他人公开隐私以及公开的范围和程度等具有决定权”。教师们对于评价结果及结果使用中涉及隐私的说法显然是不成立的。但从柔性的人性化管理角度，尤其是面对高职教师知识分子群体来讲，我们必须考虑他们的感受，保护到大家的自尊心，给教师一个相对自由的工作环境。所以哪些信息公开，在什么范围内公开，以什么形式公开，需要与教师充分交流。

应该将以彰显公平，体现制度公平性、严肃性的奖罚性评价列为公开事项，在监督下阳光透明地运行；而不涉及他人，重点在针对个人的专业发展现状，通过反馈性指导帮助教师成长的发展性评价则完全可以照顾教师的自尊心，对其存在的问题进行点对点的分析交流，而不需要广而告之。对于绩效评价中发现的优秀典型，可以积极示范推广；而对于一些共性的问题，可以反馈给相关部门，从组织的角度通过培训等形式，帮助教师改进提高。

2. 教师绩效评价结果缺乏有效反馈，教师知情权落实不到位

教师绩效评价的反馈是教师获知评价结果的重要渠道，也是评价能够起到帮助教师发现问题、改进问题的重要手段。

量表相关题目的统计结果显示，学校目前教师绩效评价工作涉及的反馈环节，教学质量综合评价中学生评教反馈最及时，其次是督导评教结果反馈。教学院长、教研室主任等的评教反馈最不及时。有 31.39% 的被测试教师“不清楚什么原因影响了自己教学质量综合评价等级结果。（E11）”缺少详细有效的反馈是影响教师绩效评价合理性的重要原因。

结合访谈与问卷调查情况，综合分析学校目前教师绩效评价结果反馈的情况是不理想的，多数教师不了解自己的绩效评价结果和具体情况，教师所得到的评价反馈信息是低效或无效的。教师对于学校绩效评价制度的了解程度总体偏低，对绩效评价的关注度总体偏低，需要加强制度执行宣传力度和透明度，落实教师的知情权。

（四）教师民主申诉权方面存在的问题

民主申诉权是教师民主权利的重要组成部分，是教师对评价结果合理性的申辩权。正如前面在评价方法中所分析的，访谈中教师们认为学校目前的申诉程序是缺失的，申诉路径和相关要求不清晰，教师难以实现自己的申诉权利，同时学校还存在着对申诉不以为然的风气，尤其是在领导的意识中。量表统计结果显示教师的申诉权是教师民主参与权利中问题最突出的，意见比较集中的问题如表 4–11 所示。教师对教师评价结果不满缺乏有效的申诉渠道，对评价存在的问题也没有规范化的、制度化的反映程序，对提出的意见被采纳与否也缺少获知渠道。

表 4–11　教师民主参与量表部分题目 E16–E21 结果分析

量表题目	很不符合	不符合	比较符合	非常符合
E16. 目前教师对自己认为不公平的评价结果有明确的申诉渠道	14.68%	18.48%	15.95%	4.81%
E17. 教师的申诉能够得到及时回应	12.91%	22.03%	17.47%	2.53%
E18. 教师绩效评价结果公示后，就无法更改了	6.08%	13.16%	23.29%	8.10%
E19. 教师行使申诉权会惹所在院系领导不高兴	4.56%	8.35%	26.08%	13.67%
E20. 学校领导非常重视教师反映的关于教师绩效评价的问题	10.13%	9.62%	26.58%	3.80%
E21. 教师只有实名申诉才会被学校相关环节受理	4.56%	8.35%	27.09%	14.43%

第五章

教师绩效评价改进措施

在对学校教师绩效评价存在的问题以及影响问题的相关因素分析探究的基础上。在评价理论、激励理论和民主参与理论等相关理论指导下，以本研究验证的各项假设为直接依据，确立提高教师的民主参与程度是改进教师绩效评价的根本性措施。针对教师绩效评价自身以及相关因素存在的问题，对其改进措施及操作路径进一步分析研究，旨在完成本研究的第三个问题：提出高职教师绩效评价改进策略与改进措施。

合理的教师绩效评价必须充分了解被评价对象的客观情况。我国高职教师绩效评价区别于其他普通高等院校的教师绩效评价有其特殊性。对此，应该有清晰的认识，并体现在教师绩效评价改进过程中。高职教师工作绩效的特殊性，主要受高职院校人才培养定位及培养路径的特殊性和学生的特殊性影响。

高职院校人才培养定位及培养路径的特殊性。“促进就业，服务发展”是高职院校的育人定位，其中“服务发展”强调的是服务于产业的发展和学生成长成才的全面发展。高职院校的突出特点是高等教育与职业教育的深度融合，兼有教育属性与职业属性，体现在人才培养目标上强调学生“德技双馨”，具备职业道德、职业素养、技术技能水平、就业竞争力和创业能力。素质教育方面，引导学生树立正确的职业观、社会观、中国观和世界观，具有良好的公民素养、职业素养和人文素养。专业培养方面，要体现职业态度、知识和技能。教育部对职业教育人才培养模式改革提出了“五个对接”的基本要求，即“专业与产业、职业岗位对接，专业课程内容与职业标准对接，教学过程与生产过程对接，学历证书与职业资格证书对接，职业教育与终身学习对接。”“‘五个对接’是对职业教育实践经验的高度总结，是职业院校提高人才培养质量的重要策略，也是对职业教育实践的明确要求。”（邢广陆，2017）在共同育人的背景下，学生个体的成长发展很难仅仅与某一位教师的工作关联。学校全体教职员工、全过程、全方位地共同培养学生的“三全育人”模式，是实现人才培养目标的经验做法。学校应当遵循学生全面发展的理念，围绕素质教育与专业教育相结合的育人目标，整合教育资源。

学生的特殊性。现阶段高职学生多数是高考被本科院校淘汰，被动进入高职院校学习的，他们的自信心、自律能力、学习习惯养成和学习能力相对较弱，理论基础参差不齐。传统的教育模式无法适应这些学生。教师必须针对这些学生的特点，面向毕业后他们生存发展的需要，在岗位、职业等社会角色需求，个人成长需求和他们自身基础条件之间，为学生确立培养目标和路径。教师的工作行为和结果要体现在学生的成长变化。

上述特殊性最终体现在高职教师工作的特殊性。关于教师工作特殊性方面，有学者总结了高校教师劳动的职业特点，包括高校教师劳动具有“教书育人”的社会功能和责任；高校教师劳动具有复杂创新的脑力劳动特点；高校教师需要较长的知识积累时间（丹尼尔森等，2005），根据贝克尔和墨菲（1992）的相关理论，完成某一任务所需要的时间包括执行这一任务所需要的时间和积累完成任务所需要的时间，即：T（task）=T（work）+T（knowledge）（杨燕绥，2004），高校教师知识储备需要长期的积累，调试、整合，建构出自己的知识体系；高校教师劳动成果具有滞后性、迟效性的特点（李冲等，2007）；高校教师工作包括教学、科研、管理和社会服务等多方面的内容，工作具有综合性的特点；教师对学生学习态度和人格素质的影响具有“隐性”特征。高职教师作为高校教师的一种类型，同样也具有这些特点，但是高职教师自身工作的特殊性，决定其绩效评价需要区别于普通高校教师。高职教师必须兼备专业知识、专业技术技能和教学技术手段，双师素质是对高职专业教师的特别要求；高职教师与学生共同面临着日新月异的产业发展、技术升级、知识更新的外部环境，高职教师的工作必须保持着与产业、行业的密切联系；高职教师在保持知识持续更新的同时，还必须保持技术技能持续更新。总之，高职教师的专业素质需要综合发展、动态发展。合理的教师的绩效评价必须体现对教师发展专业素质的要求和激励，体现高职教师工作的特殊性。

评价之所以成为重要的管理工具，主要源于其具备导向和规范作用，具体体现在设置的评价指标及标准。学校的组织目标和教师个人目标最集中的结合点就是对学生的培养，“成为好老师，培养出好学生”是学校和教师共同的愿望。所以教师绩效评价应该按照“以学生为中心”“以成果为导向”“持续改进”的原则，指导教师从培养学生达成其符合个人成长和职业需求目标的育人需求出发，反向构建绩效目标。

评价的价值体现在突出服务迫切需要的功能性。随着社会日新月异的产业发展和我国“一带一路”国际发展倡议的深入开展，国家对高素质的技术技能型人才有迫切需求，提高人才培养质量是高职院校的最核心的任务。育人团队的每一位教师都应该理解并熟悉学校人才培养目标和专业人才培养方案，积极主动地开展“课改”，提高学生的学习效果，借助信息化教学手段丰富教学资源，从教学理念、教学内容到教学实施进行全方面改革，以期将学生培养成合格的职业人，适应未来社会和岗位需求的心智健全、有生计能力、全面发展的社会公民。当下，教师的职业道德、专业化水平、信息化水平、理论与实践兼备的“双师”素质、课程开发能力以及国际交流合作能力都有不同程度的欠缺，迫切需要发展提高。

第一节　教师绩效评价内容方面的改进措施

目前理论界对绩效内涵的研究，如文献综述中所提到的，包括行为观、结果观、素质观以及行为与结果相结合的几种观点。能够观测与评判是实施评价的前置原则，本研究认同 Brumbrach（1998）的行为和结果的观点。美国著名心理学家麦克利兰提出的素质“冰山”模型所揭示的基本知识、基本技能，是人外在的表现，是容易了解与测量的部分，而深藏的“冰山”以下部分，包括社会角色、自我形象、特质和动机，是内在的、难以测量的，但却对人员的行为与表现起着关键性的作用。也就是说绩效评价将教师的行为和结果作为评价内容，是从其客观公正、可操作性考虑而做的现实选择，但评价内容并不是追求的终极目标，评价内容是达成评价目标和效果的重要手段和途径。能够助推组织实现战略发展目标和提升教师专业素质的评价才是合理有效的。本文将教师的素质发展目标转化为教师素质目标行动计划，通过行动和结果的具体化实现了对素质目标的观测与评判。以下是针对教师绩效评价内容各维度现存的问题提出的具体改进措施。

一、教师绩效评价具体内容存在问题的改进措施

（一）构建学校绩效评价体系，是解决教师绩效评价内容大而全、没有突出教学核心地位问题的重要措施

将教学、科研、管理和社会服务作为教师绩效评价内容是高职院校实现办学职能、保证人才培养质量的重要措施。顶层设计构建教师绩效评价指标体系是有效应

对全面综合的工作和学校重点工作之间，教师全面发展需要和个人有限的精力之间，统一的评价标准和教师专业发展阶段及能力差异之间，等等现实矛盾的重要措施。

针对目前绩效考核内容对教师教学的核心地位突出不够的问题，在指标体系中应当增加教学的权重，突出教学质量和人才培养质量在绩效评价内容中的重要性；同时加大学生评教在教师教学质量综合评价中的权重，充分尊重和体现学生的学习感受，把学生的学习效果作为对教师绩效评价的关键因素。

（二）将师德评价作为独立的评价项目，明确师德评价指标，严肃师德评价结果的使用

高职教师师德评价是当前高校管理中的一个难题，大多高职院校在评价内容中反映出对教师绩效评价重业务轻师德。对于教育工作者来说为人师表是基本要求，教师的职业道德、品质修养是一所院校的灵魂所在，也对青年学生的人生观、价值观形成有着重要影响，所以教师的师德建设和评价至关重要。一般来说，大多数教师的师德是符合基本要求的，比如爱岗敬业、治学严谨、开拓进取、担当责任、团结协作等，但是也有个别教师发生教学事故，有学术不端等不道德行为，对院校形象造成一定损失和不良影响，必须给予严肃处理。

针对目前教师绩效评价对师德评价重视度不够、师德评价内容不够清晰、缺少明确指标等问题，依据教育部《关于建立健全高校师德建设长效机制的意见》（教师〔2014〕10 号）编制学校教师师德评价负面清单，对教师师德进行独立评价，对负面清单上注明的重点项目实行一票否决制，严肃师德评价结果的使用。

（三）建立具有高职特色的科研绩效评价相关指标，引导教师开展教研和应用技术类科研

针对过分强调科研，尤其是盲目效仿研究类普通高校过分强调理论研究、核心期刊发表论文等教师科研绩效评价的问题，学校教师绩效评价内容中应该强调以高等职业教育教学研究，应用技术专利开发、转化，技术改造项目研发为主的论文、课题、发明创造、技术创新，强调高职教师科研工作的实用性。

打通科研和社会服务工作量，鼓励教师开展校企合作形式的横向课题。与高职人才培养密切相关的科研活动，对教师的教学能力提高会发挥积极的促进作用。如苏联著名教育家苏霍姆林斯基所言："如果你想让教师的劳动能够给教师一些乐趣，使天天上课不至于变成一种乏味的义务，那你就应当引导每一位教师走上从事研究的这条幸福的道路上来。"适度的科研工作会丰富教师的工作生活，让教师的教学工作在理论与实践相结合的过程中更有意义、有厚度。

一直以来，高校教师从聘用到日常评价都是强调教师的科研能力，教学与科研往往被作为对立的两类工作。高职教育是综合职业性与高等教育性的教育类型，其高等教育的属性必然要对教师的研究能力提出必要的要求，但要区别于普通综合类高等院校对教师科研理论能力的重视，高职教师的科研能力应该更侧重教师应用技术类的研究开发能力。服务于应用技术类人才培养目标的需要。

（四）科学设计体现教师关爱学生的评价指标，避免流于形式，挤占教师有限精力

教书更要育人。为了引导教师全面关爱学生，学校目前要求教师不仅要在课堂内授课，还要担负课堂外对学生的关爱工作，比如进学生宿舍检查卫生、了解学生生活、辅导学生社团活动、指导学生大赛、资助困难学生、为学习困难学生进行补习等。虽然目前没有硬性的奖罚规定，但是访谈中多有教师谈起，并且很不以之为然。尤其对于专任教师进宿舍，问卷中反对的意见非常集中。多位教师谈到个人精力毕竟是有限的，无法应对所要完成的多头绪工作。

评价制度应该首先保障专任教师立足岗位分工，充分发挥教师专业教学的优势，高质量完成教学任务。与课堂教学直接相关的大赛和专业性社团的辅导工作应该纳入到教学工作管理，而进宿舍检查卫生等宿舍管理人员职责内的工作，专任教师没有必要参与。

“亲其师，信其道”，专任教师对学生的关爱应该融入对学生的言传身教中，发挥课堂主渠道作用。一方面引导教师以学生为中心，加强与学生的交流互动，关注学生的学习效果，唤醒学生的学习主体意识，帮助学生成才；另一方面，学校要唤起教师对学生发自内心地关爱学生，营造教师关爱学生的氛围和平台，增加师生交流的机会，增强师生情感。这种对学生的爱会体现在教师与学生相处的点点滴滴，对学生的影响不仅限于对课程知识、技能的学习，而是全面的教育影响。对于片面追求形式、机会不均等、模糊岗位边界、没有效果的评价内容应该尽量避免。

（五）通过制度建设，保障教师获得均等参与工作的机会，保障评价的公平性

针对教师参与企业研修、管理和社会服务等工作机会不均等的问题，学校应该对教学、企业研修、科研、管理和社会服务工作实际情况和评价要求做全面、综合、系统的分析，在时间、空间、人员、工作量、薪酬分配上进行统筹布局，做好制度设计与安排，予以制度保障。

学校应该将企业研修和社会实践作为教师的权利和义务。企业研修、管理和社会服务是专任教师提升专业技能水平、丰富实践经验、获取教学素材、了解企业用人需求、提升教学水平的重要途径，也是最具有高等职业院校特色的工作内容和评价内容。除了年内即将退休的教师，以及本身从企业调入、具备丰富的企业实践经验和较高的技能水平的教师，原则上离开企业五年内不需要强行安排企业实践，其他的专任教师必须定期到企业研修。企业研修的频率要从专业领域的发展速度，院系专业教师供需情况，院系教师的年龄、职称和技能水平结构等综合考虑，院系要统筹安排，公平提供企业研修和社会实践机会，为教师得到有效的研修机会提供保障。学校与企业应该以协议的形式明确企业研修的岗位要求、研修期间的工作任务、研修成果，将任务的完成情况和研修成果作为考核评价内容。不宜对因为参与机会不平等而没有完成的相关评价结果进行处罚，宜通过加分等激励措施鼓励教师克服困难、创造机会完成相关工作。

《国务院关于加快发展现代职业教育的决定》对建设“双师”型教师队伍提出了明确要求：“加强校长培训，实行五年一周期的教师全员培训制度；落实教师企业实践制度；政府要支持学校按照有关规定自主聘请兼职教师。”2016年11月，教育部、财政部联合印发《关于实施职业院校教师素质提高计划（2017—2020年）的意见》（以下简称《计划》），全面安排和部署今后一个时期职业院校教师培训工作，进一步完善基地体系建设，充分发挥国家级、省级职教师资培养培训基地和示范学校的引领作用，加强“双师”型教师培养培训基地和企业实践基地建设，深化区域、校企、校际合作，吸引行业企业深度参与，组建专业化培训专家团队，建成一批教师教育优势特色专业和优质课程资源，构建国家级、省级、市级、校级校企共建的教师专业发展支持服务体系。国家政策层面的推进为教师的“双师”素质提升实施途径提供了政策保障，可以有效地解决企业积极性不够、研修资源缺乏等问题，期待教师的企业研修效果得到彻底改善。

二、教师绩效评价标准存在问题的改进措施

（一）实事求是、民主科学地论证教师绩效评价标准

教师绩效评价能否发挥预期作用，关键取决于评价标准确定得是否合理。合理的评价指标一定要符合客观实际，一要努力，二能达到。需要进行充分的民意调查、科学论证。

教学、科研、管理和社会服务工作量的规定，以及对应不同职称岗位的工作量没有应有的差别，教师们对此意见非常大，认为很不合理。学校相关部门应该广开言路，以听证会、邮件、信函、网上问卷等多渠道、多形式充分听取教师意见。科学论证确定不同职级人员的职责和对应工作要求、评价标准。研究论证教学、科研、管理和社

会服务等不同类型工作的约当值，实现不同清单的评价内容的总体绩效结果的横向可比，使教师分类评价和认领自主性评价任务的办法更具科学性和操作性。

（二）教师绩效评价的指标应该符合关键绩效指标法和目标管理学的SMART原则，加强评价导向性

学校目前的教师绩效评价指标杂乱，指标表述模糊，标准不被教师信服；部分指标过于主观，难以衡量。这些问题都不同程度地影响到教师绩效评价内容的合理性。

关键绩效指标法是以组织年度目标为依据，通过对员工工作绩效特征的分析，据此确定反映组织、部门和员工个人一定期限内综合业绩的关键性量化指标，并以此为基础进行绩效考核（张惠添等，2007）。学校教师的绩效考核层面丰富，内容综合，如果教师绩效考核指标不区别于教师日常工作的工作任务和要求，状态数据与结果测量不加区分，事无巨细，必然会存在大量的指标不便于教师去理解和执行，也难以从战略层面统一教职员工思想认识，推进实现组织的发展目标。因此，高职教师的绩效评价内容一定要突出学校和个人发展的目标成果、达成这些成果所需要付出的关键行为以及需要解决的关键问题，以成果和问题为导向，反向设计学校战略目标实现的条件和路径，并通过分析找准关键任务，并将其转化为评价内容，进而促进完成任务、达成战略目标。关键指标区别于面面俱到、不分主次的众多的指标，易于让被评价者了解记忆，并产生强化效果，以引起被评价者的重视，从而更好地实现导向作用。

管理学大师彼得·德鲁克（1954）提出目标的制定需要遵循SMART原则，即：绩效指标必须是具体的，切中特定的（Specific）工作指标，不能笼统；绩效指标必须是可以衡量的，是数量化或者行为化的，验证这些绩效指标的数据或者信息是可以获得的（Measurable）；绩效指标必须是可以达到的（Attainable），在付出努力的情况下可以实现，避免设立过高或过低的目标；绩效指标是实实在在的（Realistic），可以证明和观察；绩效指标目标值必须设有明确的完成截止期限（Time-bound）。

符合SMART原则的关键性的教师绩效评价指标能够加强评价的导向性。学校包括督导和学生在内的教学质量评价，缺少有效的标准细则。不同评价主体，对教师的课堂教学评价的相关指标大多以主观感受为主，基本没有体现行动观察法。应该对教师课堂教学行为规定明确的行为标准，通过对教学行为的引导，提高教学效果。教师的岗位职责、行为规范等重要的行为应该借助于行为评价，加强行为导向管理，提高教师工作绩效。

（三）关注生成性工作成果，评价佐证材料应该具有权威性、客观性、可操作性

评价结果的可验证性是评价合理性的重要体现。教师绩效评价需要支撑材料来证明评价内容的真实性、准确性。材料的权威性、客观性直接影响着评价结果的客观性、权威性，材料的可获得性问题直接影响着评价的可操作性。访谈中，很多教师谈到进宿舍、辅导学生社团、企业研修、社会服务等工作的证明材料不易获取，很多教师干脆找熟人开个证明。真正参与的一些事情，反而不一定取得过程记录或证明。

尽量减少支撑材料真假难辨、过程不易掌控、材料不易取得的评价内容，力求简化证明过程，突出工作实效，体现评价效果。特别重要、需纳入评价的内容则通过满意度、任务达成度等结果性指标实施评价。比如教师企业研修，应该对参加研修的教师制定研修任务清单，最后对照任务清单落实任务的完成情况。学校与研修企业共同对教师研修任务清单进行确定和实施评价，将会更有效地提高研修和评价效果。

评价指标应该更加关注结果性、生成性的指标，弱化过程状态指标。在对教师的绩效评价内容中，应该以结果性成果指标为主，但是也应该将对重要结果有直接重大影响的行为纳入评价内容，从而前置性、有计划地通过引导有效行为达成有效成果。学校应借助信息化技术，通过信息化的网络平台、评价软件对评价内容所涉及的数据资料等进行源头采集，通过系统设置程序自动生成相应指标，减少人为统计、加工，保证指标真实性，减少评价工作量，避免数据的多次、重复采集。

三、多策并举提高教师企业研修和社会服务的实效，切实提高教师技术技能水平

企业研修和社会服务对高职教师非常重要，是高职教师绩效区别于普通研究型本科院校教师绩效的特色项目。高职院校应该加大对社会的服务功能，在服务地方经济、文化发展的过程中，锻炼教师和学生队伍，密切学校和社会的关系，提升办学水平。将教师企业研修作为评价内容，引导激励教师们参与该项工作的思路是正确的，但是学校目前没有给教师企业研修提供公平的机会和有效的支持条件。学校应该给教师搭建平台，配套政策，鼓励教师积极认真地参与企业研修和社会服务，将其作为发展性指标予以引导。一味强调奖罚不仅解决不了教师研修实效问题，起不到激励作用，还导致教师弄虚作假。

（一）提高教师企业研修实效，调动教师的积极性

教师们对企业研修还是给予期待的。“教师的企业实践是太重要了，我们培养出来的学生最后是要进企业的，进企业的话作为老师你就要知道企业需要什么东西，它每年的变化是什么东西。”（FT18）“高职教师肯定是要企业实践的，关键是怎

么把企业实践变成教师的内在需求，不是为了应付任务。比如我这个学期很乐意去企业实践，因为我这个学期要进行科研课题，我要编我的教材，就必须和企业合作，就很乐意去企业实践。”（FT02）有实效的企业研修是教师专业提升所需要的，要想实现企业研修的良性运行，就必须先从保证研修的实效着手。

（二）公平的研修机会是采用奖罚性评价手段加强教师企业研修力度的前提

为教师企业研修创造机会和政策条件，让教师得到平等的企业研修机会，是对企业研修实施奖罚性评价的前提。针对教师面临找不到研修企业、研修岗位专业不对口、课程安排紧张走不开等实际问题，学校需要积极拓展研修基地，做好制度顶层设计。一方面积极联系合作企业，建立教师企业研修基地；另一方面积极地引企入校，盘活校内研修资源，让教师在学校也有“企业研修”机会。

学校应该发挥组织的力量，官方出面联系合作企业。与企业商定以研修团队的形式，形成相对稳定的研修岗位，企业和学校教师共同组成项目团队。形成校企共同策划、共同实施、共同考核评价的研修方案。岗位固定、人员流动、制度清晰是探索解决当下教师企业研修难有实效的积极方案。

企业研修的工作量要适中，符合企业研修项目的时间需求，在学校安排课程的承受能力内。“企业研修确实需要，但是规定研修时间不要太长，因为平时课多，假期也要适当休息、缓冲，也有工作。”（FT10）政策上对教师研修期间院内的基本绩效工资予以保障，鼓励教师通过自己的专业能力得到企业的报酬。

（三）务求实效，教师根据技能水平多形式参与企业研修实践

根据教师的研修需求，从实际出发，形式多样地达成企业研修的目的。企业研修的目的是增加教师的实践经验，提高教师技能水平。对于有丰富的企业工作经历、实践技能水平已经很高的教师，在企业研修的评价方面应该区别技能水平比较低的教师。技能水平高的教师在学校负责实训课程之外，可以担任其他教师的实训导师，在教学过程中自己得到提高，对愿意并有条件到企业继续研修的教师，可以鼓励他们发挥专家作用，加强与企业横向课题研究，不对其进行强制性的企业研修工作量评价。

四、构建高职教师绩效评价内容指标体系

蔡永红等（2001）认为：“高校教师绩效评价体系的构建具有重大的意义，客观上要求绩效评价体系必须依赖于它所评价对象的行为需求趋向，并随着组织内外部环境变化不断进行调整。”结合访谈中多数教师谈到的学校应该建立一套定量定性指标相结合的、突出重点的教师绩效评价指标体系的建议，在问卷中设计了专门

问题："X16 您是否认同学校建立一套教师绩效评价指标体系，根据评价项目选取其中部分指标，用于推优评先、年度评价、职称评聘等相关评价，以突出评价的导向作用，避免重复评价，提高评价效率？"被测试教师中比较认同的占 44.30%，认同的占 21.27%，非常认同的占 8.60%。可见大多数教师还是认同学校建立一套相对完整的教师绩效评价指标体系。部门绩效和个人绩效的顶层协同构建，可以为促进部门间的统一目标、协同互助、资源有效整合发挥积极作用。

黎荷芳（2015）认为："绩效是一个价值命题，教师绩效评价指标体系反映了学校对绩效的价值选择。就高职教育而言，教师绩效评价指标体系应反映高职教育的功能使命，反映学校的办学理念、办学定位、价值追求和办学传统。但是，有些高职院校绩效评价指标体系的价值取向模糊，没有将绩效评价与学校的办学定位、面临的主要矛盾和问题、办学传统等有机结合，既不能反映高职教育的功能使命，也没能体现学校的办学定位、理念和传统，不能清晰地反映办学者的价值取向。"本研究扎根于样本学校，结合学校的实际情况构建教师绩效评价指标体系。充分体现高职院校以及高职院校的教师绩效评价特殊性，力求举一反三，体现高职院校和高职教师绩效评价共同的价值诉求，对其他同类高职院校的教师绩效评价指标体系的构建具有参考价值。

大量的访谈和问卷数据资料显示，教师的绩效处在一个三角框架内，对应的三个角分别为学校及各战略单元的战略发展目标与任务、学校及各战略单元给予教师的业务支持、教师自身的专业素质（图 5-1）。这三个要素互为前提和保障，共同构成了教师绩效的支撑要素。本研究所构建的教师绩效评价指标体系嵌入在该三角框架内。

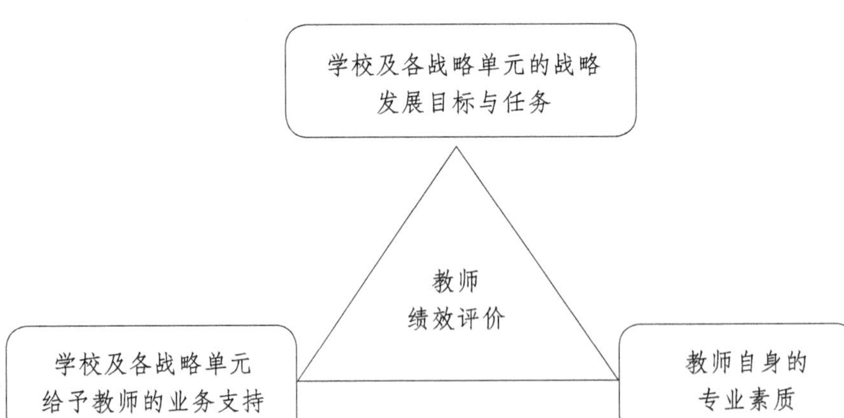

图 5-1　高职教师绩效评价三角示意图

如图 5–1 所示，教师绩效评价内容需要重点考虑以下三方面：一是学校及各战略单元的战略发展目标与进一步分解到专任教师的任务；二是基于教师自身专业素质发展需要，教师自行选择需要完成的目标和任务；三是完成评价内容涉及的任务所应该具备的客观条件，教师能够得到学校及各战略单元给予教师的业务支持。

组织协同的教师绩效评价内容是按照分层分类的方法进行构建。职称评聘条件充分体现学校的岗位工作需要，学校的职称等级与岗位分工建立对应关系，统筹兼顾，点面结合。

第一层面充分体现岗位职责，并根据教师的岗位职责提出评价内容的指标和标准的底线要求。将企业研修作为独立的评价项目，突出其重要性和改进提高的迫切性。

第二层面充分体现教师的多元智能差异，教师根据自身专业特点与学校协商确定自己的评价类型，在教学管理为主、教学为主、科研为主、服务类工作为主等类型中做出选择。该层次评价内容的指标和标准一方面在第一层面岗位职责基础上，结合个人细化的评价类型进行评价内容指标和标准的设置；另一方面要与学校和校内战略业务单元的战略目标和任务充分对接，教师个人基于自身专业素质和能力的优势，主动牵头或参与学校和部门的重要的工作任务。

第三层面充分体现教师个人的专业成长需求。前两个层面强调教师作为工作执行者的身份，重在对组织和部门（团队）工作绩效的分解落实；第三层面重在体现教师的主体地位和对自我专业发展的需要，旨在提高教师的组织承诺水平。将如何胜任工作绩效而需要完成的个人成长行动计划作为绩效目标。建立教师专业发展档案，制定专业发展行动计划，并有评价小组或导师，可以有效引导帮助教师实现动态增值成长。将教师为提升自身专业素养而确定的个人发展目标和具体任务纳入教师绩效评价范围，实施柔性的发展性评价，体现学校对教师的人本关怀。

第四层面则对一些特殊点进行特殊处理，比如学校重点培养的教学能手、名师等特殊时期有特殊评价要求的教师，刚入职或刚调入的教师，马上要退休的教师，年老体弱的教师，以及其他本人申请有特殊情况需要特殊考虑的个别特殊性问题。

借助问卷对教师选择专任教师的类型进行了解，选择科研为主型和社会服务为主型被测试教师分别只有 39 位、36 位，均未超过 10%。但这近 20% 的选择不同类型的教师，证明了教师有分类发展和分类评价的客观需要。总体分析（表 5–1）男教师比女教师选择这两项的比例偏高；从年龄分布看，选择科研型的教师年轻或年老两头居多，选择社会服务型的教师则偏年轻；职称分布与年龄分布基本一致；评教结果分布各评价等级对这两个类型的教师都有选择；科研能力分布则呈现选择科研型的教师科研能力明显偏强，也有科研能力弱的教师选择科研型。目前的科研绩效评价是否能够充分体现教师的科研水平，所谓科研能力弱的教师是否其自身具备科研能力和热情，但目前实现科研绩效的条件受限制，这些情况都会影响对“科研能力弱”的教师的真实的科研能力判断。

表 5-1　科研为主型、社会服务型教师个人背景分析表

个人背景		科研为主型		社会服务型	
		频　数	百分比	频　数	百分比
性　别	男　性	14	10.29%	17	12.50%
	女　性	25	9.73%	19	7.39%
年　龄	23~35 岁	11	14.10%	8	10.26%
	36~45 岁	16	8.04%	24	12.06%
	46~55 岁	10	9.71%	3	2.91%
	55 岁以上	2	15.38%	1	7.69%
职　称	无	2	12.50%	2	12.50%
	初　级	7	10.00%	9	12.86%
	中　级	11	6.21%	17	9.60%
	副　高	16	14.41%	8	7.21%
	正　高	3	15.79%	0	0.00%
评教结果	优　秀	14	7.87%	11	6.18%
	良　好	14	12.73%	10	9.09%
	合　格	3	6.67%	10	22.22%
	不清楚	8	14.29%	5	8.93%
科研能力	非常弱	5	7.58%	2	3.03%
	比较弱	3	9.38%	5	15.63%
	一　般	11	7.59%	15	10.34%
	比较强	14	11.57%	11	9.09%
	非常强	6	20.69%	3	10.34%

注：表中百分比指选项对应的频数占该频数对应背景类型总教师人数的比例

对应被测试教师选择的类型，就相应类型的教学、科研、管理和社会服务应该在考核中所占权重区别确定。本指标体系的权重以教学为主型为例进行设计，评价内容中项目的权重设置充分尊重 393 位教师的选项统计结果。落实教师的民主参与

权可以帮助学校充分发挥教师专业特长，形成和谐互补的教学团队。

教师绩效评价内容体现了学校的发展和管理理念，树立以“人人皆可成才”为人才培养目标的成果导向，以解决现存重点难点问题为问题导向，在评价内容和指标中融入以学生为中心、关注教师发展的人本情怀。前瞻性地考虑在未来发展中教师工作和专业素质将会面临的要求与挑战，将其转化为相应的评价内容的指标。评价内容兼顾学校发展需要、教师个体的专业化发展需要以及教师的特殊情况，借助必选和自选的办法，形成教师绩效评价指标体系框架下的每一位教师的绩效评价内容清单。

必选项区分教学管理型、教学为主型、科研为主型、社会服务型等专任教师的评价类别。每一类型的教师在教学、科研、企业实践、管理和社会服务方面的工作任务有所区别。学校教师绩效评价指标体系每个维度对应评价内容规定了最低工作量标准，在此基础上，被评价教师结合自身专业特长，认领相关工作任务，作为绩效评价内容。

教师绩效评价内容兼顾工作数量与工作质量。各维度数量和质量所占权重的数量，已经学校组织的专题会论证，得到相关职能部门和二级院系负责人及教师代表的认同，并与各位校级领导沟通，得到认同。工作量由教师本人在规定时间内按要求录入评价系统，系统计算生成相应的评价指标；工作质量则通过校内外的利益相关者和外聘专家按照评价标准进行评价。

2015~2016年，国家、省、市相继出台《教育部关于深化高校教师考核评价制度改革指导意见的通知》（教师〔2016〕7号）等多项文件和政策，对职业院校教师素质提升、考核评价制度改革、职称制度改革、专业技术人员创新创业等提出发展目标和方向，既对高职院校师资队伍建设提出了新的要求，也提供了有力的政策支持。学院以师德为先、教学为要、科研为基、发展为本为基本要求，坚持德才兼备，注重凭能力、实绩和贡献评价教师，分别制定教学、科研和社会服务的考核评价指标体系，体现不同评价内容和考核重点。

综合考虑高职院校的办学功能和学校目前薄弱的绩效环节，本研究将教师绩效评价内容界定为教师业务绩效、师德、教师专业素质发展行动计划三部分，其中教师业务绩效又进一步分为教学、科研、企业研修、管理和社会服务、创新和持续学习等内容。

（一）教师业务绩效评价内容

教师业务绩效评价主要包括教学、教科研、企业研修、管理和社会服务、学校明确规定的教师学习任务等内容（表 5–2）。

表 5–2 教师业务绩效评价表

一级	二级	三级	评价观测点	指标归类（不同类型、不同职称专任教师的评价内容）必选项	自选项
教学	工作态度	关爱学生	帮扶学生；关心学生的思想和生活；义务辅导学生		
		行为规范	无迟到、早退、随意调课；无不良言论；无着装不雅；课前 5~10 钟到教室检查教学设备做好准备工作		
		协同互助	有团队协作意识和行动；工作积极主动；按时认真参加院系教研活动，集体备课		
	教学工作量	基本工作量	担任的课程数量、课时数量、授课班级数量。备课教案、作业布置与批改、考试与监考、阅卷、试卷分析、课程反思；听评议课。		
		鼓励工作量	限额内的超课时工作量资格证考试辅导；专升本辅导；指导专业型社团；指导学生创业等其他辅导学生的工作；积极开拓新的专业领域；开发和担任新课程；承担学校公开课（共享课）；申报专业建设项目；牵头或参与人才培养方案制定；课程标准制定；课程建设；实训条件建设；承担课改任务		
	教学质量	学生评教满意度	课程内容丰富生动；理论联系实际；深入浅出；多媒体等教学手段丰富；课程资源丰富有时代感；学生能够感受到老师的关注；学生得到鼓励启发；及时有效答疑；学生有收获		

（续表）

教学（%）	教学质量	教学院长、教研室主任、督导、同行以及其他校内外专家评教满意度	课程标准、教案等工作质量；熟悉人才培养方案；课程目标合理性；课程内容与人才培养方案的支撑度；课程内容的前沿性；课堂信息量适中；理论联系实际；与学生的互动交流；学生的参与程度；教学技能水平；教学知识储备；教学基本功扎实（普通话、板书、课件制作）；课堂应变能力；课堂组织能力；课堂时间管理；学习的有效性		
		获奖情况	各级正规大赛奖项情况		
		学生学业情况	指导学生获奖情况；学生课程学习成果达成情况		
		教师的教学反思与改进情况	学生的学习效果；课程目标达成情况；教学文件完成情况；课程实施情况；自查及反馈问题理解及改进目标、计划、成效		
科研教研	教科研工作量	理论及应用技术研究	与教学、专业相关的论文、课题、著作、教材数量与企业的横向课题、专利等数量		
		指导学生科研活动	课外指导学生个人或科研型社团创新、研究		
	教科研工作质量	论文等的质量	论文引用、著作和教材使用及再版情况		
		研究成果转化	研究理论成果和专利等技术成果在实践中的转化应用（等级、范围）		
		研究成果获奖	成果获奖（等级），包括教师指导学生获奖情况		
企业研修	企业研修	企业研修工作量	企业实践和研修工作耗用时间和完成任务		

（续表）

企业研修	企业研修	企业研修工作质量	研修计划完成情况；岗位胜任情况；形成的项目和案例等教学资源应用情况；解决的企业管理或技术难题；其他企业研修中的重要收获		
管理和社会服务	服务学生	学生管理服务工作	非专业社团指导；联系学生宿舍、担任兼职辅导员、兼职班主任、学生导师；走访特殊学生家庭；帮扶困难学生		
		联系就业	参与学生就业工作		
		协助招生	参与学生招生工作		
	服务学校	教学管理工作	组织开展参与教学管理、督导方面的工作		
		辅导教师工作	担任校内青年教师的导师；给院内教师开展业务培训		
		专家评审	主持、参与各级项目评审、验收等工作		
		讲　座	以专家身份校内讲座		
		参与临时性项目工作组	牵头或参与二级学院院务会或以上级别会议确定的临时性重要工作小组工作		
		校企合作	联系企业；开拓学生实训实习基地		
		院内管理工作	承担二级学院的学籍、资产、财务、新闻宣传等工作		
		其他贡献	利用自身专业优势为学校解决困难，创造价值		
	服务社会（科教、文化等）	校外专家	担任校外学术类组织领导或成员		
		社会培训	社会培训次数、级别、收入		
		企业咨询与技术指导	次数、级别、收入		

（续表）

管理和社会服务	服务社会（科教、文化等）	校外讲座	以专家身份校外讲座		
		志愿服务	志愿服务活动次数、意义		
		其　他	其他为社会提供的服务		
持续学习	后续教育	教师职业后续教育	政府组织的教师后续教育		
			学校教师发展中心组织学习		
		阅读工程	参加学校阅读工程，完成阅读任务		
		网络学习	学校规定的学习内容		

教师的教学工作质量主要以教师教学质量综合评价为主。目前学校《教师教学质量综合测评指导意见》所规定的学生、督导、教研室主任、教学院长及教师自身在评价中所占权重基本被教师所认同。借助教师专业发展行动计划保障可体现教师在评价中的主体身份。教学质量综合评价的内容在修订时更突出了不同评价者的评价优势和客观可评性，指标更加关注学生的学习收获和感受。教学评价中工作量和质量原则上平分秋色，各占一半的权重。

教科研环节更强调高职院校的功能和特点，充分体现应用技术类研发、专利和成果转化。教科研成果均有较高质量前提下，数量多当然是更加值得肯定的，但是鉴于目前教科研工作良莠不齐，偏重数量会更加导致大量低质无效的教科研项目出现，造成有量无质，浪费人财物、时间精力，所以教科研评价内容的数量和质量的权重按照3 ：7设置，不同学校可以结合本校教师的客观情况适当调整。教科研的成果质量一方面有明确的评判标准，比如论文刊登的期刊的级别、引用率等，或者直接借用各类获奖情况；另一方面，可发挥被教师们所认同的校内外专家盲评的办法。

企业研修作为一项独立的评价维度。该项工作对高职院校具有特殊的重要性，是高职教师提高技术技能的重要途径，然而目前该项工作却非常薄弱。目前多数高职院校在教学、科研、管理和社会服务评价相关内容中都会涉及教师企业研修，但没有将其作为一项独立的内容，不便于集中评价和管理。针对目前高职教师企业研修重形式忽略质量实效的问题，方案突出了企业研修的质量效果：一方面通过研修时间作为对企业研修过程的评价；另一方面通过研修成果来评价研修质量，比如研修计划完成情况、研修所收获的课程资源、为企业解决的技术难题等。研修时间和研修质量在评价中所占的权重原则上规定为 4 ∶ 6，学校可根据本校教师企业研修工作组织管理的规范程度来调整，管理不规范、难以掌握教师研修真实工作量的院校，建议加大研修质量效果的评价权重，通过绩效成果说话。

管理和社会服务除了社会服务类型的专任教师外，对其他几类专任教师基本本着鼓励的原则，学校只规定基本工作量或工作任务的要求，其他均体现自选内容。不再额外地对工作质量提出要求，如果有对学校或社会产生重大贡献的管理和社会服务项目，学校应酌情给予教师奖励，并予以表彰宣传。

基于教师终身学习的理念，同时也是考虑知识和技能的不断更新，教师需要不断学习，保持知识和技能的更新，本研究将持续学习纳入教师绩效评价指标体系，对学校要求教师应该完成的学习任务进行评价考核，借此督促教师按要求完成学校规定的学习任务。除学校规定的学习任务外的其他自主学习行为纳入教师的专业素质发展行动计划。

（二）师德评价内容

立德树人是教育的根本任务，师德是教师的灵魂。“言传身教”，教师的道德品质比教师的任何专业素质和能力都更为重要，尤其是在“大德育”教育模式下，每一位教师都担负着对学生进行德育教育的任务。因此，师德评价亟待强化。师德负面清单（表 5-3）可以起到强化师德意识、加强师德监督、规范师德行为的作用，而且改善了传统师德评价指标模糊、难以量化评价的问题。

表 5-3　师德负面清单（师德评价表）

评价内容	评价方法	评价主体
1. 损害国家利益，损害学生和学校合法权益的行为； 2. 在教育教学活动中有违背党的路线、方针、政策的言行； 3. 在科研工作中弄虚作假、抄袭剽窃、篡改侵吞他人学术成果、违规使用科研经费以及滥用学术资源和学术影响；	1. 负面清单举证法。凡是选择被评价者存在师德负面清单行为的评价者，均需要对具体事例进行举证； 2. 评价程序为人事处或工会拟定教师绩效评价负面清单⟶党委会审议通过；师德评价工作组面向全院师生公开负面清单⟶以各二级学院为具体组织网上评价部门，对教师师德进行评价⟶师德评价工作组负责审核、受理、落实举证事例和外部举报事件⟶评价结果公示⟶党委会审议；	人事处或工会牵头，教务处、科技处、招生就业处、学生处、纪检监察审计等职能部门共同参与成立师德工作评价小组。负责组织、审核、受理举报事件，完成最终评价结果等相关工作。参与评价的主体为教师自身和全院师

（续表）

4. 影响正常教育教学工作的兼职、兼薪行为； 5. 在招生、考试、学生推优、就业等工作中徇私舞弊； 6. 索要或收受学生及家长的礼品、礼金、有价证券、支付凭证等财物； 7. 对学生实施性骚扰或与学生发生不正当关系； 8. 其他违反高校教师职业道德等情形均为不道德行为	3. 信息化网络评价系统设立师德独立评价模块。通过电脑、手机等终端可实现随时随地的评价； 4. 评价结果公示制度。每学期末学校集中进行师德专项评价，并将评价结果在校园网相应栏目进行公示； 5. 评价结果一票否决制。一经验证教师存在师德负面清单的任何行为，均作为教师绩效评价不合格处理，原则上在年度考核、职称评聘、评优推先等评比工作中取消评选资格，年度考核视违规性质和综合表现做基本合格或不合格处理	生（以本院系师生为主，原则上本院系以外人员知道被评价教师的有负面清单行为才需要参与评价）和对被评价者进行举报的校外潜在的评价者。评价最终结果及相应处罚意见报学院党委会审议

在师德评价方面，除了负面清单规范式的评价要求，学校还应该设置各种师德榜样的奖励评选项目，对师德先进团队、个人的事迹进行宣传，起到鼓励教师、彰显德育正能量的引导、激励作用。

（三）教师专业素质发展行动计划

本研究将教师专业素质发展并入教师绩效评价的内容。通过对接受访谈者的“有效教学”“提高教师专业素质”相关的122个编码段进行梳理归纳，教师们集中认可的教师专业素质为高尚的师德，关爱学生，热爱教学岗位，有责任感，肯付出，能够有效实施教学，对学生产生有益影响，让学生发生好的变化，学生认可，专业知识扎实，教学行为规范，掌握一定的教学手段，具备“双师”素质，具备一定科研能力，沟通组织能力强，有心理学等与教学相关的复合型知识，有创新意识，有创新能力，有持续学习能力，重视教学反思，具备良好的人文素质，身体健康、能够胜任基本工作量，有良好的人际关系，师生、同事、家庭关系和谐。对上述关键词进行梳理分析，并结合相关文件规定和文献观点，本文归纳高职教师应该具备10项具体素质要素，并编制了教师专业素质发展计划及评价表（表5-4）。

教师专业素质发展的评价由教师的专业发展辅导小组或指定导师和教师本人共同分析评价，关注教师的阶段性目标达成情况和教师的持续进步，充分尊重教师的个体情况，走适合教师自身特点的专业发展路径。

1. 评价时间段（学期 / 年度）专业素质提升目标与计划

教师专业素质发展行动计划和评价在辅导小组成员或学校指定导师帮助下，以教师本人自我诊断结果为基础，教师自行选择在考核阶段需要提高的素质类型，明确具体的措施，实现自我增值发展，持续改进提升专业素质。表 5-4 所示的素质类型，是整理教师访谈数据形成的教师高度认同的素质类型，同时查阅相关文献与制度进行了佐证。评价由教师本人、辅导小组成员或导师酌情分弱、较弱、一般、较强、强等五个等级进行评价。

表 5-4　教师专业素质发展行动计划和评价表

序号	素质类型	自我诊断					年度目标					具体措施	目标达成情况				
		1	2	3	4	5	1	2	3	4	5		1	2	3	4	5
1	道德品质																
2	专业知识																
3	专业技能																
4	教研科研能力																
5	校企合作社会能力																
6	教育理论																
7	教育技术																
8	适应能力																
9	创新能力																
10	人文情怀和人文素质																

具体素质要素解释如下：

道德品质：有良好的职业道德、行为规范，做到为人师表。

专业知识：具备与讲授专业相对应的行业背景知识。既掌握系统的理论体系，又了解专业发展的动向，不断更新知识结构。

专业技能：具备与讲授专业相对应的实践能力，拥有专业操作技能和中等或中等以上的专业技术职称。高职教师目前尤其需要加强的就是技术技能的实践能力。

教研科研能力：具备教学研究和应用技术方面理论和技术技能改革创新的研究能力。

开展校企合作的社会能力：“具备相当的社会沟通、交往、组织和协调能力，即既能在校园内交往与协调，又能在企业与行业从业人员进行交流和沟通；具备相当的管理能力，即在具备良好的班级管理、教学管理能力的同时也要具备企业、行业管理能力，懂得企业和行业管理规律，并具备指导学生参与企业、行业实践的管理能力。”（黄斌，2006）

教育理论：作为高等院校的教师，尤其是高职院校的教师，必须要懂得教学心理学、教育课程论等教育相关理论，以指导教书育人工作，从参与到主导人才培养方案、课程标准、教案的编写以及课堂教学方法的思考和实践。

教育技术：掌握教育技术，能够较熟练地运用现代化信息手段丰富教学资源，提高教学效果。

适应能力和创新能力：“具备相应的适应能力和创新能力，适应资讯、科技和经济等快速变化的时代要求，具备良好的创新精神，善于组织和指导学生开展创造性活动，能够培养学生的创新意识和创新能力。”（黄斌，2006）

人文情怀和人文素质：大学作为文化传承的主要阵地，教师应该具备人文情怀和较高的人文素质，在培育学生职业素养的同时，培育学生的人文素养。

2. 达成本阶段专业素质发展目标需要认领的学校工作任务（基础工作量之外）

达成专业素质发展目标考核阶段需要认领的学校工作任务指教师从弥补自身不足或发挥自身优势等专业发展需求的角度计划安排的、学校规定的基础工作量和规定性的工作任务之外的任务，以及为完成相应任务所采取的措施（表 5–5）。

表 5–5　达成专业素质发展目标需要认领的学校工作任务

序号	任务类型	具体任务	任务完成形式			起始时间	完成时间	目标达成情况
			独立	牵头	参与			
1	教学							
2	科研							
3	企业研修							
4	管理							
5	社会服务							

3. 达成专业素质发展目标本阶段需要完成的学习任务（学校必选项目之外）

达成专业素质发展目标本阶段需要完成的学习任务指教师为提升自身专业素质的个性化的学习计划（表 5–6）。学校规定的教师后续教育所必须完成的学习任务不在本部分范围内。

表 5-6　达成专业素质发展目标本阶段需要完成的学习任务

序号	素质目标	学习形式（国内外培训、会议、考察、在职学位教育、网络学习等）	起始时间	完成时间	目标达成情况
1					
2					
3					
4					

4. **达成组织和个人的绩效目标所需要的组织支持**

如本研究所列教师绩效评价三角图示，学校及各环节给予教师的业务支持是支撑教师绩效水平的重要因素。学校对教师的业务支持影响教师的组织承诺。本研究已经证明，教师绩效评价合理性是教师组织承诺重要影响因素。学校应该将教师所提出的需要得到组织支持的相关内容（表 5-7），视为教师民主参与学校绩效评价所提出的重要建议，予以重视、给以支持。学校支持教师达成提升专业素质目标所规定的任务，教师的专业素质得到提高，最终受益的是学生，有利于学校办学水平的全面提升。

表 5-7　达成组织和个人绩效目标所需要的组织支持

序　号	支持类型	具体要求	解决时间	满意度
1	工作机会			
2	工作条件			
3	专业指导			
4	业务培训			
5	行政支持			
6	其　　他			

教师定期进行反思性总结，辅导小组或导师在教师自我总结的基础上，对其目标和任务的确定以及措施实施行为和结果进行评价，给出评价报告。总之，教师专业素质发展计划是教师发展性评价的具体实施，旨在循序渐进地推动教师的专业发展。

（四）教学、科研和社会服务在评价指标体系中所占权重的确定

1.“教学”在评价内容中的权重分析

从表 5-8 问卷分析可见，无论对于专任教师，还是按照个人意愿选择的不同类型的专任教师，多数教师仍然认为教学工作应该占有重要权重。对于教学在评价内容中所占权重的选择按照从高到低，依次为教学为主型、综合型、教学管理型、科研为主型和社会服务为主型。专任教师教学的权重意见最集中的是 70%~80% 的区间，相对集中的区域是 40%~90%；教学管理型专任教师教学工作的权重意见最集中的是 50%~60%，相对集中的区域是 40%~80%；教学为主型的专任教师教学工作的权重意见最集中的是 70%~80%，比专任教师的该区间的选择比例更为集中，相对集中的区域是 40%~90%；科研为主型专任教师教学工作的权重选择最集中的是 50%~60%，30%~50% 区域选择也非常集中，相对集中的区域是 30%~80%；社会服务为主型的专任教师教学工作权重选择最集中的是 40%~50%，40%~70% 的区域非常集中，相对集中的区域是 10%~80%，跨度较大。

表 5-8 “教学”在评价内容中的权重分布

类型	专任教师（综合型）			教学管理型			教学为主型			科研为主型			社会服务为主型		
权重区间	人数	区间比例	累计比例	人数	区间比例	累计比例	人数	区间比例	累计比例	人数	区间比例	累计比例	人数	区间比例	累计比例
0~10%	5	1.27%	1.27%	0	0.00%	0.00%	3	1.20%	1.20%	0	0.00%	0.00%	2	4.88%	4.88%
10%~30%	9	2.29%	3.56%	2	3.57%	3.57%	3	1.20%	2.40%	1	2.78%	2.78%	3	7.32%	12.20%
30%~40%	18	4.58%	8.14%	2	3.57%	7.14%	5	2.00%	4.40%	6	16.67%	19.44%	3	7.32%	19.51%
40%~50%	67	17.05%	25.19%	12	21.43%	28.57%	31	12.40%	16.80%	8	22.22%	41.67%	13	31.71%	51.22%
50%~60%	72	18.32%	43.51%	17	30.36%	58.93%	43	17.20%	34.00%	10	27.78%	69.44%	5	12.20%	63.42%
60%~70%	55	13.99%	57.50%	10	17.86%	76.79%	35	14.00%	48.00%	5	13.89%	83.33%	7	17.07%	80.49%
70%~80%	113	28.75%	86.26%	10	17.86%	94.64%	94	37.60%	85.60%	4	11.11%	94.44%	4	9.76%	90.25%
80%~90%	31	7.89%	94.15%	1	1.79%	96.43%	27	10.80%	96.40%	1	2.78%	97.22%	3	7.32%	97.56%

（续表）

90% ~ 100%	10	2.54%	96.69%	2	3.57%	100.00%	9	3.60%	100.00%	1	2.78%	100.00%	1	2.44%	100.00%
未选	13	3.31%	100.00%	0	0.00%	100.00%	0	0.00%	100.00%	0	0.00%	100.00%	0	0.00%	100.00%
合计	393	100.00%		56	100.00%		250	100.00%		36	100.00%		41	100.00%	

2.“科研”在评价内容中的权重分析

从表5–9分析可见，无论对于专任教师，还是按照个人意愿选择的不同类型的专任教师，多数教师仍然认为教学工作应该占重要权重。对于教学在评价内容中所占权重的选择按照从高到低，依次为：教学为主型、综合型、教学管理型、科研为主型和社会服务为主型。专任教师教学的权重意见最集中的是70%~80%的区间，相对集中的区域是40%~90%；教学管理型专任教师教学工作的权重意见最集中的是50%~60%，相对集中的区域是40%—80%；教学为主型的专任教师教学工作的权重意见最集中的是70%~80%，比专任教师的该区间的选择比例更为集中，相对集中的区域是40%~90%；科研为主型专任教师教学工作的权重选择最集中的是50%~60%，30%~50%区域也非常集中，相对集中的区域是30%~80%；社会服务为主型的专任教师教学工作权重选择最集中的是40%~50%，40%~70%的区域非常集中，相对集中的区域是10%~80%，跨度较大。

表5–9 “科研”在评价内容中的权重分析

类型	专任教师（综合型）			教学管理型			教学为主型			科研为主型			社会服务为主型		
权重区间	人数	区间比例	累计比例	人数	区间比例	累计比例	人数	区间比例	累计比例	人数	区间比例	累计比例	人数	区间比例	累计比例
0 ~ 5%	41	10.43%	10.43%	5	8.93%	8.93%	30	12.00%	12.00%	4	11.11%	11.11%	5	12.20%	12.20%
5 ~ 10%	114	29.01%	39.44%	11	19.64%	28.57%	93	37.20%	49.20%	2	5.56%	16.67%	7	17.07%	29.27%
10% ~ 15%	11	2.80%	42.24%	1	1.79%	30.36%	10	4.00%	53.20%	1	2.78%	19.44%	1	2.44%	31.71%
15% ~ 20%	102	25.95%	68.19%	17	30.36%	60.72%	61	24.40%	77.60%	11	30.56%	50.00%	12	29.27%	60.98%
20% ~ 25%	10	2.54%	70.74%	6	10.71%	71.43%	9	3.60%	81.20%	0	0.00%	50.00%	1	2.44%	63.41%
25% ~ 30%	74	18.83%	89.56%	11	19.64%	91.07%	35	14.00%	95.20%	11	30.56%	80.56%	12	29.27%	92.68%
30% ~ 35%	3	0.76%	90.33%	0	0.00%	91.07%	3	1.20%	96.40%	0	0.00%	80.56%	0	0.00%	92.68%

（续表）

35%~40%	21	5.34%	95.67%	5	8.93%	100.00%	7	2.80%	99.20%	6	16.67%	97.22%	3	7.32%	100.00%
40%~50%	2	0.51%	96.18%	0	0.00%		1	0.40%	99.60%	1	2.78%	100.00%	0	0.00%	
50%–100%	0	0.00%	96.18%	0	0.00%		0	0.00%	99.60%	0	0.00%		0	0.00%	
未选	15	3.82%	100.00%		0.00%		1	0.40%	100.00%	0	0.00%		0	0.00%	
合计	393	100.00%		56	100.00%		250	100.00%		36	100.00%		41	100.00%	

3. “管理和社会服务”在评价内容中的权重分析

从表 5–10 分析可见，管理和社会服务在评价内容中所占权重处于比较教学和科研工作都要低，除社会服务为主型的专任教师，有超过 30% 选择“25%~40%”，但是绝对人数只有 13 位教师。另外被测试教师中选择社会服务型的专任教师比例较低，仅有 10% 左右。其他类型基本集中在 20% 以内，专任教师为 0~15%，5%~10% 最集中；教学管理型为 0~20%，5%~10% 最集中，其次是 15%~20%；教学为主型 0~20%，5%~10% 最集中；科研为主型为 5%~20%，15%~20% 最集中；社会服务为主型为 0~40%，15%~20% 最集中。

表 5–10 “管理和社会服务”在评价内容中的权重分布

类型	专任教师（综合型）			教学管理型			教学为主型			科研为主型			社会服务为主		
权重区间	人数	区间比例	累计比例	人数	区间比例	累计比例	人数	区间比例	累计比例	人数	区间比例	累计比例	人数	区间比例	累计比例
0~5%	66	16.79%	16.79%	6	10.71%	10.71%	54	21.60%	21.60%	3	8.33%	8.33%	6	14.63%	14.63%
5~10%	156	39.69%	56.49%	20	35.71%	46.43%	118	47.20%	68.80%	11	30.56%	38.89%	8	19.51%	34.15%
10%~15%	91	23.16%	79.64%	6	10.71%	57.14%	15	6.00%	74.80%	1	2.78%	41.67%	0	0.00%	34.15%
15%~20%	15	3.82%	83.46%	16	28.57%	85.71%	39	15.60%	90.40%	18	50.00%	91.67%	13	31.71%	65.85%
20%~25%	0	0.00%	83.46%	0	0.00%	85.71%	0	0.00%	90.40%	0	0.00%	91.67%	0	0.00%	65.85%
25%~30%	27	6.87%	90.33%	3	5.36%	91.07%	13	5.20%	95.60%	2	5.56%	97.22%	8	19.51%	85.37%
30%~35%	0	0.00%	90.33%	0	0.00%	91.07%	0	0.00%	95.60%	0	0.00%	97.22%	0	0.00%	85.37%

（续表）

35%~40%	14	3.56%	93.89%	1	1.79%	92.86%	7	2.80%	98.40%	0	0.00%	97.22%	5	12.20%	97.56%
40%~50%	4	1.02%	94.91%	3	5.36%	98.21%	0	0.00%	98.40%	1	2.78%	100.00%	0	0.00%	97.56%
50%~60%	0	0.00%	94.91%	1	1.79%	100.00%	1	0.40%	98.80%	0	0.00%		0	0.00%	97.56%
60%~70%	1	0.25%	95.17%	0	0.00%		0	0.00%	98.80%	0	0.00%		1	2.44%	100.00%
70%~100%	0	0.00%	95.17%	0	0.00%		0	0.00%	98.80%	0	0.00%		0	0.00%	
未选	19	4.83%	100.00%		0.00%		3	1.20%	100.00%	0	0.00%		0	0.00%	
合计	393	100.00%		56	100.00%		250	100.00%		36	100.00%		41	100.00%	

基于上述关于教学、科研和管理与社会服务评价内容权重的基本分析，按照三部分权重的分布不同划分成专任教师（综合型）、教学管理型、教学为主型、科研为主型和社会服务型五种类型。其权重分布如表 5–11 所示。

表 5–11　五类教师绩效评价权重分布估计

教师类型	教　学	科　研	管理和社会服务	合　计
专任教师（综合型）	70%	20%	10%	100%
教学管理型	50%	30%	20%	100%
教学为主型	75%	15%	10%	100%
科研为主型	45%	35%	20%	100%
社会服务为主型	45%	25%	30%	100%

对于上述权重设置结果，通过专题座谈会的形式进行充分研讨，参加研讨的人员有 3 名院系长、5 名教学副院长、10 名校级督导、8 名教师代表，以及教务处、质管办、科技处、学生处等职能部门负责人。会上一致同意该比例。与校级领导进行了面对面的沟通交流，权重设置结果也得到校级领导认同。

蔡永红（2001）认为，教师的评价分为教师胜任力评价、教师绩效评价、教师有效性评价三种类型，分别发挥着不同的作用。其中，教师胜任能力评价侧重于教师的学习和培训效果，作为任职资格证书发放的依据；教师绩效评价侧重于对教师日常工作行为的评价，以判断教师的工作质量；教师有效性评价主要是通过测量工具，对教师施加给学生的影响进行评价也就是对在教师的影响下学生在重要的教育目标上进步的情况做出评价。一般这三种类型的评价相互间有着密切的联系，教师绩效评价是教师胜任能力评价的效标，而教师教学行为影响学生发生的有效变化的情况，即学生的学习效果进行的评价。“但在实际应用中，这三种类型的评价常常被搅在一起，并冠以教师评价或教师有效性评价的名称，其内容既有对教师胜任力的评价，也有对教师绩效的评价 以及对教师有效性的评价，对教师胜任力和教师绩效的评价通常采取主观评定的方式，由领导、同事及学生进行评定，而对教师有效性的评价则直接以学生的学习成绩为指标。以这种结构混乱的工具为效标所进行的教师有效性研究可想而知，是不可能得出明确一致的结论的。”蔡永红教授所指出的学校教师评价的类型混杂的问题，的确具有普遍性。

本研究认为教师胜任力评价、教师绩效评价、教师有效性评价的相关内容与学校教师的专业化成长和学校绩效目标达成都是直接相关的，通常会归并在教师绩效评价的工作中。借助于蔡永红教授的理论观点，可以更清晰地帮助学校诊断分析教师绩效评价方案，尤其是评价内容的合理性。学校目前基本是通过入职选拔和新教师入职培训落实教师胜任力的相关要求，但是对入职后的教师的专业化成长缺少系统的、有针对性的持续成长关注和指导。客观上，在职业环境日新月异，知识、技术更新迅速的时代背景下，教师的专业胜任能力面临持续的挑战，需要不断与时俱进。本方案将教师胜任力的相关能力和素质要求转化为教师的专业化成长的行动和任务结果要求，与教师的专业化发展目标相结合，通过教师专业素质发展行动计划纳入绩效评价内容。

教育是复杂的劳动，必须针对学生选择教育行为，不可一味强调行为的统一标准。关于教师的教育质量评价，理想状态是通过测量工具量化学生因为教师教育行为而产生的教育效果。蔡永红等（2005）认为：“多数的教师效能评价需要用标准化测验工具来收集信息，而不同班级由于不能使用相同的工具，其结果往往不能相互比较。此外由于标准化测验本身在测量范围上的局限，许多重要的教育目标的发展情况，也不能完全依赖它来采集，因此教师效能评价常常难以实现。”诚如专家的观点，教师效能评价在实践中存在较大局限性，因此本方案侧重于借助利益相关方的主观感受，以及一些权威性的官方比赛成绩、社会评选结果和学生学习目标达成情况来评价绩效的质量。同时，期待评价测量工具不断发展完善，产生有科学性和信服力的评价工具。

第二节 教师绩效评价方法方面的改进措施

评价方法的改进重点解决落实教师民主参与程序和提高组织协同，加强教师个人与团队绩效的关联，以及实施“以教师为本”的分类评价办法。

亚当斯的公平理论以及波特和劳勒的综合激励模型都从理论上揭示了教师对奖罚公平性的感受直接影响到评价政策激励作用效果。评价方法要贯彻公开、公平、公正原则。其中“公开”强调制度的透明，以及当事人的知情权应该得到保障，制度、程序和结果都在公开透明的环境下，才能最大限度地避免腐败与不公；“公平”强调人人平等、机会均等，避免歧视对待；“公正”强调组织要维护正义和保持中立，防止徇私舞弊，以保证结果的客观合理。在对教师绩效评价合理性评价的过程中，教师们更关注公平效应，“不患寡而患不均”。规则不透明，没有过程记录和考证，最后得出的评价结果没有信服力，教师不会认同；完成工作任务机会不均等，强行使用相关工作的评价结果，教师认为不公平。规范评价程序，保证制度公开、过程公开、结果公开的评价信息透明的环境，是提高教师对绩效评价合理性认同的重要措施。

一、评价具体方法合理性改进措施

（一）构建组织协同理念下的教师绩效评价目标体系，实施分层分类评价办法

强调团队协同，将组织的战略目标层层分解为团队的战略目标与个人的战略目标。评价目标体系的构建以组织协同平衡记分卡的理论和方法作为基础，团队绩效与个人绩效适度关联。《教育部关于深化高校教师考核评价制度改革指导意见的通知》（教师〔2016〕7号）指出：“科研团队实行以解决重大科研问题与合作机制为重点的整体性评价。注重个体评价与团队评价的结合。”全员、全过程、全域育人的“三全育人”经验模式实质是最大程度整合教育资源协同育人，换个角度讲就是每一个学生都应该是学校全体教职员工直接或间接共同培育的成果。

在考核评价过程中需要融入协同育人的观念，引导和鼓励大家有协同合作的意

识和责任。协同的行为可以实现部门间和团队成员的互相帮助支持，提高人才培养的效果，所以将组织、团队和个人绩效评价适当关联是有现实意义的。问卷题目显示，多数被测试教师认为学校、部门和个人绩效应该建立关联关系；只有 11.65% 的被测试教师认为团队绩效和个人绩效关联会造成评价过度，增加教师的压力；有 64.81% 的被测试教师建议根据个人对团队的影响情况对团队和个人的绩效进行关联。

要在系统理论指导下，正确区分团队绩效与个人绩效的关系：一方面团队绩效离不开个人的具体实施，另一方面也要看到团队绩效是团队合作的结果。所以应该发挥团队成员合理分工、扬长避短的共同作用，而不是把团队绩效任务平行迁移给每一个教师，让每一个人都要面对面面俱到的工作任务，疲于应付，挤压了个人工作的自主性，发挥不出自己的优势，同时也削弱了团队协作的氛围。

（二）完善教师分类管理的绩效分类评价方法

《教育部关于深化高校教师考核评价制度改革指导意见的通知》（教师〔2016〕7 号）指出，“坚持分类指导与分层次考核评价相结合，根据高校的不同类型或高校中不同类型教师的岗位职责和工作特点，以及教师所处职业生涯的不同阶段，分类分层次分学科设置考核内容和考核方式，健全教师分类管理和评价办法”“对从事基础研究的教师主要考察学术贡献、理论水平和学术影响力。对从事应用研究的教师主要考察经济社会效益和实际贡献”。学校应发挥团队结构性优势，人尽其才，让每一位教师都将自己的长处发挥到极致，在自己专业化道路上成长到最好。基于教师能力特点和组织需要的分类分级评价方法是实现上述评价目标的重要方法。

分类考核主要指职称评聘工作中，针对教职员工的岗位职责、职称阶段而实施的不同内容或不同标准的差异化考核方案。《中共中央关于深化职称制度改革的意见》指出，“各职称系列的申报评审条件要充分考虑不同专业技术人员岗位的实际情况，对专业技术人员完成基本工作量作出分类的量化规定”。

学校目前没有实行基于教师专业化发展阶段和多元智能差异的分类评价。多元智能理论是美国哈佛大学教育研究所发展心理学教授加德纳提出的，他认为人类的智能是多元化的，每一个人都拥有语言文字智能、数学逻辑智能、视觉空间智能、身体运动智能、音乐旋律智能、人际关系智能、自我认知智能，每个个体具备这些智能的情况是不一样的。在多元智能理论指导下，我们可以解释专任教师在工作中表现出来的不同能力倾向，与此相适应，对教师的绩效评价也应该强调内容的多元性。学校目前的教师绩效评价基本还是采用一刀切的模式，不同职称等级的教师评价条件虽有一定区别，但没有从教师的特质角度引导。

通过问卷和量表题目分析，研究者发现年龄、职称处于同一阶段的教师，他们的工作精力状况、价值理念、对学校的需求等方面都较高程度地呈现出一致性，分类评价可以按照人力资源相关理论，确定一条便于教师们观察、理解的明线，比如将职称层级确定为其中一个主要分类依据。

分类考核方法是基于在教师胜任基本工作的前提下，充分调动教师积极性，扬长避短，发展其优势，在某个方面取得突出成绩的评价方法，是以人为本，尊重民意的体现，也是组织协同文化的体现。通过发挥团队成员的个体优势，互为补充，可以更有效地提高团队竞争力。实践中遇到的具体问题主要体现在对应每一类的考核内容，如何确定教学、科研、管理和社会服务的权重和评价标准。

目前高职院校的专任教师绩效分类评价，主要以职称评聘为核心，将教师区分为教学管理型、教学为主型、科研为主型、管理和社会服务为主型等主要类型，也有部分高职院校根据本校的情况设置教学、科研综合型。分类评价有助于教师发挥自己的优势，选择最适合自己的专业成长目标和路径。

（三）坚持发展与奖惩并重，完善高校教师绩效评价体系

要做好教师绩效评价结果使用的顶层设计，统筹协调，在评价结果使用过程中应将帮助教师成长与对教师的直接奖罚相结合。发展性与奖罚性相结合是英美等国家在实践基础上，经理论研究证明的最合理的评价方法，也是目前国内专家所认同的观点，具体体现在评价目的的确立和评价结果的使用方面。发展性评价与奖罚性评价的结合，是以人为本的柔性化管理与以制度为本的法制化管理的相互结合。兼顾了基于学校组织角度对教师道德规范、岗位职责、行为规范提出的约束性要求，以及基于教师个体的专业化成长过程的发展性要求。

绩效评价结果使用是否合理，关系到整个绩效管理系统的有效性。绩效评价工作试图利用操作性条件反射的原理，对教师的行为进行有效干预，引导积极行为，减少消极行为。评价结果不痛不痒，教师就会认为评价只是例行公事，对自己行为不会有任何修整，那么绩效评价就失去了应用的作用和意义。评价结果使用过度，则会让教师产生过大的压力和不公平感，导致被评价教师失去工作的积极主动性，产生负面作用。

分类梳理不同的评价内容，提高评价结果使用的效果。将不同内容的评价结果分成奖罚类和发展类，奖罚类的评价结果要与教师的奖励性绩效工资发放、职称评聘、推优评先、职务晋升等挂钩。课时酬金可以分基本酬金（与量的评价挂钩）和奖励酬金（与质的评价挂钩）两部分。教师听评议课、教师素质发展行动计划等非奖罚性的评价结果则应该与基于教师专业发展的反馈指导、专项培训等相关联，作为发

展性评价内容。

评价结果的严肃使用可以提高评价的权威性，但如果评价结果的客观公允性不够，而通过制度硬性关联，必然会进一步放大不公平的负面影响。奖罚性评价结果的使用一定要以评价结果的客观公允性为前提。对于评价结果的公允可靠性，也是很多教师所担心和质疑的。FT17 谈道："我觉得这个评教，就是你再有底气也不敢说肯定是优，每个学期都会出现不同的状况，学生不一样状况不一样。和你讲的课程有关系，和你讲的方法有关系，和你和学生的关系也有关系。这个东西是动态的。参考肯定是要参考的，因为这毕竟是老师主要的（工作方面）。但是不要把它放得太重要了。现在就有些老师觉得这个评教结果不是很公正，反映不了客观情况。也确实是有这种情况。"量表问题中被测试教师对于将教学质量综合评价结果与课时费挂钩、与职称评聘晋升晋级挂钩、与奖优评先挂钩等题目都有较大分歧，认为合理与不合理的都有。评价依据是否公允是其中非常重要的原因。

改变绩效工资分配的平均主义现状，至少应该解决两方面的问题：其一，在制度设计上给二级学院院系长授权的同时亦要提出责任担当的要求，比如部门绩效的好坏与二级学院院系长的个人绩效以及政绩考核、职位安排挂钩；在大院指导性原则里明确规定每个二级学院的奖励性绩效工资分配的原则性要求，每个二级学院的奖励性绩效发放办法中必须体现奖优罚劣，对此人事处应该以备案以及抽查备案制度实施情况等形式检查把关，学院考核工作领导和工作小组对其执行情况要有检查评价。其二，在可分配额度上学校除了留出学校层面的年度奖励性绩效额度外，将剩余额度足额下达给二级学院，下达时要与部门整体绩效水平挂钩；同时，学校与市人力资源与社会保障局、财政局积极争取政策，突破奖励性绩效目前的额度限制，争取增量绩效。2016 年 11 月，中共中央办公厅、国务院办公厅印发《关于实行以增加知识价值为导向分配政策的若干意见》鼓励教师发挥专业优势兼职取酬，一定程度可以在政策上补充教师绩效分配政策，调动教师研究、实践、社会服务的积极性。充分发挥政策优势，借助外部社会力量给予教师应有的社会服务劳动报酬，调动教师主动发挥专业优势参与社会实践和服务的积极性，提高自身的专业技术技能、组织沟通协调和创新创业意识和能力，更好地为社会贡献专业力量。

对于问卷题目"G17 如果鼓励教师发挥专业优势服务社会取得服务对象报酬，您会是以下哪种情况"被测试教师选项分布情况（图 5-2）可以看出，选项最多的是有愿望有能力无精力，教师的有效精力是目前比较突出的问题。

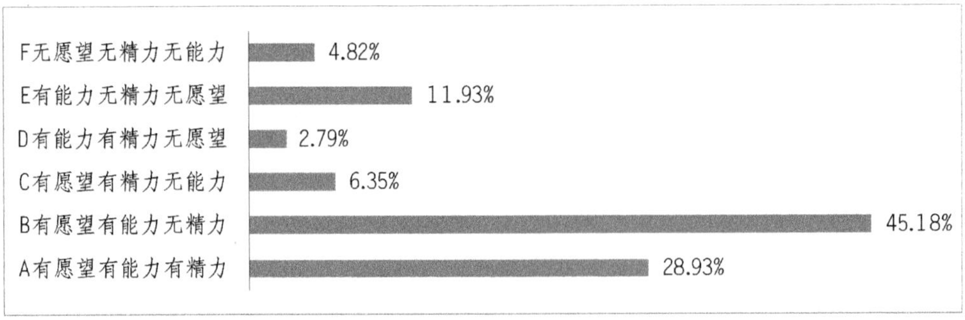

图 5-2 教师发挥专业优势服务社会取酬动机分析

机会公平、过程公平是结果公平的前提。凡是制度要求评价结果与绩效工资、职称评聘这些与教师切身利益挂钩的条款，必须严格落实，保证评价结果的公平性。否则评价起不到引导和激励作用，相反还会产生负作用，降低教师工作积极性。被访谈教师多次提到评价内容一定要以机会公平为前提，否则会让教师产生严重的挫败感，影响教师对评价合理性与否的判断，最终影响教师的工作状态。

在职业教育中，动机的范畴包括职业热情和职业承诺，它们与职业能力同样重要，在职业分析和教学设计中扮演着重要角色（赵志群，2010）。教师的绩效评价一定要以教师为本，充分认识到教师是学校最为宝贵的人力资源，是学校最具核心竞争力的最有价值的资产。

综合分析，教师们更希望多些发展性评价，发展性评价是学校与教师个人在评价过程中的重要的沟通手段。教师的工作具有独立性、自主性、创造性的特点，激发教师的动机，保障教师教育教学的自主性，提高教师组织承诺具有本质意义。在师生互动、教学相长的过程中，教师和学生在接受评价指标规范引导的同时，需要足够的信赖、支持和民主的环境。同时，“没有规矩不成方圆”，在教育学生要有规矩意识、纪律意识，将来在社会上有公民规范意识，在岗位上有职业规范意识的同时，教师首先要有职业操守，才能言传身教于学生。因此，必须坚持发展性和奖罚性相结合的评价原则。

（四）以学生为中心，制定基于成果导向的评价模式

以学生为中心，就是学校的组织管理和教师的行为都要围绕着实现学生培养目标，保证学生培养质量的核心任务。而学生培养目标必须围绕着学生成长、成才的核心需要。通过对教师是否做到“以学生为中心”的验证，研究者发现学校无论是评价理念，还是教师了解学生、帮助学生达成学习目标方面的表现都不理想，需要借助教师绩效评价加大激励、引导教师“以学生为中心”的力度。

高质量的高职学生应该身心健康、具备公民素养和专业素养。国际和国内的专业认证协会，比如中国工程教育专业认证协会（CEEAA）、美国工程技术认证委员会（ABET）均将是否建立了系统的学生成长与毕业生发展跟踪监测体系作为认定重要条件，强调学生表现必须被评价。体现“以学生为中心”的办学理念的教师绩效评价，必须解决如何客观地判断教师是否帮助学生解决了学习和成长中遇到的困难、教师的教学行为对学生发挥了怎样的影响作用。正视学生群体日益增大的差异性，将教师的绩效评价与学生的增值发展相结合无疑是值得探讨的办法。

经济合作与发展组织（OECD）推出“高等教育学习产出评价”，对学生 21 世纪基本素养指标进行测试，国内一些研究机构和学校也在开展相关研究，比如麦可思进行的在校生成长全程评价、毕业生培养质量评价研究，北师大赵志群教授及其团队基于 KOMET 理论进行的学生职业能力测评等。可以充分借鉴这些研究成果，作为学生培养成果的依据，建立教师绩效评价与学生培养成果相关联的评价方法，从学生成长的实效评价教师的教学绩效。

教学相长，学生与教师是学习的共同体。教师的增值成长离不开与学生的成长互动，而学生的成长又直接受教师职业道德和专业水平的影响。在教师的绩效评价过程中，应当建立基于教师发展性评价和教师产出效果的教师增值成长动态评价体系；同时建立基于学生发展性评价和学生产出效果的学生增值成长动态评价体系。教师增值成长评价体系与学生增值成长评价体系既相对独立，学生增值成长评价结果又可以作为评价教师育人质量的重要依据。

（五）教师是学校教书育人的主力军，评价要起到激励大多数教师的作用，引起最大多数教职工的关注

教师绩效评价应该照顾到大多数人的积极性，政策过于倾斜少数先进分子，会导致评价对大部分人不起作用。教师的确有不同的工作状态，有积极上进、吃苦耐劳、肯钻研的，也有得过且过、应付工作的，大部分教师能够勤勤恳恳以教好书为己任，但对教学之外的事情不太关注。无论哪种情况的教师都直接面对课堂上的学生，直接影响着学生，所以学校对教师的绩效评价必须不放弃任何一位教师，要激发每一位教师的教书育人自觉性。单纯靠物质性激励的马斯洛低阶需求的满足是不够的，必须建立在人本主义情怀的基础上，通过马斯洛高阶的“社会需要”“尊重需要”“自我超越”等需求来激励教师。

学校应该面向全体教师实行旨在帮助教师专业成长、提高其工作绩效的“教师专业素质发展计划”，将教师自我反思性诊断评价与学校的辅导相结合，重在实现

教师个体的增值成长。问卷中关于“X12 您是否认为学校应该实行鼓励教师反思性成长的教师专业化发展档案袋评价办法？”，73.67% 的被测试教师认同此做法。教师的专业发展需要学校的支持帮助。

目前，学校评价结果仅仅影响部分教师群体，大部分人既与评先推优没有关系，也不会差到被处分。按部就班、平平淡淡地工作是大多数人的状态，虽不甘落后，但也没有什么上进心，因为评先推优都集中在固定的少数人身上。如何调动起大部分教师的工作热情，让多数教师都能够获取一种荣誉感、自豪感？设置丰富多样的单项表彰评比项目，增大激励范围，是调动大多数教师积极性的一种有效途径。比如在德育方面、专业技能方面、科研能力方面、社会服务等方面，通过“最受学生喜爱的老师”“中青年教师教学比武大赛”（可以设置微课、信息化教学、说课等若干赛项）“教师才艺大赛”“教师科研贡献奖”“教师社会服务达人”等若干项目的设立，给教师提供展示的舞台，增加教师的荣誉感，营造学校教师“比学赶帮超”的积极上进的氛围，有利于教师成长、学校发展、学生受益。

二、评价程序合理性存在问题的改进措施

（一）加强反馈、公示、申诉等评价环节，保障学校和教师沟通渠道畅通

区分不同的评价内容，实施点对点的个人反馈与适当范围的公示，帮助教师建立专业发展档案，过程中与教师进行绩效分析和改进交流。所有评价结果都要与本人进行及时、详细的反馈。通过反馈信息，被评价者可以知道自己的优势与差距，明确下一步努力发展的目标。将奖罚性评价结果及其使用情况，根据不同评价内容和参评教师的范围确定在院系内部或全校范围公示，公示范围及制度规定要充分听取教师的意见建议，得到最广大教师的理解支持，通过增加评价工作的透明度，营造奖优罚劣，公开、公平、公正的绩效评价氛围，以“公开”来促进“公平”“公正”。通过问卷分析可知，只有 7.34% 的被测试教师认为评价结果较大的公开范围会导致评价过度，多数教师期待评价知情权得以落实。

申诉制度的缺失直接影响了教师对不认可的评价结果的申诉，必须落实实现教师绩效评价的申诉权。学校应该通过制度保障教师通畅的申诉和复议渠道。在访谈中也涉及教师如何行使对有争议的评价结果的申诉权的问题，教师期待有一个通畅的申诉渠道，同时也关心是否能够得到权威公正的裁定。“学校如果建立一个申诉制度，评分结果比较往后的老师认为他没有得到一个客观的评价，他可以去申诉。但谁来裁定这个审诉有没有效？评审机构的权威性、评审人员是否了解被评审人？”（FT12）

建立规范的教师绩效评价结果申诉制度，按照学校和二级学院授权，设立校系两级申诉体系，让教师的申诉权得到切实保障。学校和二级院部分别成立评价工作领导小组，对教师的申诉进行受理，要有专门的申诉管理办法，对申诉的流程和工作实施提出明确的指导意见，作为申诉的依据。二级学院无法裁定的事项应由大院按照规定受理，保障教师的申诉权，营造公开、公平、公正的评价文化氛围。学校的教师绩效评价指标体系要科学、规范，减少人为的主观性判断。定量指标与定性指标相结合，量化指标值自不用说，定性指标亦要内涵界定明确，标准清晰。

（二）实现与未来相链接的教师绩效评价持续动态改进，实施评价方案的元评价

持续动态改进是组织发展的动力机制，是增强满足要求的能力的循环活动。教师绩效评价的持续改进是增强评价与被评价的教师和评价环境适应性，满足组织对评价需求的能力的循环活动，以不断提高教师绩效评价的合理性。持续改进是戴明环（PDCA）循环管理理论的重要环节和工作机理。完整的PDCA循环包括Plan（计划）、Do（执行）、Check（检查）、Adjust（纠正改进），并形成持续改进、螺旋上升的态势。只有保持教师绩效评价持续改进，学校的绩效评价才能越来越合理，并达成评价的目标，取得成效。在网络信息化快速发展的背景下，借助于教师绩效评价的信息化网络平台，PDCA的流程随着信息提供的及时性，对问题的查找、改正也越来越及时，严格意义上的四个环节的时间周期正在被打破，实践工作中更多地将是对其思想方法的借鉴。

快速发展的时代特点要求教育必须有一定的前瞻性，我们培养的人才要为未来的产业和社会服务，要具备前瞻性的知识技能和创新的思维，以适应日新月异的技术更新和产业发展。站在未来需求角度来确定成果目标具有重要意义。在U型理论指导下引导教师向过去和未来学习，反思教师绩效评价。U型理论是美国麻省理工学院的奥托·夏默博士对学习型组织研究试验时，发现并开创的一个新的学习理论。奥托·夏默博士在接受采访时谈到：“学习是从两个点产生的。这两个点一个是过去，一个是未来，也就是说一类的学习是从过去的学习，一类是从未来的学习。学习型组织的学习是向过去学习，经验式地学习。但是，面对当今的挑战，只是从过去学习是不够的。所以过去15年里面，我所研究的课题是如何在未来呈现的时候，从‘未来’学习，来解决未来的问题。这就是U型理论产生的动因。”

学校作为师生学习和实践的共同体，是典型的学习型组织。源于学校为未来培养人才的特点，学校更应该是同时向过去和未来学习的新型的学习型组织。面对学校所承担的为社会和行业企业培养、储备技术技能型人才的社会责任，保持与产业发展同步或领先的节奏，提前了解利益相关方在未来发展中对人才的需求，从而提出适应人才培养需要的新知识、新技能、新思维以及新的教学方法至关重要。在教师绩效评价中要充分体现该原则，既需要有对过去行为和结果的反思性评价，也需要融入利益相关者基于未来发展需要所要求的前瞻性的绩效目标，并落实到对教师绩效的要求中。教师绩效评价的过程是教师反思沉淀的过程，是联结利益相关者的过程，是感悟未来发展需要的过程，是教师向过去和未来学习的过程。

对教师绩效评价自身进行元评价的目的是不断通过对绩效评价的改进，更好地适应环境的变化，实现评价的不断改进，提高评价效果。评价是组织与教师个体互动的过程，在这个过程中组织的战略目标和任务、个体的专业素质状况、影响评价的环境都在不断发生变化，所以不断审视评价的合理性，不断发现问题、改进问题，不断改进评价方案，保持评价的合理性非常必要。

以制度形式确立元评价，是教师绩效评价动态持续改进的重要措施。定期由学校及各二级院部的教师绩效评价工作领导小组对学校的教师绩效评价方案有效性进行元评价，实现评价自身的渐进提升。合理的评价应该是与学校发展阶段和教师的状况相适应的，评价内容及评价标准是一个动态变化的过程，评价方法是与评价对象和评价环境相适应的过程。

评价结果及评价结果的使用是整个评价方案的最后一个环节，也是检验整套评价方案是否合理有效的重要依据，应该对评价结果是否公允进行再评判。学校将对教师绩效评价合理性元评价以制度形式予以保障，使其成为常态化的工作，通过成立由师生推选代表组成的公正独立的教师绩效评价第三方元评价工作组对评价制度、制度执行过程及效果进行定期不定期的评议，充分听取评价主体、被评价教师、其他利益相关者的意见建议，实现评价的持续改进。

三、构建学校绩效评价信息化支持系统，全面提升学校绩效评价效果

应借助信息化网络平台，实现绩效的过程化记录和评价，满足教师普适性指标和个性化指标的确立、发展、评价和改进。过程化评价可以起到发现亮点及时鼓励、发现不足及时纠正的作用，也能够依据更客观真实的评价内容，得出更客观公平的评价结果，实现对大量信息的有效记录。全校近 800 名教职员工、400 多名专任教师的工作轨迹，唯有借助信息化手段才能够支撑起评价信息的采集和数据分析工作。

将教师绩效评价系统作为学校信息化管理系统的子系统，建设全校标准统一的

数据中心，实现数据共享，将系统设定的功能与教师绩效评价制度相匹配，实现原始数据及时性、标准化的源头采集，系统自动生成绩效评价各项指标，并生成教师绩效评价结果及诊断分析报告。

第三节　教师绩效评价主体方面的改进措施

针对评价主体的构成和评价主体胜任力方面存在的问题，提出具体改进措施。

一、评价主体构成方面存在问题的改进措施

（一）构建组织战略协同背景下学校多元评价主体系统

利益相关者理论认为任何一个公司的发展都离不开各方利益相关者的投入或参与，企业追求的是各方利益相关者的整体利益，而不仅仅是个别利益相关者的利益（Freeman，2010；彭博文等，2010）。高等学校是典型的利益相关者组织。其中的高校教师、学生、高校管理者是高校的内部利益相关者，也是最核心的利益相关者；政府、企业等合作单位和社会公众是外部利益相关者。作为跨界教育的职业教育，强调开放办学，与社会、行业、产业深度融合的办学需要更是凸显了多方利益相关者参与办学和育人的必要性（姜大源，2009）。教师绩效评价必须坚持多元主体参与。评价主体的多元化是现代大学制度治理理念的具体体现，“教育治理的优越性就在于多元主体的民主参与”（褚宏启，2014）。访谈者大多也支持多元主体参与评价的观点。

进一步阐述多元主体构成的原则，可以将多元主体定义为学校的利益相关者，包括教师、学生、上级领导、同行、合作企业、行业、政府代表等。古贝等（1998）提出：“应当把利益相关者作为输入因素投入到评估过程中”“所有因为评估而承担了风险的利益相关者都有权公开讨论自己的主张、焦虑和争议，并且可以要求获得答复，无论他们持有什么样的价值观念。”

学校办学过程中应该突出哪些核心功能，在学生有限的三年高职学习阶段应该

如何培养学生，教师应该如何提高自己，教师的绩效应该表现在哪些方面等等问题的答案，都受到学校、政府、行业企业、家长、教师、学生等不同利益相关者的价值观念和利益需求的影响。约翰·杜威认为评价不是陈述，而是分析、权衡、预测和判断，是一种认识性活动，是关于价值的最后的决定性的判断。高职教师绩效评价究其实质是基于人才培养价值观等系列价值观念，通过对教师的行为和结果的评价，统一其价值观念，提高其专业素质，从而改变行为和结果。所以学校管理者、教师、学生、合作企业以及政府等利益相关者，基于价值统一、利益统一、人才培养观念统一的共同参与评价的形式非常重要。利益相关者作为评价主体参与评估过程，无疑会更有利于评价目标的达成，对提高学校人才培养的社会适应力，提高学校的办学能力有非常重大的意义。不同的利益相关者站在不同的需求角度，对学校教学、科研、管理和社会服务这些组织功能的实践者的绩效进行评价，本身就是丰富思想、统一思想、明确学校和教师育人目标、途径的过程。

学校应该建立评价主体协同体系，明确人事处为教师绩效评价工作的总牵头负责部门，由人事处统筹梳理学校教师评价项目，对应成立教师绩效评价主体协同体系。比如分别建立学校校级和各二级教学单位的教师教学质量综合评价工作领导小组，统筹协调评教过程的组织工作；学校教学工作量、科研工作量、管理和社会服务工作量等应该由学校教师绩效评价工作领导小组牵头对评价内容和要求进行平衡协调；对评教异常情况进行裁定；同时作为权威机构接受对评教结果不满的教师的申诉处理。两级领导小组的设立，可以有效地解决访谈中教师提到的各二级教学单位各行其是、评价标准不统一、不便于横向比较等方面的问题，有效保证学校的基本要求与各教学单位的特色要求的协调实现。

（二）构建外部利益相关者参与评价的有效途径

通过团队绩效与教师个人绩效的有效关联，促进外部利益相关者与内部利益相关者达成共同价值目标，发挥外部利益相关者在团队绩效评价中的优势。通过团队与个人绩效关联，是实现外部利益相关者对个人绩效评价的有效途径。

外部利益相关者作为评价主体表达自己的利益诉求和价值目标，可以与学校达成共同的价值观和利益诉求。外部利益相关者更关注教师人才培养的成果，对于学校是否培养出家庭、企业、社会所需要的人才，外部利益相关者更有发言权。但是外部利益相关者的外部身份影响其对教师个体的了解，高职院校协同育人工作特点也为外部评价者对个体教师劳动成果的判断造成困难。

作为外部评价者的用人单位对我们教师团队共同培养的学生有相对独立、客观、权威的评判能力，可以对我们的人才培养质量总体情况进行评价，对我们某些方面的办学水平进行评价。简言之，外部利益相关者作为团队绩效的评价主体是胜任并便于操作的。可以借助外部评价者的力量对学校的团队绩效进行评价，通过将团队的评价结果与团队成员进行适当关联，从而实现外部利益相关者对教师个体的绩效评价。如此，既尊重了高职教师工作的团队协作的特点，又促进了教师个体对团队协作的意识和工作积极性，提升了协同育人的效果。外部利益相关者在学校绩效评价中的作用渠道更加可行，效果更有保障。

二、评价主体胜任力方面存在的问题

（一）加强评价主体培训，提高评价主体的胜任力

评价主体的胜任力直接影响评价结果。主观性评价指标导致了仁者见仁、智者见智。“横看成岭侧成峰”，不同的评价主体对同一评价客体的绩效表现可能会有不同解读。为减少评价过于受评价主体的主观因素影响，一方面要控制定性指标在整个评价指标中的比重，细化评价标准；另一方面，重视评价主体的胜任力状况，选择能够胜任评价工作的人员担任评价主体非常关键。

为保证评价目标和效果，应该对评价主体的胜任力提出要求，评价主体必须具备相应的资格。问卷题目“X17 您认为主要是以下哪些要素影响评价主体胜任力？”，被测试教师最看重的是评价主体对被评价者的了解程度、评价主体的责任心、评价主体的专业水平。胜任力应该包括评价主体是否拥有公平公正的品格；是否能够较准确把握学校的价值观、育人观和其他评价导向；是否拥有丰富的教育和专业知识；是否比较全面地了解被评价者的工作状况和所处环境，能够客观给出被评价者在整体中的位次；是否具有相对独立的身份。

学校教师绩效评价组织管理部门应对评价主体给予适当的评前培训，帮助评价主体了解学校的理念、战略规划，以及评价的内容、标准、依据材料、意义。应当建立评价主体资格认定和监督管理制度，对诚信差、不胜任的评价者，应该取消其评价权，计入诚信档案。

（二）根据评价项目确定评价主体，避免无效评价和重复评价

内容和要求不同的评价项目对评价主体胜任能力的要求也是不同的。区别不同的评价要求，选择胜任的人来担任评价主体非常重要。有研究者提出教师绩效评价的主体和相应评价项目应该有所侧重（杜栋等，2010）。根据评价主体对评价内容的知情程度、专业相关程度及其他因素确定评价主体。

对于相同的评价内容，尤其是可以量化指标的评价内容，由教师自行填报、评价工作小组进行核定，原则上由最直接的评价主体予以评价，减少重复无效劳动；而对于需要专业判断，对其进行定性评价的项目，则一定根据评价的内容确定相对权威的评价主体对被评价对象的工作态度、教学效果等方面的定性指标实施评价。

基于教师专业素质提升的发展性评价，则应该针对评价者个体情况，通过安排帮助教师成长的工作组或导师，在整个评价期间对其跟踪评价，观察教师行为，分析达成素质目标的行动计划和结果的有效性，及时给出发展意见和建议。教师自身通过自我反思进行自评。工作组成员或导师担任教师专业素质发展行动计划完成情况的主要评价主体。

（三）规范评价制度，提高学生评教结果的有效性

高职学生总体来讲具备评教主体的胜任力，但是不排除部分学生在评教态度和评价判断能力上有问题。在访谈和问卷调查过程中，学生的评教胜任力和学生评教结果的使用是广大教师共同关注的问题。无效的评教结果不能实现教师对教学情况的客观了解和反思改进；评教结果如果不客观公平，就不能应用到对教师的奖罚性评价中，与教师的切身利益关联。在“以学生为中心”的育人和管理理念下，学生评教越来越得到学校的重视，借助于提高学生的评教能力，保障学生评教的质量，真正发挥评教结果对教师工作和学校工作的促进作用具有现实意义。

首先，要通过教育引导，让学生意识到评教是自己所拥有的民主权利，通过评教参与到师生互动的教学协商中，学生应该珍惜自己的评教权；其次，要教育引导学生诚信做人，要客观公正地对教师的教学情况进行判断，评教是对教师劳动的客观评判，学生有义务认真做出评价；第三，学校应该制定明确的评教细则，提高学生对教师教学质量的评判能力，引导学生关注教师的行为规范、教师对学生的启发交流、课程目标达成情况、课堂学习效果、学生自身的学习收获等，要提醒学生在评教时理性排除与教师教学不相关的因素；第四，评教制度对异常评价结果要有剔除规定，特殊情况需要举证；第五，保留教师对不认同的评教结果的申诉权，学校要有明确的受理申诉的部门和工作程序。

第四节　提高教师民主参与程度，改进教师绩效评价

教师的知情权、参与权、申诉权与教师绩效评价的评价内容、评价方法、评价主体合理性分别存在正相关，教师的民主参与程度直接影响教师对绩效评价合理性的认同。所以提高教师民主参与能够发挥改进教师绩效评价的作用。

在教师绩效评价改进的过程中，教师的民主参与原则主要指组织要通过信息化手段提高教师绩效评价信息的公开性，通过征集评价方案修改建议、评价意见反馈、评价结果公示、评价申诉、元评价等民主参与环节的设置，充分听取教师对现行的教师绩效评价的方案的问题的意见建议，保持民主参与的信息渠道畅通；组织要明确规定受理申诉及评价职责的部门和人员，作为组织授权的权威机构，对所反映问题及时有效地处理；不断强化教师在教师绩效评价过程中的主体意识。在民主参与理论原则指导下，找准教师绩效评价客观真实的需要改进的问题和对教师绩效有重大影响的问题，只有在找准问题的基础上的绩效改进才能够得到教师认可，才能够提高教师绩效评价的合理性，发挥教师绩效评价的作用。

在访谈和问卷过程中发现教师对于学校设置的民主参与程序多有不满，对参与权、知情权和监督申诉权的认同度不高，认为形式大于实质。具体体现在：参事议事环节流于形式；评价信息缺少有效地沟通反馈；评价结果缺少有效的诉讼渠道；对评价过程缺少有效监督，虽然有结果公示制度，但是结果产生的过程不够公开；教师对评价政策及执行过程中的意见建议也缺少反映渠道。教师民主参与实效不够，民主参与不充分所导致的信息不对称，造成了评价内容等不合理情况的存在。民主参与制度有待进一步完善，民主参与程度有待在实践中进一步落实提高。教师绩效评价不合理的若干问题，都可以追溯到学校没有充分听取教师的意见建议，没有充分尊重教师教书育人的自主权和合理诉求。

教师民主参与是建设师生学习生活的幸福家园、学习乐园，服务于学生的全面发展的重要前提，要将民主风气作为学校绩效评价的文化底蕴。体现在教师绩效评

价过程中的教师参与权、知情权、监督和申诉权，既是对教师的合法权益的保障，又是对教师绩效评价公开、公平、公正的制度保障，是学校听取民意、尊重民意，借助民意提高教师绩效评价合理性和学校管理水平的重要途径。评价过程中很多评价实效与初衷的背离都是由教师和学校绩效信息沟通不畅、信息不对称造成的。

一、强化学校民主氛围，提升教师民主参与的意识和能力

民主参与是一种参与式的民主，是组织政治文明的体现，是管理现代化的重要标志，是指对重要事务决策过程的参与，体现了自主性、自治性、平等性。民主参与是调动最广大教师工作积极性主动性的重要条件。赫尔德（2004）认为："自主性概念包含了人类自觉推理、自我思考和自决的能力，也包含了在私人生活和公共生活中针对不同的路线进行协商、判断、选择和行动的能力，在此基础上产生了民主之善或公共之善。"民主参与既是每一位教师的权利，也对每一位教师有效行使民主参与权利的能力提出要求。建设积极健康的学校民主氛围必须做到对全员民主参与意识的唤醒、宣传强化和对民主参与能力的提高。

教师参与绩效评价是学校民主管理的一个缩影，同时也能集中体现学校民主管理水平。民主管理的重要前提应该是对教职员工和管理者的民主参与意识的唤醒，将民主参与作为一种思想自觉和行为自觉。

结合教师绩效评价工作，全员的民主参与意识主要体现在以下几个方面：管理者必须要树立听取民意，尊重教职员工民主参与权的意识，在制度设计和实施的过程中体现民主参与，将民主参与作为"以人为本"管理理念的实践形式，保证教师对学院理念、战略规划、重大制度和事件的参与权、知情权；教师在教师绩效评价中要有清晰的身份认知，即教师既是被评价的对象，同时又是评价的主体，是教师绩效评价工作的直接受益者，在整个绩效评价过程中其主体地位体现在对自身的评价和对同行的评价，以及对整体评价过程的参与、知情、监督和申诉；学生作为教师教学质量综合评价的重要主体，要充分认识到评教是一份神圣的权利，也是对其诚信的检验；督导、教研室主任或其他代行部门职责的参与评价的人员和参与评价相关工作的教师代表，一定要意识到自己代表着最广大教师的民主权利，要认真行使这一神圣的权利；其他合作企业等各方利益相关者的代表同样要清楚地意识到参与教师绩效评价工作是利益相关各方价值观念、利益诉求的一种协商和民主参与的重要形式，其行为会对教师的思想和行动产生影响，并进而影响各方共同关注的人才培养质量；学校的宣传部门和相关职能部门要注意对民主参与的宣传和强化，营

造民主参与的健康良好的氛围。

民主参与需要一定的能力，尤其是教师绩效评价更需要价值引导和专业知识。民主参与的过程既是民主权利实现的过程，也是民主意识觉醒和民主能力培养提高的过程。尤其对于学生来讲，学校要将学生作为教师教学质量评价的评价主体的参与过程作为对其进行公民民主教育的过程。学校要加强对评价相关人员评价能力的培训提升，尤其是对评价主体。学校牵头和制定评价政策的相关部门，应该对评价目的、评价内容和标准、评价方法、评价结果的使用与评价主体和被评价者进行评价制度讲解，通过充分的沟通交流提高其评价能力和自我反思能力。

二、完善民主参与的制度建设，保障教师参与制度制定和实施的全过程

民主实践是一个长期而艰巨的过程，是一个与长期形成的官本位思想和体制抗衡的过程，民主参与要实现，需要制度予以保障。教师绩效评价工作中的民主参与体现在绩效评价的整个过程，关键节点可以概括为重大制度制定的参与权，制度及其实施过程的知情权，制度执行及其结果和结果使用的监督和申诉权。所以，对教师绩效评价工作民主参与的有效保障就应该对于上述三个节点有明确的制度设计，明确教师参与的形式和要求，对没有执行制度规定的责任部门和人员要有明确的问责条款。

三、关注教师民主参与的实效，强化对民主参与制度的元评价制度

元评价是对制度本身合理性、有效性的评价和持续改进。对教师在绩效评价过程中的参与权、知情权、监督与申诉权等具体民主权利的制度制定和实施情况，需要进行评价和改进。对于没有在实践中落实到位的规定，要接受教师的监督，同时相关部门要定期总结分析，自我诊断评价，积极改进。

学校现有的教师绩效评价既存在执行环节的问题，也存在制度本身的问题，均对教师绩效评价的合理性产生了不良影响。教师绩效评价的内容和评价方法都有不断更新和不断调试的客观需要，因此，建立评价制度的元评价制度非常重要，可以及时收集和分析教师的意见建议，并有效实施改进。在元评价制度规范下，健全教师对绩效评价不合理问题的反馈渠道，定期对评价制度自身以及制度执行过程进行评价反思。

第五节　教师绩效评价总体改进措施

研究验证：教师绩效评价内容合理性、评价方法合理性、评价主体合理性之间存在正相关；教师民主参与程度对教师绩效评价合理性存在正向影响，教师民主参与的参与权、知情权、申诉权分别对绩效评价内容合理性、方法合理性、主体合理性认同度正相关。教师对绩效评价合理性的认同，往往呈现对评价内容、评价方法、评价主体三个方面看法的一致性，“一荣俱荣，一损俱损”。学校教师绩效评价的改进，除针对研究中发现的具体问题的具体改进措施外，需要学校制订总体改进方案。该方案应该有效协调评价内容合理性、评价方法合理性、评价主体合理性之间的系统性，提高教师民主参与程度，提高教师组织承诺。构建组织协同战略绩效评价体系，是落实教师民主参与路径，提升绩效评价合理性，进而提升教师组织承诺的有效措施。

一、以民主参与和组织协同为基础

罗伯特·S. 卡普兰和戴维·P. 诺顿在其著作《组织协同——运用平衡积分卡创造企业合力》中介绍了如何将平衡积分卡中企业的财务、顾客、内部业务过程、学习和成长等维度之间形成协同效益，以及如何在起支撑作用的职能部门、具体一线运作的业务部门以及董事会、投资者以及战略合作伙伴之间达成组织协同，确保企业战略执行的成功。组织协同实施有方，将有效清除组织内部战略执行的障碍，并在组织内部创造跨部门的战略协同效应，为组织创造竞争优势。组织协同的思想和方法高度契合高职院校校政企合作育人的办学路径，以及学校全员、全程、全域“三全育人”的人才培养模式。

理论生物学家贝塔朗菲（L. Von. Bertalanffy）认为：“任何系统都是一个有机的整体，它不是各个部分的机械组合或简单相加，系统的整体功能是各要素在孤立状态下没有的性质和（陈凌芹，2004）”。按照系统论的思想，整体设计构建教师绩效评价系统，可以得到整体超出局部加和的效果。

《孙子·谋攻》讲知胜有五，其中便有“上下同欲者胜”，组织成员必须有共同的愿望，才能取得胜利，实现战略发展目标。组织协同战略是建立在民主参与的基础上，组织成员的民意畅通表达和有效回应是组织发展战略能否达成共识的前提，对方案能否被最广大教师认同有直接影响。教师民主参与影响到教师绩效评价内容合理性、评价方法合理性以及评价主体构成合理性，在充分听取民意基础上的教师绩效评价方案更加民主、科学。参与到教师绩效评价工作中的教师会更加理解评价方案，提高自己的自我反思和协同互助意识。加强教师民主参与程度可以从根本上改进教师绩效评价方案。

组织协同原则是体现在评价目标、评价内容、评价方法、评价主体每一个要素内部的协同，评价目标、评价内容、评价方法、评价主体等所有评价要素之间的协同。该做法也是评价内容、评价方法、评价主体合理性变量之间相互影响的研究假设的具体实践。具体表现在通过多元评价主体构成达成利益相关者之间的利益协同；通过共同利益目标引导，达成评价内容协同；围绕核心评价内容需要，达成评价方法协同；服务于最终评价目的，实现各评价结果使用上的协同。组织协同战略有力推进了上下级之间、部门之间、同事之间的互助支持，能够有效提升教师对组织的承诺水平。

二、以组织协同发展战略为引领

合理的学校教师绩效评价，应该是依据学校的办学功能和特点，确立办学理念、办学愿景、育人观，并以此为价值起点，形成组织协同发展战略（图 5-3），确立组织成员共同认同的发展战略是组织协同的第一步。对组织的整体发展战略和各战略单位（包括各职能单元和各业务单元）的战略进行系统的统筹规划和分层规划；在战略规划体系的基础上，明确各部门任务，并进而分解落实责任人；在任务层层分解的基础上，学校为推动战略目标、保障任务完成，对应构建组织协同评价体系。

在学校、战略单元、个人三级关系中，教师位于最基础环节，每一位教师通过独立或合作完成工作任务从而实现团队和部门的任务，每个团队或部门独立或合作完成工作任务从而实现学校的工作任务，工作任务的有效完成是各级战略目标达成的前提和保障。事在人为，要做成事，离不开能做事的人，并且能做事的人还想做事；另外，有很多事还必须有很多人一起合作共同完成。所以组织战略发展离不开能做事、想做事、能合作做事的人，描绘清晰的学校战略发展任务路线图，可以起到引导和达成协同的作用，强化协同互助的氛围，是有效的教师绩效评价所依赖的重要的工作体系。

组织的架构可以分为决策管理层和各战略事务单元（SBU），学校的组织架构按

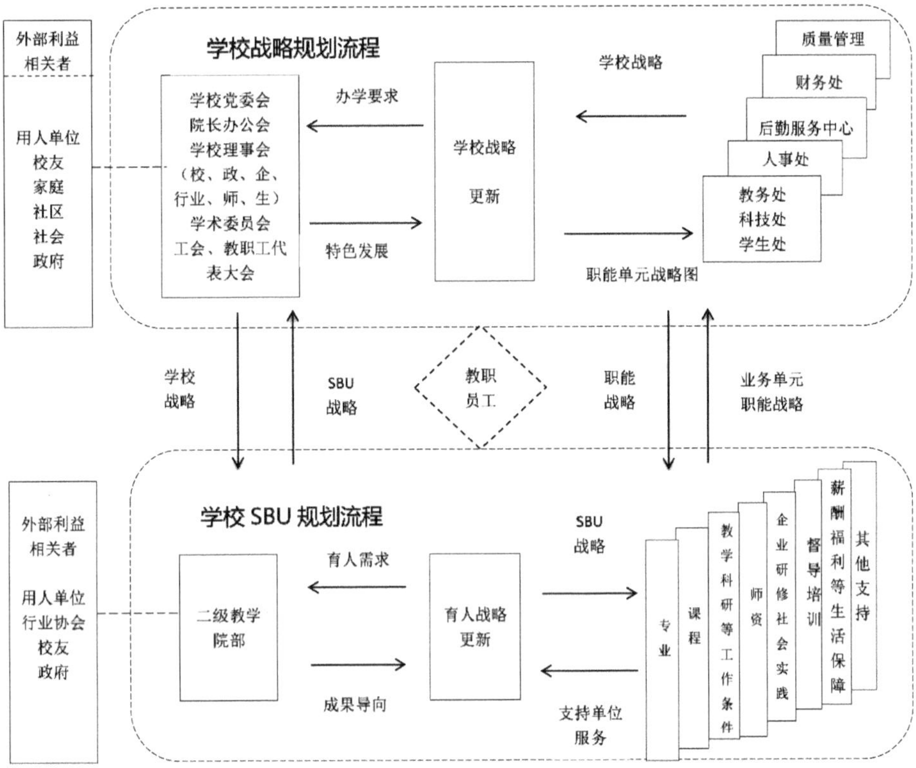

图 5-3　高职院校组织协同发展战略示意图

照该分层办法，可分为决策管理层和执行层。学校实行党委领导下的院长负责制，决策管理层包括学校党委会、院长办公会、学校理事会（校、政、企、行、校友、学生代表等）、学术委员会、教职工代表大会等议事组织和成员，在决策过程中要综合考虑，不能忽略校外利益相关者，比如用人单位、校友、学生家庭、社区、政府等的意见建议；执行层主要分为战略业务单元和战略支持单元。学校战略业务单元主要指各二级教学院部，以教书育人为核心任务，同时肩负科研和管理及社会服务；学校战略支持单元主要指教务处、科技处、学生处等业务职能部门，办公室、人事处、后勤服务中心、资产处、财务处等服务性职能部门，以及质管办、审计处、纪委监察等学校质量和规范运行保障监督部门。

合理的组织架构是学校办学功能和办学理念得以实现的组织保障。校内与校外利益相关者共同形成了育人的协同系统。在协同育人的环境中，组织协同的观念非常重要。按照组织协同理论规划组织战略图，将组织战略转化为可操作的语言，使组织战略协同一致，战略目标和育人观念融入每一个教职员工的日常工作，教师的个人专业成长和个人的工作任务及表现均是学校协同战略目标和任务的有效构成部分。教师加深对学校的目标和任务的理解，易于达成共识，提高执行力和对学校的依赖和信任，更有工作的成就感和责任心。

三、以组织协同评价系统为依托

学校的各级组织按照战略发展目标分解任务，并在此基础上形成组织协同评价系统（图 5-4）。在组织协同评价系统中，最高级别的是学校办学评价，该评价正由以往的官方、外部专家为主的办学水平评估，逐渐随着政府和学校管办评分开而转为以学校自我诊断为主的自我评价。该评价围绕学校办学理念、办学特色、人才培养质量、教学、科研、社会服务以及办学条件等全面实施。教学评价是学校办学的核心功能板块，也是学校核心的战略业务单元，以其为例，学校按照协同发展的思路，根据人才培养链条，又可将教学评价进一步分解为学生发展评价、专业评价、课程评价、教学条件评价、教学管理评价、学生服务评价、师资队伍建设评价等系列评价模块，每一模块内部设置相应的评价指标，模块间互成支持关系。同时，战略支持单元，比如业务管理和指导、人、财、物等相关模块也必须设立为被评价单元，设置相应的评价指标，以统筹引导、规范和促进其对战略业务单元的支持。借助有效的评价单元构建和评价指标的设置，达成全校上下齐心协力、共谋发展的局面。各评价单元的团队绩效按照岗位职责和人尽其才的原则进一步分解为教师个人任务

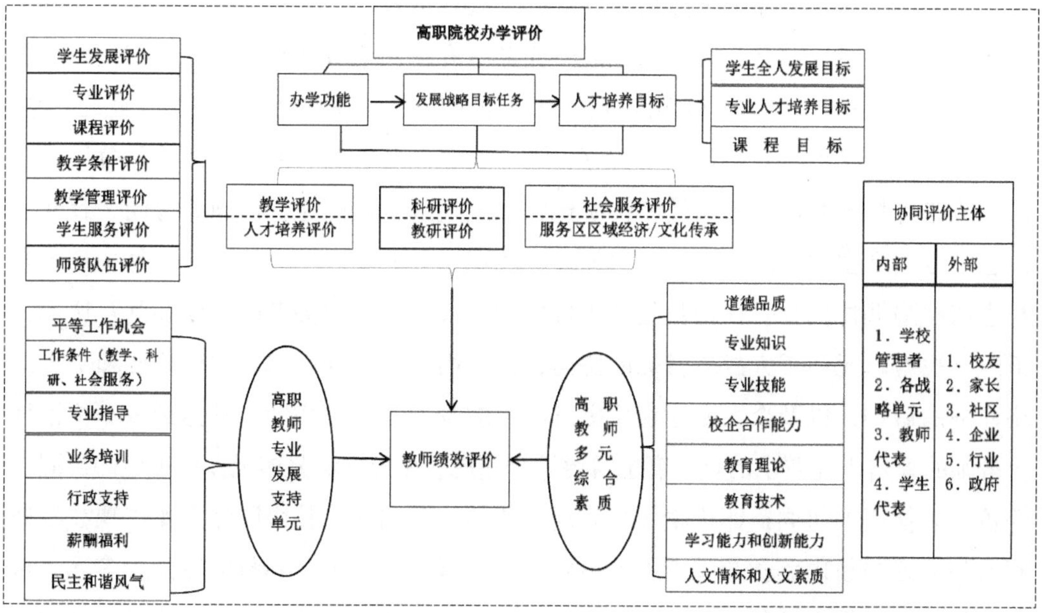

图 5-4 高职院校组织协同评价系统示意图

（含教师独立完成和协作完成的任务），并据此形成教师绩效评价的重要内容依据。教师绩效评价是学校整个协同评价系统中的最基础的环节。

在组织协同的战略规划系统和组织协同评价系统的构建过程中，民主参与的作用非常重要。顶层设计要充分听取校内校外的利益相关者的诉求和意见建议，基层则要充分听取教师的诉求和意见建议，最广泛的民主参与是集合智慧和统一价值观念的重要渠道。教师作为各级战略目标和任务的执行者，其素质能力和做事的意愿是组织绩效实现的前提。本研究已经验证合理的教师绩效评价能够提高教师组织承诺水平。

四、构建组织协同的教师绩效评价系统

充分尊重教师的民意，将教师置于被动接受任务的自上而下强制分派工作（分派的工作有可能是教师不擅长、不认同的事情）并进行对应绩效评价的状态，改为将教师摆在主动选择任务，结合自己的岗位职责和专业特长认领自己有信心、有意愿去完成的工作的状态，给教师提供扬长避短的工作平台，在平台上教师个体间形成有效的互补，协同一致，实现个人、团队和组织绩效。

通过教师的民主参与，教师的诉求得到最大程度体现，减少组织与个人之间的信息不对称和价值分歧。组织在用人方面应该做到知人善任。对于组织、团队与个人在自上而下、自下而上的战略任务分解、认领过程中，某些目标任务认领者过多可能造成人员投入浪费，或者部分战略任务没有得到有效认领。对此，相关部门需要进行统筹协调，进行人力资源配置，必要的情况下还需要物力资源和相应政策调控。

高职教师绩效评价系统主要包括评价内容、评价方法、评价主体等部分。按照协同战略思想，高职教师绩效评价所包含的上述部分之间充分体现着协同一致性，内容、方法和主体均服从于评价目的，方法和主体又服务于评价内容；每一环节自身也同样强调协同性：评价目的要体现校内、校外利益相关者的价值和利益协同，组织、战略单元和个人战略目标的协同；评价内容要体现组织、战略单元和个人战略任务的协同，以及个人专业素质提升与组织发展需要的协同。具体到每一位被评价教师的评价内容要求的难易度也需要综合考虑；评价方法要体现评价程序的协同、评价结果使用的协同；评价主体要体现主体的多元结构，其协同性主要体现在校外利益相关者与校内利益相关者的价值观、育人观、绩效观及利益的协同。多元评价主体具体包括用人单位、合作企业、行业、校友、家长、社区、政府等以及校内决策管理层、各相关战略单元、教师和学生等方面的代表。

本方案旨在加强教师民主参与，提升教师绩效评价合理性，提高教师组织承诺水平。组织协同是避免团队成员责任分散，形成责任凝聚的重要措施，是落实教师民主参与路径的具体实践，对改进教师绩效评价有直接作用。教师绩效评价作为学校评价系统的一部分，必然受到学校整体价值理念和评价环境的影响。站在协同战略视角从顶层设计学校的绩效评价体系，将教师的民主参与作为制度科学性的重要保障，对改进教师绩效评价的合理性至关重要。

第六章

研究结论与展望

第一节　研究结论

本研究采用质性和量化混合研究方法，对山东某高职院校45位教师访谈，对404位专任教师和137位学生实施问卷，收集了大量研究资料，通过对目前高职教师绩效评价存在的问题和影响因素进行深入剖析，在实证研究的基础上有针对性地提出了高职教师绩效评价的改进策略。研究发现包括以下几点。

一、高职教师绩效评价内容方面存在的问题及改进措施

高职教师绩效评价内容合理性方面存在的主要问题：评价内容面面俱到；师德重视程度体现不够；教学核心地位体现不够；教师的企业实践整体薄弱，无法满足提升教师技术技能水平的需要；科研方面存在高职特色不够鲜明的问题；部分学生服务方面的评价内容流于形式，没有实效；企业研修和社会服务方面的评价流于形式，没有发挥应有作用，等等。教师绩效评价指标体系缺失，评价标准模糊，佐证依据不科学；教学工作量的确定没有充分考虑专业、自然班等差异，科学论证不足；较之讲师岗位任务规定的科研工作量，副教授及教授的岗位任务没有体现出更高要求；管理和社会服务的评价制度没有得到有效执行。

本研究提出的改进措施：构建学校绩效评价体系，解决教师绩效评价内容大而全、没有突出教学核心地位的问题；将师德评价作为独立评价项目，明确师德评价指标，严肃师德评价结果的使用；建立具有高职特色的科研绩效评价指标，引导教师开展教研和应用技术类科研；科学设计体现教师关爱学生的评价指标，避免流于形式，挤占教师有限精力；通过制度建设，保障教师获得均等参与相关工作的机会，保障评价的公平性。实事求是，民主科学地论证教师绩效评价标准；教师绩效评价的指标应该符合关键指标法和目标管理的SMART原则；关注生成性工作成果，评价佐证材料应该具有权威性、客观性、操作性；调动各方积极性，多策并举提高教师企业研修和社会服务的实效，切实提高教师“双师”素质。

二、高职教师绩效评价方法方面存在的问题及改进措施

高职教师绩效评价具体方法合理性存在的主要问题：学校、部门和个人绩效之

间没有形成有效的关联评价；目前学校的分类评价方法，没有进行有效的分类设计，不同职称层级的绩效标准没有显著区别；奖励性绩效工资分配没有与绩效评价结果建立有效关联，绩效工资分配没有完全打破平均主义，没有体现多劳多得；教学质量综合评价结果的强制分布及评价结果的使用情况存在不合理问题。

评价程序合理性存在的主要问题：教师绩效评价结果及结果的使用情况缺少及时有效的反馈；未严格执行教师绩效评价制度，教师绩效评价的权威性和公正性受到影响；对不认同的评价结果，教师缺少正常的诉求渠道。

评价工具合理性存在的问题主要是学校没有集成评价系统，数据填报标准不规范，录入不及时，数据没有有效用于评价工作。

本研究提出相应的改进措施：构建组织战略协同的教师绩效评价目标体系，实施分层分类评价办法，改进学校、部门、个人绩效缺少有效关联的现状；健全教师分类管理的教师绩效分类评价方法；坚持发展与奖惩并重，完善高校教师绩效评价体系；以公平为前提，实施奖罚措施，改变绩效工资分配的平均主义做法；以学生为中心，制定基于成果导向的评价模式。采用将学生增值发展评价与教师绩效评价相结合的评价方法；评价结果使用丰富化，起到激励大多数教师的作用，引起最大多数教职工的关注。进一步加强评价程序中反馈、公示、申诉等环节，发挥其保障学校和教师畅通交流的作用；教师绩效评价方法应该坚持动态改进原则，将评价合理性的元评价作为评价方案不可缺失的一部分。构建学校绩效评价信息化支持系统，全面提升学校绩效评价效果。

三、高职教师绩效评价主体方面存在的问题及改进措施

高职教师绩效评价主体构成合理性存在的主要问题：评价主体的构成中缺少教师本人的自我评价；教学院长及其他上级评价者存在缺位情况。

评价主体胜任力方面的主要问题：校级督导存在年龄结构、知识结构等方面问题，评课标准需要改进；部分教研室同行的评价结果不客观公正，作用发挥不理想；教研室主任作为评价主体存在态度和方法的问题；外部专家的胜任力方面存在一定问题；学生素质高低会影响学生的评教胜任力，从而影响教师教学质量评价结果；少数学生缺乏公正、诚信意识，教师严格要求学生会导致得差评；学生评教的独立性受到干扰的情况，一定程度上会影响评教结果。

本研究提出相应的改进措施：实施协同管理，构建组织战略协同背景下学校多元评价主体系统；设计外部利益相关者参与评价的有效途径。发挥外部利益相关者在团队绩效评价中的优势，通过团队绩效与教师个人绩效的有效关联，进而促进外

部利益相关者与内部利益相关者达成共同价值目标。提高评价主体的评价胜任力；根据评价项目确定评价主体，避免无效评价和重复评价；教育引导学生正确对待评教这一民主权利和义务，通过评价制度规范学生评教结果的有效性。

四、高职教师对教师绩效评价合理性的认知存在个体差异

研究发现，教师的性别、教龄、年龄、职称、学历、任课类型、科研能力、年度考核结果、评教结果等教师个体特征不同，对教师绩效评价合理性认知存在显著差异。就每一个维度来看，教师的个体背景特征不同对教师绩效评价合理性认知全面存在差异，而对教师绩效评价内容、评价方法、评价主体合理性认知分别有三项个体背景特征与其不存在显著差异，其中：教龄差异、职称差异、学历差异的教师对教师绩效评价内容合理性认知没有显著差异；性别差异、年龄差异、年度考核结果差异的教师，对教师绩效评价方法合理性认同不存在显著差异；性别差异、教龄差异、年度考核结果差异的教师，对教师绩效评价主体合理性认同没有显著差异。就每一个个体背景特征来看，教师的任课类型、科研能力、评教结果不同，对教师绩效评价内容、教师绩效评价方法、教师绩效评价主体及教师绩效评价合理性认知均存在显著差异。年龄不同的教师对教师绩效评价方法合理性认知没有显著差异；职称不同和学历不同的教师对评价内容合理性认知没有显著差异。本研究结合学校教师绩效评价的现状及问题，对验证结果进行解释，并提出了管理建议。该发现对实施教师分类评价，关注教师个体需求有直接指导意义。

五、高职教师绩效评价合理性对组织承诺有促进作用

研究发现教师绩效评价合理性与教师组织承诺存在正相关。从高职教师绩效评价的作用视角分析，学校目前教师绩效评价没有很好地发挥在教师和组织之间构建桥梁，传递学校的战略目标和愿景以及价值理念等方面的作用，教师对组织的认同度需要提升；没有充分体现协同育人，组织对教师的专业发展和实现工作绩效缺少足够的支持；评价内容没有很好地体现师德、岗位职责、行为规范和专业素质的明确标准，对教师的规范引导不够，这些分别影响到了组织承诺的感情承诺、继续承诺和规范承诺。这些问题的产生与教师民主参与不够直接相关。借助于教师绩效评价的改进能够提升教师的组织承诺水平。

六、教师民主参与是影响和改进教师绩效评价的关键因素

研究发现教师的民主参与与教师绩效评价合理性存在显著正相关。民主参与的

参与权、知情权、申诉权对教师绩效评价内容合理性、方法合理性、主体合理性以及整体合理性均呈正相关。研究发现目前学校在教师绩效评价内容、方法、主体方面都不同程度地存在不合理问题，进一步分析可知，这些问题的产生与学校教师民主参与程度较低直接相关。研究认为提高教师的民主参与程度是改进教师绩效评价的关键措施。本研究以教师民主参与和组织协同为基础，以组织协同战略为引领，以组织协同评价系统为依托，构建组织协同的教师绩效评价系统。

方案体现利益相关者的目标价值协同；组织战略目标任务与教师承担的工作任务、教师专业素质发展需要的评价内容协同；评价方法上充分体现团队与个人绩效评价协同、程序协同、评价信息化系统协同、评价结果使用项目的协同；评价主体则体现多元构成，评价主体间的分工协同；确立教师在绩效评价中的主体地位，教师的参与权、知情权、申诉权等民主权利需要得到切实的保障；评价内容、评价方法、评价主体之间的相互协同。学校为教师的专业发展和绩效任务达成提供足够的支持，要与教师就学校的战略发展目标、愿景和任务措施进行充分的沟通，达成共识。

对应文献研究相关观点发现，基于对山东某高职院校教师绩效评价的研究结论得到了其他研究者对于教师绩效评价内容、评价方法、评价主体的现状、问题和对策建议方面的研究观点的支持，在文献综述中所列示的问题与样本学校具有共性。通过对样本学校教师绩效评价的深度剖析和研究，丰富了我国高职教师的绩效评价的研究，提出的教师绩效评价的总体改进方案和具体改进措施在高职院校中有一定的推广价值。

第二节 研究的创新点

本研究对高职教师绩效评价进行了系统研究。本研究的创新点主要体现在研究方法和部分研究成果的创新方面。

一、运用了质性与量化顺序探究的混合研究方法

在全员育人的大环境下，教师群体中的专职教师、兼职教师、辅导员队伍和行政管理人员都是高职院校的广义上的专任教师，但高职教师群体的核心组成依然

是高职院校狭义上的专任教师，所以本研究选择山东某高职院校狭义上的全体专任教师作为研究样本，采用质性和量化相结合的顺序性探究的混合式研究方法，借助 MAXQDA12 软件对 30 多万字的访谈资料进行了编码分析，并提出研究框架和研究假设。在此基础上开发设计了评价内容合理性量表、评价方法合理性量表、评价主体合理性量表以及教师民主参与程度量表，并借用国际上成熟的组织承诺三维度量表，实现了对核心概念的测量。

借助 SPSS22.0 软件对 393 份有效问卷进行了数据分析，对研究假设进行了数据变量关系解释和支撑。在访谈和问卷分析的基础上，通过 AMOS20.0 建构结构方程模型（SEM），从而完成了高职教师绩效评价合理性影响因素路径分析，综合定性研究和 SEM 分析结果，深入剖析高职教师绩效评价现状、影响因素，并提出改进高职教师绩效评价方案的对策与建议。

二、构建了高职教师绩效评价合理性研究框架和研究假设

在对学校 45 位教师深度访谈资料分析的基础上，建构了“评价合理性”的概念，定义评价内容、评价方法、评价主体三方面合理性为其核心内容，聚焦组织承诺和民主参与为与高职教师绩效评价合理性直接相关的两大因素，从而形成了以教师绩效评价内容、评价方法、评价主体以及民主参与、组织承诺为核心概念的研究内容框架。并在对问卷分析结果量化分析的基础上验证了研究的四项假设。研究发现性别、年龄、教龄、职称、学历、任课类型、科研能力、评教结果和年度考核结果等个体特征不同的高职教师对教师绩效评价合理性的认知存在个体差异；高职教师绩效评价内容合理性、评价方法合理性、评价主体合理性之间正相关；教师民主参与程度对教师绩效评价合理性存在正向影响；高职教师绩效评价合理性对教师组织承诺存在正向影响。

三、构建了高职教师绩效评价指标体系并提出了制度化的改进策略

在梳理当前文献对于高职教师绩效评价指标构成研究的基础上，从解决当前高职教师和组织所面临的现实问题的角度，客观分析当前高职教师绩效评价存在的问题，有针对性地提出改进教师绩效评价策略。按照问题导向与成果目标导向，在研究验证的相关假设以及评价理论、激励理论、民主参与理论指导下，本文提出了民主参与前提下的高职院校组织协同评价系统框架以及框架内的高职教师绩效评价系统；构建了适应山东省某高职院校的教师绩效评价指标体系；建立高职教师绩效评价反馈机制、教师绩效评价申诉制度；强调绩效评价方案的元评价制度设计，对方

案本身进行持续改进，控制评价结果的使用风险，动态关注教师绩效评价方案的有效性，凸显解决教师和组织绩效的现存问题，提高教师组织承诺的高职教师绩效评价作用。

第三节 研究局限与展望

本研究的局限性体现在以下几个方面：

一、样本选择的局限性

受时间和资源限制，本研究的样本选择单一，没有跨地区和跨学校的选择样本；受样本学校专业所限，专任教师样本的选择没有包括目前高职教育所有学科门类。这使得研究结论难免带有一定片面性，基于扎根理论研究形成的研究结论需要在高职教师绩效评价实践中得到更多检验。

二、研究方法的局限性

与高职教师绩效评价合理性相关的因素，除了本研究界定的教师个体差异、组织承诺和民主参与之外，还存在诸多控制变量影响因素没有被考虑、研究。

三、教师育人绩效与学生发展相关联的操作方法的局限性

本研究强调教师绩效“以学生为中心”“以成果为导向”，希望将教师绩效的评价依据与学生的成长效果建立关联，通过学生的发展性评价来评价教师的育人成绩。但是，一方面学生的发展性评价目前还缺少易于操作的、令人信服的、科学有效的办法；另一方面学生是学校协同育人的结果，很难绝对分清在共同育人的过程中哪位教师的贡献更大一些。所以，目前还难以落实教师的育人绩效与学生发展有效关联的设想。

基于上述对本研究存在的局限性的思考，未来的研究将继续聚焦于高职教师绩效评价体系、标准，以及对高职教师绩效评价影响因素和改进措施的研究。针对高职教育的功能定位、高职教师育人特点和高职教师专业化发展的规律，在本研究的基础上进一步拓展研究样本，并进行国际比较研究，以期推动当前的研究走向深入。

在日后的工作中，笔者拟将本文所提出的教师绩效评价的改进措施，积极运用到样本学校教师绩效评价的实际工作中，并对其实践效果进行跟踪分析，进行行动研究，不断提高教师绩效评价改进方案的科学性。

教师是传播爱的人类灵魂的工程师，他们给学生爱的同时，自身也同样需要关爱和支持。研究者希望本论文所倡导的民主、协同观念指导下的教师绩效评价，从爱每一位教师和每一位学生出发，能够让每一位教师和每一位学生在爱的氛围里，接受引导与激励。教师绩效评价能够有效地发挥规范教师行为，提升教师专业素质，扬长避短形成教师团队合力，共同将学生培养成充满爱心的全面发展的职业人才。

附 录

一、关于教师绩效评价的访谈提纲

性别：	专业：	教龄：
学历：	职称：	访谈时间：

访谈背景	备注
该访谈主要为提高学院的教师评价工作，进而推动教师发展，全面提升学院的教育教学工作质量，弄清影响教师绩效评价的主要影响因素。回答结果仅作为研究之用，并为您保密。非常谢谢您的支持与协作	与被访者建立信任关系，消除他们的疑虑
导入问题	备注
1. 请您谈一下自己目前被考核的绩效项目有哪些？（追问：您对考核过程了解么？）	发问题目由简单到复杂，从教师都能聊得上来的问题入手。从教师个人感受着手，同时界定下面讨论会涉及的概念
2. 你重视学校进行的绩效考核工作么？（追问原因）	学校绩效考评工作对个人的影响（个人发展、奖惩）
正式问题	备注
3. 您认为高职教师绩效应该包含哪些方面？您认为这些方面应该通过哪些指标来评价？	评价内容。老师们关注的绩效内容。老师们认同的绩效评价指标
4. 您认为教师绩效应该由谁来评价？权重怎么分配？怎样评价？	评价主体和评价方法。了解老师对评价主体和评价方法的意见和建议
5. 您认为教师绩效评价结果应该如何使用？	评价结果的使用
6. 您对绩效工资的发放有何建议？公平、公正的教师薪酬政策应该是怎样的？（追问：目前教师绩效评价与职称评聘关联度高么？）	绩效评价结果对绩效工资的影响。了解老师们的态度
7. 您对职称评聘有何建议？您认为公平、公正的教师职称评聘政策应该是怎样的？（追问：目前教师绩效评价与职称评聘关联度高么？）	绩效评价结果对职称评聘的影响。了解老师们的态度

（续表）

8. 您认为高职教师绩效评价的必要性如何？（追问：目前学校的教师绩效评价起到这些作用了没有？存在什么问题？）	了解教师对绩效评价的目标定位。讨论学校目前绩效评价工作存在的问题
9. 您认为高职教师绩效的主要影响因素有哪些？为什么？	影响绩效的因素分析
10. 您认为高职教师绩效评价的主要影响因素有哪些？为什么？	影响绩效评价的因素分析
11. 您认为个体绩效与团队绩效是否应该关联评价？如何评价？	如何将个体贡献与团队贡献有效结合
12. 请您谈谈对高职教师绩效评价改进的对策与建议？	综合评价方案涉及的各项问题

二、调查问卷

尊敬的老师：您好！

为全面了解我院专任教师绩效评价工作的现状，更好地发挥绩效评价对教师发展的激励引导作用，特面向全院专任教师进行绩效评价情况的问卷调查。您的认真参与将帮助我们收集到客观准确的信息，提高我们分析的准确性，为进一步改进该项工作起到促进作用。请您务必忠于自己真实感受和客观实际情况填写。

该调查问卷为匿名调查，内容仅提供研究使用。非常感谢您的参与与支持！

第一部分　个人背景信息

请根据您的实际情况在选项下打“√”。如果选择“其他”请在“___”内填写必要的信息。

G1. 您的性别：

A. 男性　　B. 女性

G2. 您的年龄阶段：

A. 23~35 岁　　B. 36~45 岁　　C. 46~55 岁　　D. 55 岁以上

G3. 您的教龄是：

A. 0~5 年　　B. 6~10 年　　C. 11~15 年　　D. 16~20 年

E. 21~25 年　　F. 26~30 年　　G. 30 年以上

G4. 您的最终学历（学位）：

A. 大专 B. 大学本科 C. 硕士研究生（硕士） D. 博士研究生 E. 其他

G5. 您的职称：

A. 无 B. 初级 C. 中级 D. 副高 E. 正高

G6. 您的职务：

A. 教师 B. 督导 C. 教研室主任 D. 副院系长 E. 院系长

G7. 您认为自己目前处于高职教师专业化发展的哪个阶段：

A. 新手 B. 提高者 C. 能手 D. 专家 E. 不清楚

G8. 您所任课程的主要类型：

A. 纯理论课 B. 理论实践课 C. 纯实践课 D. 兼有

G9. 您有连续多长时间的企业任职工作经历：

A. 5 年以上（含） B. 3（含）~5 年 C. 1（含）~3 年

D. 1 年以内 E. 从来没有

G10. 近 5 年来，您每年在企业累计（可以不连续）与专业相关工作研修的时间：

A. 2 年（含）以上 B. 6 个月以上（含） C. 5 个月（含）~6 个月

D. 每年不足一个月 E. 几乎没有

G11. 您认为企业研修对提高教师的双师素质作用程度为：

A. 非常大 B. 较大 C. 一般 D. 不大 E. 完全没有作用

G12. 您认为与专业相关的社会服务工作对提高您的双师素质的作用程度：

A. 非常大 B. 较大 C. 一般 D. 不大 E. 完全没有作用

G13. 除教师资格证外，您是否还持有其他几个职业资格证书？

A. 没有 B. 有一个 C. 有两个 D. 有两个以上

G14. 您认为职业资格证书是否能够证明您的技术技能实践操作能力？

A. 完全能够 B. 能够 C. 一般 D. 不能 E. 完全不能

G15. 您认为自己一学期里可以兼顾以下哪几个方面的工作（可多选）：

A. 教学 B. 科研 C. 专业建设 D. 学生管理服务 E. 教学管理

F. 招生就业 G. 教师培养 H. 院内管理 I. 社会服务 J. 企业研修

G16. 您是否认同科研对教学有促进作用？

A. 非常认同 B. 认同 C. 一般 D. 不太认同 E. 完全不认同

G17. 如果鼓励教师发挥专业优势服务社会并取得服务对象报酬。您会是以下哪种情况：

A. 有愿望有能力有精力　　B. 有愿望有能力无精力
C. 有愿望有精力无能力　　D. 有能力有精力无愿望
E. 有能力无精力有愿望　　F. 无愿望无能力无精力

G18. 您是否将成为能够帮助学生成长的“好老师”作为个人发展的目标：
A. 是　　B. 不是

G19. 您想成为一名好老师的动力主要源于哪几个方面（可多选）：
A. 自我愿望　　B. 团队氛围　　C. 绩效评价导向
D. 社会舆论　　E. 个人成就　　F. 其他

G20.（1）您了解所教学生的知识基础吗：
A. 非常了解　B. 比较了解　C. 一般　D. 不大了解　E. 完全不了解
（2）您认为需要了解么？
A. 需要，努力去了解　B. 需要，不会主动去了解　C. 不需要

G21.（1）您了解所教学生的学习习惯吗？
A. 非常了解　B. 比较了解　C. 一般　D. 不大了解　E. 完全不了解
（2）您认为需要了解吗？
A. 需要，努力去了解　B. 需要，不会主动去了解　C. 不需要

G22.（1）您了解所教学生的学习需求吗：
A. 非常了解　B. 比较了解　C. 一般　D. 不大了解　E. 完全不了解
（2）您认为需要了解吗？
A. 需要，努力去了解　B. 需要，不会主动去了解　C. 不需要

G23.（1）您了解专业人才培养方案以及您所教授课程在人才培养方案中的定位和作用吗？
A. 非常了解　B. 比较了解　C. 一般　D. 不大了解　E. 完全不了解
（2）您认为需要了解吗？
A. 需要，努力去了解　B. 需要，不会主动去了解　C. 不需要

G24. 您认为您帮助学生实现学习目标了吗？
A. 完全实现了　　B. 基本实现　　C. 一般
D. 部分实现　　E. 没有实现　　F. 不清楚

G25. 您感觉目前学校与教师绩效评价相关的以下哪几项工作（可多选）对您产生了较大的影响？
A. 教师教学质量综合评价　　B. 科研工作评价

C. 管理和社会服务工作评价　　D. 职称评聘　　E. 年终考核

F. 单项评优推先　　G. 奖励性绩效工资分配　　H. 岗位调整

I. 国内外培训机会　　J. 都没有影响

G26. 您 2016 年度考核的结果：

A. 优秀　B. 合格　C. 基本合格　D. 不合格　E. 不清楚

G27. 您 2016 年度秋季学期学生评教的结果：

A. 优秀　B. 良好　C. 合格　D. 不合格　E. 不清楚

G28. 您 2016 年度秋季学期教学质量综合评价的结果：

A. 优秀　B. 良好　C. 合格　D. 不合格　E. 不清楚

G29. 您 2016 年度是否完成了岗位任务书规定的所有工作？

A. 全部完成　　B. 80% 以上完成　　C. 50% 以上完成

D. 完成不到 50%　　F. 不清楚

G30. 您近三年来论文总计发表情况：核心期刊___篇，普通期刊___篇。

G31. 您近三年来主持院级课题___个，市级课题___个，省级课题___，国家级课题___个；参与院级课题___个，市级课题___个，省级课题___，国家级课题___个。

第二部分　量表问卷

A. 评价内容合理性量表

项目	题目	很不合理	不合理	一般	比较合理	非常合理
教学	A1. 在学生评教中规定对“教师教学是否做到以学生为主体，注重师生互动”的评价内容	1	2	3	4	5
	A2. 对教学效果的评价占学生评教总分值（教学态度、能力、效果）的 40%	1	2	3	4	5
	A3. 学校要求对教师教学教案完成情况进行评价	1	2	3	4	5
	A4. 教师积极主动辅导学生完成学生答疑工作是教学质量综合评价的一项评价内容	1	2	3	4	5
	A5. 专任教师年度授课基础工作量为 288 课时	1	2	3	4	5

（续表）

教学	A6. 讲师每年授课工作量不少于 320 课时	1	2	3	4	5
	A7. 教研室主任授课工作量不少于 144 课时	1	2	3	4	5
	A8. 教师指导毕业班学生进行顶岗实习、毕业设计（论文）及答辩等，按每生 4 课时计算工作量	1	2	3	4	5
	A9. 教师指导毕业班学生进行顶岗实习、毕业设计（论文）及答辩等，要求每位教师指导学生不超过 20 人	1	2	3	4	5
	A10. 全院只有思政课、军事理论课按照自然班数计算工作量，1 个班系数为 1，3 个班以内系数为 1.2，特殊情况 4 个以上合班课，系数按 1.3 计算	1	2	3	4	5
	A11. 基础课时量的确定没有考虑专业课程体系及师生比等情况的差异	1	2	3	4	5
	A12. 专业课授课工作量不足的教师通过公选课等渠道补足课时	1	2	3	4	5
科研	A13. 申报评聘教授须在副教授 5 年内完成公开学术报告和学术讲座累计不少于 3 次	1	2	3	4	5
	A14. 课题申报计入相应科研工作量	1	2	3	4	5
	A15. 指导学生技术发明、开展科普性、科技活动项目获奖（不含各类技能大赛）计入教师的科研工作量	1	2	3	4	5
	A16. 申报副教授，须在讲师期间，独立或作为第一作者在核心期刊以上刊物发表 1 篇以上教育教学研究论文和学生思想政治工作研究论文，或在核心期刊以上刊物发表 1 篇以上本专业学术论文；或参与编写正式出版的著作（前三位）；或主编正式出版的校本以上教材；或主编的教材获市级及以上奖励	1	2	3	4	5

（续表）

科研	A17. 副教授主持立项一个一般项目的院级课题即完成年度科研基本工作量	1	2	3	4	5
	A18. 专任教师受聘后需要同时完成对应级别的论文（著作、教材）与课题（项目、专利、成果奖精品课程等）各一项	1	2	3	4	5
管理和社会服务	A19. 学校管理和社会服务工作量按照对应分值计算考核，没有折合成课时工作量	1	2	3	4	5
	A20. 受聘讲师及以上职称后，聘期内有 1 年以上指导学生社团工作的经历，或承担班主任、兼职辅导员等学生管理和辅导工作 1 年以上	1	2	3	4	5
	A21. 讲师以上的公共课教师每年需要指导社团或社会实践活动累计不少于 1 个月	1	2	3	4	5
	A22. 有院系要求教师每月不少于 2 次进学生宿舍关心学生，需要顺便在公寓管理员处登记一下，作为行为证明	1	2	3	4	5
	A23. 实践型较强的专业课教师应取得所从事专业相应的职业资格证书或技能等级证书	1	2	3	4	5
	A24. 专业教师 3 年内完成不少于 4 个月的连续性企业研修并考核合格，方能参加各类评先评优和专业技术职务评聘	1	2	3	4	5
	A25. 专任教师申报讲师及受聘后在聘期内指导学生参加专业技能大赛获得市级及以上奖项；或本人获得院级三等以上教学或专业技能竞赛奖项；或参加企事业单位横向课题	1	2	3	4	5
	A26. 受聘副教授后在聘期内结对指导、培养青年教师至少 1 名	1	2	3	4	5
综合	A27. 科研工作量、管理和社会服务工作量均采用自选菜单式。在学校给出的工作项目中，教师可结合自身情况进行选择，按照相应规定，折合计算相应工作量或分值	1	2	3	4	5

（续表）

综合	A28. 职称评聘办法规定教师如因特殊原因，可将授课工作量和科研工作量打通折算，但折算工作量不得超过规定工作量的一半	1	2	3	4	5

B. 评价方法合理性量表

项目	题目	很不合理	不合理	一般	比较合理	非常合理
评价具体方法	B1. 目前教师绩效评价内容基本没有体现学校、院系、个人绩效之间的层层分解关系。	1	2	3	4	5
	B2. 学校实行二级管理，各二级院部结合专业等特点依据学校相应制度，制定各自的实施细则，比如《教师教学质量综合评价指导意见》《奖励性绩效工资分配办法》等	1	2	3	4	5
	B3.《学院奖励性绩效工资分配办法》规定各二级学院用于授课工作的奖励费原则上不低于本二级学院奖励性绩效总量的 65%	1	2	3	4	5
	B4.《学院奖励性绩效工资分配办法》规定各二级学院用于授课工作的奖励费原则上科研工作奖励费不低于 10%	1	2	3	4	5
	B5.《学院奖励性绩效工资分配办法》规定各二级学院用于管理服务工作奖励费原则上不低于 10%	1	2	3	4	5
	B6. 教学质量综合评价优秀等级数量比例为评价教师总数的 30%，良好等级比例为 40%，合格和不合格等级为 30%	1	2	3	4	5
	B7. 学生对教师教学质量采用五级评价量表法进行满意度测评	1	2	3	4	5
	B8. 目前学校在岗位绩效任务和奖励性绩效工资分配办法中体现了按照职称级别的分类评价方法，不同职称规定不同的岗位任务、评聘条件和绩效工资分配系数	1	2	3	4	5

（续表）

评价具体方法	B9. 个别二级学院的奖励性绩效分配办法中规定超课时授课工作量课时费与基础工作量的课时费一样，没有超工作量的额外补贴	1	2	3	4	5
	B10. 个别二级学院将教学质量综合评价结果与课时费挂钩，对优秀等级的教师每课时费根据可分配额度予以增加，比如每节课多 10 元奖励	1	2	3	4	5
	B11. 申报评聘副教授职务须在任讲师职务近 5 年教学质量综合评价均在“合格”以上，其中至少 2 次为“优秀”	1	2	3	4	5
	B12. 年度考核结果存入本人档案，作为岗位聘任、专业技术职务晋升、续聘、解聘、增资和奖惩等重要依据	1	2	3	4	5
	B13. 年度考核优秀的二级院系，其院长和书记个人年度考核为“优秀”等级	1	2	3	4	5
	B14. 目前学校未完成岗位任务书规定工作的教师，基本没有按照规定承担相应责任	1	2	3	4	5
	B15. 质管办根据教学质量综合评价结果而不是学生评教结果选择教师安排督导去听课	1	2	3	4	5
评价程序	B16. 各类工作量审核一般采取个人填报，二级院系和部门审核、公示等办法	1	2	3	4	5
	B17. 各二级院系负责本部门副高级及以下专业技术岗位层级评聘；并对竞聘正高级和辅系列副高级及以下专业技术岗位层级人员进行推荐	1	2	3	4	5
	B18. 职称评聘规定了部门民主评议推荐环节	1	2	3	4	5
	B19. 年度考核评价一般采用个人总结、院系内公开述职与民主测评、院系综合评价与公示、校考核领导小组审议、党委会审议、全校公示、结果备案	1	2	3	4	5

（续表）

评价程序	B20. 考核优秀等级的名单或职称评聘拟聘人员的名单一般均在全校公示 5 个工作日	1	2	3	4	5
	B21. 学校对各类评价办法会定期修改	1	2	3	4	5
评价工具	B22. 教师绩效评价所需材料和数据基本可以录入学校信息化管理系统 CRP	1	2	3	4	5
	B23. 学生评教通过网上评教系统进行。	1	2	3	4	5
	B24. 督导听评议课情况反馈通过网上听评议课反馈系统进行	1	2	3	4	5

C. 评价主体方面合理性量表

项目	题目	很不合理	不合理	一般	比较合理	非常合理
校内	C1. 在教学质量综合评价中，学生评教占 50%~60% 权重	1	2	3	4	5
	C2. 在教学质量综合评价中，督导评价占 20% 权重	1	2	3	4	5
	C3. 在教学质量综合评价中，教研室主任评价占 15% 权重	1	2	3	4	5
	C4. 在教学质量综合评价中，同行评价占 5% 权重	1	2	3	4	5
	C5. 在教学质量综合评价中，教师自评占 5% 权重	1	2	3	4	5
	C6. 同行与教师的评教权重可降低为 0，结余权重相应增加给学生，学生权重最高 60%	1	2	3	4	5
	C7. 在教学质量综合评价中，二级院部教学院长评价占 5% 的权重	1	2	3	4	5
	C8. 对学生评教主体进行选择，比如去掉全班参评人数 5% 的最高分和 5% 的最低分	1	2	3	4	5

（续表）

校内	C9. 教学质量综合评价工作中不同的评价主体对评价内容有所区分	1	2	3	4	5
	C10. 部分学生代表参与教师年度考核评价考核，对教师述职和物化成果进行评议	1	2	3	4	5
校外	C11. 职称评聘工作中论文质量由人事处委托校外省内专家评审	1	2	3	4	5
	C12. 参与论文质量评审的专家会有普通本科院校的副教授以上专家	1	2	3	4	5
	C13. 个别二级院部请校外合作企业专家参与教师教学质量的评价	1	2	3	4	5
	C14. 学校副教授以上职称评聘工作委托第三方省外高职院校进行异地评审	1	2	3	4	5
	C15. 研修企业相关人员参与教师企业研修实践的考核评价	1	2	3	4	5

D. 组织承诺量表（Meyer & Allen 的三维度组织承诺量表）

项目	题目	很不合理	不合理	一般	比较合理	非常合理
感情承诺	D1. 我愿意与外单位的人说起本单位	1	2	3	4	5
	D2. 我觉得本单位没有做到感情留人	1	2	3	4	5
	D3. 我感觉对本单位没有很强的归属感	1	2	3	4	5
	D4. 我真心觉得单位的事儿就是自己的事儿	1	2	3	4	5
	D5. 在与别人谈起本单位的时候，我有一种自豪感	1	2	3	4	5
	D6. 即使有一天离开单位，我依然会一直关心它	1	2	3	4	5
	D7. 对于本单位的损失，即使不影响个人的利益，我也会感到心痛	1	2	3	4	5
	D8. 如果有一天真的辞职的话，我会在感情上有些不舍	1	2	3	4	5

（续表）

感情承诺	D9. 当有人说本单位坏话的时候，我会感到很生气	1	2	3	4	5
继续承诺	D10. 如果我现在离开本单位的话，生活将被打乱	1	2	3	4	5
	D11. 在近期离开本单位对我来说代价不是很大	1	2	3	4	5
	D12. 离开本单位的不利之一可能是选择机会很少	1	2	3	4	5
	D13. 权衡利弊，觉得离开本单位的成本损失将远远大于由此带来的好处	1	2	3	4	5
	D14. 我不会离开本单位，因为我意识到此举将导致很多利益上的损失	1	2	3	4	5
	D15. 在近期跳槽到其他单位，并不会给我带来更多的好处。如果抛开感情因素，我也愿意留在本单位	1	2	3	4	5
	D16. 对我来说，在一个新的单位重新开始是很难的	1	2	3	4	5
	D17. 总体来说，现在离开单位是不划算的	1	2	3	4	5
规范承诺	D18. 我觉得今天的人们跳槽跳得太频繁了	1	2	3	4	5
	D19. 即使对自己有好处，我也觉得现在离开本单位是不对的	1	2	3	4	5
	D20. 从一家单位跳到另一家对我来说，并不是不道德的	1	2	3	4	5
	D21. 当单位需要我的时候，我不应该为了自己的私利而离开它	1	2	3	4	5
	D22. 教师应该尽量减少离职给单位带来的损失	1	2	3	4	5
	D23. 在一家单位干就应该忠诚于这家单位	1	2	3	4	5

（续表）

规范承诺	D24. 一个员工在辞职的时候，不应该考虑到自己的行为对单位所造成的影响	1	2	3	4	5
	D25. 如果单位培养我，给予过我帮助，即使有更好的机会，我也会根据单位需要留下	1	2	3	4	5
	D26. 如果辞职仅仅对自己有好处而会损害单位的利益，那么辞职就是不应该的	1	2	3	4	5

E. 教师民主参与量表

项目	题 目	很不合理	不合理	一般	比较合理	非常合理
参与权	E1. 教师教学质量综合评价、奖励性绩效工资分配、职称评聘等重要的制度实施前，学校相关职能部门或二级学院会面向教师采取不同形式征求意见（座谈会、职代会、公示等）	1	2	3	4	5
	E2. 参加各类座谈会的教师人选主要由领导确定，我没有参加过	1	2	3	4	5
	E3. 我感觉征集意见的各种安排主要是走形式，教师的意见基本没有被采纳	1	2	3	4	5
	E4. 教师述职是自我评价的有效手段	1	2	3	4	5
	E5. 通过同事间互相评价，我可以表达对对方的评价意见	1	2	3	4	5
	E6. 我会向有关部门和领导反映教师绩效评价办法和执行中的问题	1	2	3	4	5
	E7. 教师向学校有关部门和领导反映的教师绩效评价方面的问题能够得到回应	1	2	3	4	5
	E8. 年度考核等教师绩效评价工作中的民意测评能够反映出多数教师的共同心声	1	2	3	4	5
知情权	E9. 我会及时详细地了解到学生对自己的评教情况的反馈	1	2	3	4	5

（续表）

知情权	E10. 我会及时详细地了解到教学院长、教研室主任对自己教学质量综合评价情况的反馈	1	2	3	4	5
	E11. 我不清楚什么原因影响了自己教学质量综合评价等级结果	1	2	3	4	5
	E12. 我会比较关注学校职称评聘、年度评优等评价方法和相关工作过程中的评价结果公示	1	2	3	4	5
	E13. 我知道自己每月奖励性绩效工资发放额度的依据	1	2	3	4	5
	E14. 我清楚院系机动部分的奖励性绩效的分配情况	1	2	3	4	5
	E15. 我不清楚为什么有些教师会在职称评聘中晋级	1	2	3	4	5
申诉权	E16. 目前教师对自己认为不公平的评价结果有明确的申诉渠道	1	2	3	4	5
	E17. 教师的申诉能够得到及时回应	1	2	3	4	5
	E18. 教师绩效评价结果公示后，就无法更改了	1	2	3	4	5
	E19. 教师行使申诉权会惹所在院系领导不高兴	1	2	3	4	5
	E20. 学校领导非常重视教师反映的关于教师绩效评价的问题	1	2	3	4	5
	E21. 教师只有实名申诉才会被学校相关环节受理	1	2	3	4	5

第三部分 选择填空题

X1. 关于学校教师绩效评价的相关规定，如：1.《教师教学质量综合测评指导意见》，2.《教学工作量的计算办法》，3.《科研工作量计算办法》，4.《管理和社会服务工作量计算办法》，5.《专业技术人员职称评聘基本条件》，6.《奖励性绩效工资分配办法》等，其中您不了解的是（请填写序号）或 A. 都了解（　）。

X2. 您认为学校专任教师的年度绩效评价内容中教学方面的评价应该占____%；科研方面的评价应该占___%；管理和社会服务方面的评价应该占___%。

X3. 您想成为哪一类型的教师？（　）

A. 教学管理型　　B. 教学为主型

C. 科研为主型　　D. 社会服务型

X4. 对应您所选类型，您认为学校专任教师职称评聘指标体系中教学方面的评价应该占___%；科研方面的评价应该占___%；管理和社会服务方面的评价应该占___%。

X5. 2013 年度颁布的《关于印发管理服务工作量计算方法的通知》没有全面执行的原因？（　）

A. 涉及教学管理、学生服务等八类工作，操作难度较大

B. 多数二级教学部门没有配套出台细则，《办法》工作实施

C. 有制度不执行的情况经常有

D. 不清楚

X6. 您认为目前在教师职称评聘条件中起最关键作用的一项因素是什么？（　）

A. 师德　　B. 教学工作

C. 科研工作　　D. 管理服务工作

E. 实践工作　　F. 青年教师培养工作

X7. 您认为目前的绩效评价内容中，师德评价主要存在以下哪方面的问题？（　）

A. 评价内容不够清晰　　B. 没有明确的评价指标

C. 分值不好判断　　D. 所占权重不大

X8. 如果对高职教师绩效分类评价，您认为应该如何分类（可多选）？（　）

A. 按教龄　　B. 按职称

C. 按任课类型（理论课、理论实践课、实践课）

D. 按专业课类型（商科、工科等）

E. 按能力倾向（教学、科研、管理和社会服务）

F. 其他

X9. 构建教师绩效评价指标体系，您认为定性与定量评价指标中，定量指标应该占___% 的比重。

X10. 如果团队绩效与教师个人绩效评价关联，您认为应该与谁关联？（ ）

A. 部门负责人

B. 部门全体领导

C. 根据个人对团队绩效的影响情况，区别对待

D. 部门全体成员

X11. 学校目前的绩效评价方法体现了以下哪些理念（可多选）？（ ）

A. 以学生为本　　B. 以教师为本

C. 按规则办事　　D. 协同支持

E. 可持续改进　　F. 关键指标

G. 发展性与奖罚性相结合　　H. 民主参与

I. 领导意见为主

X12. 您是否认为学校应该实行鼓励教师反思性成长的教师专业化发展档案袋评价办法？（ ）

A. 非常不应该　　B. 不应该

C. 比较应该　　D. 应该　　E. 非常应该

X13.（1）您是否感觉学校目前的评价工作存在评价过度的情况？（ ）

A. 存在　　B. 合适　　C. 不关注

X14.（2）您认为以下哪些方面会存在导致评价过度的因素（可多选）？（ ）

A. 面面俱到的评价内容　　B. 工作量要求

C. 评价标准　　D. 评价结果与奖罚强关联

E. 评价方案执行的严肃性　　F. 评价结果较大的公开范围

G. 缺少有效的申诉渠道　　H. 团队绩效与个人绩效关联程度

X15. 科研工作量的计算办法，是否突出了校企合作应用技术研发成果、职业教育研究成果，引导广大专业技术人员广泛参与，提高研究水平和服务社会的能力？（ ）

A. 没有作用　　B. 不明显

C. 一般　　D. 作用明显　　E. 作用非常明显

X16. 您是否认同学校建立一套教师绩效评价指标体系，根据评价项目选取其中部分指标，用于推优评先、年度评价、职称评聘等相关评价，以突出评价的导向作用，

避免重复评价，提高评价效率？（　）

A. 非常不认同　　B. 不太认同

C. 比较认同　　D. 认同　　E. 非常认同

X17. 您认为主要是以下哪些因素影响评价主体胜任力？（　）

A. 评价主体的责任心　　B. 评价主体的专业水平

C. 评价主体的身份独立　　D. 评价主体对被评价者的了解程度

E. 多元构成的评价主体

再次感谢您的参与与支持！

三、关于教师评价的学生调查问卷

亲爱的同学：

为了学院的发展，我们在做一项关于教师评价的研究工作，需要耽误你几分钟时间，请你认真作答，非常感谢！（注：问卷对你不会产生任何影响，答案仅作为研究使用，予以保密，请放心。）

二级学院：　　专业班级：

1. 你所在的年级？（　）

A. 大一　　B. 大二　　C. 大三

2. 你的班级成绩排名？（　）

A. 30% 内　　B. 30%~60%　　C. 60% 后

3. 到目前为止，你已经参加了多少次网上评教活动？（　）

A. 1~2 次　　B. 3~4 次　　C. 5~6 次　　D. 7 次及以上

4. 你认为评教活动最大的受益者是谁？（　）

A. 学生　　B. 教师　　C. 管理者　　D. 学校

5. 你认为大学生评教能否对教师教学进行全面的评价？（　）

A. 能　　B. 不知道　　C. 不能

6. 你是否认为学生对教师的教学评价是公正合理的？（　）

A. 是　　B. 还算可以　　C. 不是

7. 你通常给老师的反馈信息是否真实？（ ）

A. 是　　B. 大部分是　　C. 否

8. 目前在对教师综合评价工作中，学生评价的权重占 50%~60%，你认为该权重是否合适？

A. 合适　　B. 偏高　　C. 偏低

9. 你希望评教的结果公布哪些信息？（ ）

A. 完全公开

B. 只公开得分高的教师

C. 只公开得分低的教师

D. 只公开得分高和低的教师

10. 如果可以选择你会拒绝评教吗？（ ）

A. 会　　B. 一般不会　　C. 说不清　　D. 不会

11. 评教时，你所持的态度是？（ ）

A. 非常认真，客观公正

B. 无所谓，尽快完成教学质量

C. 根据个人情绪给分

D. 报复老师的机会

12. 你认为目前的评教指标体系能合理反映不同课程授课老师的教学水平吗？（ ）

A. 非常同意　　B. 基本同意　　C. 不同意　　D. 非常不同意

13. 评教时给老师的打分是否会受到其他同学的影响？（ ）

A. 都有影响　　B. 经常有　　C. 偶尔

14. 教师布置作业的难度会影响你的评教行为吗？（ ）

A. 会，作业难度高评分低

B. 会，作业难度低评分高

C. 有些影响

D. 没有影响

15. 站在学生的视角，你认为大学生评教中学生群体出现了哪些不良现状？（多选题）（ ）

A. 没有评价参考标准

B. 学生没有意识到评教的重要性，随便打分

C. 学生打分太主观，只凭对老师的感性认识而非教学评价

D. 学生将评教作为查阅课程成绩的前提，而非享受自己的权利

16. 站在学生的视角，你认为大学生评教中教师群体出现了哪些不良现状？（多选题）（ ）

A. 教师在课堂上谈评教，并示意学生给自己高分

B. 教师为了得高分，不惜讨好学生，放松课堂要求

C. 教师对评教结果毫不在意，针对评教结果不做任何教学行为改变

D. 教师因学生对自己的评价给予学生期末分数

17. 站在学生的视角，你认为大学生评教中管理者群体出现了哪些不良现状？（多选题）（ ）

A. 没有设置完善的评教参考标准（即优、良、中、差 4 个等级所对应的行为）

B. 没有有效的组织学生、教师共同参与并积极对待评教

C. 没有评教结果反馈（如评教结果不公开或不知道评教结果对老师的影响等）

D. 评教只是个形式，学生的评教意见对教师没有影响

18. 你认为评教的意义是什么？（可多选）（ ）

A. 帮助老师了解教学情况

B. 改进教师的教学水平

C. 有助于学生民主管理

D. 评估教师教学水平重要依据

E. 没有多少意义

F. 其他（请注明）______

19. 如果你给教师较高评价，最主要的原因是？（多选题）（ ）

A. 教学严谨、有条理

B. 教学幽默风趣

C. 专业知识丰富

D. 和学生关系好

E. 对学生要求不太严格

F. 其他（请注明）______

20. 如果你给教师较低评价，最主要的原因是？（多选题）（ ）

A. 授课不认真、敷衍了事

B. 知识和技能水平低

C. 和学生关系不好

D. 对学生要求太严格

E. 不喜欢这个老师

F. 其他（请注明）______

再次感谢您的参与！

参考文献

古贝，林肯 . 2008. 第四代评估 [M]. 秦霖，等译 . 北京：中国人民大学出版社 .

巴纳德 . 2007. 经理人员的职能 [M]. 王永贵，等译 . 北京：机械工业出版社 .

巴玺维 . 2007. 日本大学的教师任期制 [M]. 北京：华夏出版社 .

劳耐尔，赵志群，吉利 . 2010. 职业能力与职业能力测评：KOMET 理论基础与方案 [M]. 北京：清华大学出版社 .

曼昆 . 2003. 经济学原理（上）[M]. 梁小民，译 . 北京：机械工业出版社 .

葛洛曼，等 . 2011. 国际视野下的职业教育师资培养 [M]. 石伟平，译 . 北京：外语教学鱼研究出版社 .

赫尔德 . 2003. 民主和全球秩序：从现代国家到世界主义治理 [M]. 胡伟，等译 . 上海：上海人民出版社 .

赫尔德 . 2008. 民主的模式 [M]. 燕继荣，等译 . 北京：中央编译出版社 .

罗索夫斯基 . 1996. 美国校园文化：学生·教授·管理 [M]. 谢宗仙，等译 . 济南：山东人民出版社 .

克拉克 . 2011. 职业教育：国际策略、发展与制度 [M]. 翟海魂，译 . 北京：外语教学与研究出版社 .

卡普兰，诺顿 . 2010. 组织协同：运用平衡积分卡创造企业合力 [M]. 北京：商务印书馆 .

施特劳斯，克罗波 . 1993. 政治哲学史 [M]. 李天然，等译 . 石家庄：河北人民出版社 .

斯克利文 . 1989. 评价方法论 [M]. 陈玉琨，等译 . 北京：人民出版社 .

丹尼尔森，麦格里 . 2005. 教师评价：提高教师专业实践能力 [M]. 陆如萍，等译 . 北京：中国轻工业出版社 .

杜威 . 2007a. 评价和实验知识（1922）：评价理论 [M]. 上海：上海译文出版社 .

杜威 . 2007b. 评价判断与直接性质（1943）：评价理论 [M]. 上海：上海译文出版社 .

克雷斯威尔 . 2007. 研究设计与写作指导：定性、定量与混合研究的路径 [M]. 崔延强，等译 . 重庆：重庆大学出版社 .

别敦荣 . 2004. 论高等教育评估的基本特征 [J]. 辽宁教育研究，（4）：14－16.

蔡敏，张丽 . 2005. 大学生参与教师教学评价的调查研究 [J]. 高等教育研究，26（3）：69－73.

蔡砚秋 . 2013. 高校参与式民主管理的现状与对策研究：以 X 大学为例 [D]. 扬州：扬州大学 .

蔡映辉 . 2017. 教师严厉对待学生会换来教评低分吗？汕头大学这样说……[EB/OL]. (2017−01−06)[2017−02−01]. https://jwc.ysu.edu.cn/info/1088/1188.htm.

蔡永红 . 2001. 对教师绩效评估研究的回顾与反思 [J]. 高等师范教育研究，(3)：73－76.

蔡永红，黄天元 . 2003. 教师评价研究的缘起、问题及发展趋势 [J]. 北京师范大学学报：社会科学版，（1）：130－136.

蔡永红，林崇德 . 2001. 绩效评价研究的现状及其反思 [J]. 北京师范大学学报：社会科学版，(4)：119－123.

蔡永红，林崇德 . 2005. 教师绩效评价的理论与实践 [J]. 教师教育研究，（1）：36－41.

陈功平 . 2007. 教师的组织承诺及其思考 [J]. 文史博览：理论，（5）：57－58.

陈凌芹 . 2004. 绩效管理 [M]. 北京：中国纺织工业出版社 .

陈鸣鸣 . 2009. 高职教师的专业发展阶段特点研究 [J]. 教育学术月刊，（5）：32－37.

陈巧玲 . 2004. 浅析权变理论在高校管理中的运用 [J]. 齐齐哈尔大学学报：哲学社会科学版，（4）：127－130.

陈绍辉 . 2012. 吉林省地方高校教师绩效评价体系研究 [D]. 长春：东北师范大学 .

陈绍辉，金喜在 . 2012. 高校教师绩效评价的内涵、维度与方法 [J]. 社会科学家，（2）：118－120.

陈玉琨 . 1999. 教育评价学 [M]. 北京：人民教育出版社 .

陈振华 . 2012. 教师评价若干变革评析 [J]. 教师教育研究，(5)：62－66.

程地会，张新潮，许玲 . 2001. 模糊综合评价在专业技术人员考核中的应用 [J].

哈尔滨学院学报，（5）：22－25.

程冠军. 2014. 对话奥托·夏莫：U 型理论让学习逾越精神的鸿沟 [M]// 企业家论语. 北京：企业管理出版社，323－336.

程艳. 2014. 员工建言、组织承诺感知、绩效评价的关系 [D]. 厦门：厦门大学.

褚宏启. 2014. 中国教育管理评论：第 9 卷 [M]. 北京：教育科学出版社.

褚宏启，贾继娥. 2014. 教育治理与教育善治 [J]. 中国教育学刊，（12）：6－10.

戴者华，师淑云. 2007. 加拿大高校教师绩效评估和激励制度简介 [J]. 南通大学学报：教育科学版，（3）：44－46.

党晶. 2013. 高校教师教学绩效评价的影响因素分析：基于学生评教的实证研究 [J]. 上海管理科学，（3）：98－100.

邓璐，牛奉高，齐玉琴. 2011. 高校教师绩效评价的实证研究 [J]. 山西财经大学学报，（S2）：171－172.

邓琼. 2005. 公民参与地方政府绩效评估的影响因素与途径 [D]. 湘潭：湘潭大学.

杜栋，蒋亚东. 2010. 高校教师绩效评价的业务流程再造 [J]. 国家教育行政学院学报，（2）：56－58.

段波. 2005. 关键绩效指标法在绩效指标体系设计中的问题与对策 [J]. 中国劳动，（10）：58－59.

段丽，姚利民. 2003. 论“以人为本”的教师绩效评价 [J]. 大学教育科学，（4）：64－67.

房国忠，孙杏梅，杨雪. 2006. 高校教师综合绩效评价系统设计 [J]. 东北师大学报：哲学社会科学版，（3）：156－160.

冯萍. 2014. 高职院校教师绩效评价指标体系构建及运用 [J]. 信阳农林学院学报，（4）：130－134.

顾义保，朱宝，赵子剑. 2015. 高职高专院校专职教师多元化评价模式研究 [J]. 科技展望，（32）：285.

郭妍，倪文，陈华婕. 2012. 关于高职教师绩效考核评价体系的构建 [J]. 职教论坛，（14）：76－77.

韩庆璞. 2016. 知识型员工组织承诺与工作绩效关系研究 [D]. 保定：河北大学.

何宇媚. 2012. 广东高职院校教师绩效评价制度改革研究 [J]. 广州职业教育论

坛，（1）：16 - 19.

洪志忠 . 2011. 教师绩效评价研究 [D]. 上海：华东师范大学 .

胡伶 . 2010. 何谓高校教师绩效：兼论高校教师绩效评价必须处理好的几个关系 [J]. 国家教育行政学院学报，（2）：51 - 55.

胡坚 . 2010. 基于实证的高校教师绩效结构优化 [J]. 黑龙江高教研究，（6）：71 - 73.

胡明铭，黄菊芳 . 2005. 同行评议研究综述 [J]. 中国科学基金，（4）：251 - 253.

胡晓珉，张俊雄，徐文国 . 2011. 高校教师绩效评价问题探讨 [J]. 中国高校科技，（6）：15 - 16.

胡英芹，陈庆礼 . 2012. 高职院校教师绩效评价存在的问题及改进对策 [J]. 高教论坛，（9）：98 - 100.

黄斌 . 2006. 深度解读高职院校“双师型”教师内涵 [J]. 教育与职业，（1）：36 - 38.

黄朝峰 . 2009. 高校办学效益模糊 DEA 评价 [M]. 北京：中国经济出版社 .

蒋本国 . 2002. 参与式民主理论初探 [J]. 学习与探索，（6）：28 - 30.

姜大源 . 2009. 职业教育立法的跨界思考：基于德国经验的反思 [J]. 教育发展研究，（19）：32 - 35.

姜大源 . 2012. 当代世界职业教育发展趋势研究 [M]. 北京：电子工业出版社 .

中华人民共和国教育部 . 2010. 国家中长期教育改革和发展规划纲要 2010—2020 年 [EB/OL]. (2010-07-29)[2017-02-01]. http://old.moe.gov.cn//publicfiles/business/htmlfiles/moe/info_list/201407/xxgk_171904.html.

中华人民共和国教育部 . 2012. 国家教育事业发展第十二个五年规划 [M]. 北京：教育科学出版社 .

乐国安，尹虹艳，王晓庄 . 2006. 组织承诺研究综述 [J]. 应用心理学，（1）：84 - 90.

雷翔虎 . 2006. 高职教师激励研究：以湖南铁道职业技术学院为例 [D]. 长沙：湖南师范大学 .

黎荷芳 . 2015. 高职院校教师绩效评价制度有效性研究 [J]. 重庆高教研究，（4）：75 - 79.

李长华 . 2005. 美国高校教师绩效评价的方法综述 [J]. 国家教育行政学院学报，（1）：91 – 95.

李冲，王前 . 2007. 高校教师评价中的问题及对策 [J]. 科学学与科学技术管理，（8）：87 – 91.

李丰生，周景坤 . 2016. 教学型高校教师区分性绩效评价主体的选择研究 [J]. 广西师范学院学报：哲学社会科学版，（4）：98 – 104.

李海，张勉，杨百寅 . 2010. 绩效评价对组织公民行为的影响：组织承诺的中介作用 [J]. 管理工程学报，（1）：146 – 151.

李建国，赵红军 . 2013. 基于教师认同度的高职教师绩效评价剖析 [J]. 中国成人教育，（9）：34 – 36.

李进忠 . 2004. 美国教师评价的新趋势 [J]. 基础教育参考，（3）：10 – 12.

李科 . 2013. 项目驱动的高职院校教师绩效评价模式研究：以长沙民政职业技术学院为例 [J]. 职业技术教育，（11）：79 – 82.

李磊，丁浩国，李绍芳，等 . 2011. 公共教育类高知识型员工柔性绩效评价研究：以高校教师绩效评价为例 [J]. 山西大学学报：哲学社会科学版，（6）：106 – 110.

李楠 . 2008. 我国高等学校教师绩效评价研究：以教学绩效评价为主 [D]. 北京：首都经济贸易大学 .

李宁 . 2009. 论高校教师绩效评价指标体系的构建 [J]. 教育学术月刊，（3）：90 – 91.

李薇，王雪原 . 2012. 高校教师绩效评价指标体系的设计 [J]. 统计与决策，（4）：68 – 71.

李文娟 . 2015. 基于模糊综合评价的高职院校教师绩效评价方法研究 [J]. 无线互联科技，（9）：123 – 124.

李晓华，任明强，纪永起，等 . 2008. 高校教师绩效评价体系研究 [J]. 河北师范大学学报：哲学社会科学版，（1）：155 – 157.

李雪松 . 2013. 核心自我评价与高职教师教学效能感关系研究：基于心理授权的效应分析 [J]. 职教论坛，（18）：11 – 13.

李永生 . 2002. 教师民主参与管理的调查与分析 [J]. 教育研究与实验，（2）：34 – 37.

李越恒 . 2014. 高职院校教师绩效评价探析 [J]. 中国成人教育，（21）：103 –

105.

李志敏 . 2007. 非营利知识型组织柔性绩效评价与超契约激励研究 [D]. 天津：天津大学 .

林朝阳，吴婷，程诗莉 . 2008. 高职高专院校教师绩效考核刍议 [J]. 桂林航天工业高等专科学校学报，（2）：75 - 77.

刘长慧 . 2012. 我国高校教师工作绩效评价存在的问题与对策 [J]. 教育探索，（10）：79 - 80.

刘仁义 . 2007. 高校教师科技绩效评价问题研究 [D]. 天津：天津大学 .

刘晓欢 . 2014. 教师绩效工资政策的价值分析 [D]. 北京：首都师范大学 .

刘昕，柴茂昌，范超 . 2014. 绩效评价公平感：结构、影响因素及管理启示 [J]. 经济管理，（6）：66 - 74.

陆昌勤，方俐洛，凌文辁 . 2001.360 度反馈及其在人力资源管理中的效应 [J]. 中国管理科学，（3）：74 - 80.

路萍，吴斌 . 2002. 层次分析法在高等院校科技评价系统中的应用 [J]. 北京工业大学学报，（3）：358 - 362.

卢晓春 . 2016. 第三方评价参与教师绩效评价的问题与出路 [J]. 读书文摘,（14）: 179.

卢晓旭，陆玉麒，顾道红 . 2011. 基于层次分析法的义务教育教师绩效评价和工资分配研究 [J]. 教育理论与实践，（3）：30 - 34.

吕喜明 . 2008. 一种新型的基于锥比率的教师绩效评价模型 [J]. 电力学报,（6）: 454 - 458.

马苓 . 2009. 教师的组织承诺对组织公民行为及大学绩效的影响研究 [D]. 天津：河北工业大学 .

马仁杰，王荣科，左雪梅 . 2013. 管理学原理 [M]. 北京：人民邮电出版社 .

马跃如 . 2006. 高等学校教师激励研究 [D]. 长沙：中南大学 .

马志强，邓博 . 2011. 高校教师绩效评价体系的和谐性测评 [J]. 统计与决策，（4）：69 - 71.

穆琳 . 2013. 基于模糊一致偏好关系的高校教师绩效评价 [J]. 统计与决策,（9）: 56 - 59.

彭博文，何涛 . 2010. 高校科研绩效评估的现状、矛盾及解决原则 [J]. 中国高校科技与产业化，（4）：52－53.

蒲利君 . 2006. 模糊综合评价在教师评价中的应用研究 [J]. 科技信息：学术研究，（5）：197－198.

齐丽丽，司晓悦 . 2008. 对我国同行评议专家遴选制度的建议 [J]. 科技成果纵横，（5）：26－28.

饶君华 . 2013. 管理学基础 [M]. 北京：高等教育出版社 .

芮明杰 . 2009. 管理学 [M]. 北京：高等教育出版社 .

宋爱红，蔡永红 . 2005. 教师组织承诺结构的验证性因素分析 [J]. 心理发展与教育，（2）：48－51.

苏虹 . 2005. 现行教师评价制度之反思 [J]. 教育探索，（5）：105－107.

孙冬梅，陈霞 . 2014. 高校教师工作绩效影响因素的混合研究 [J]. 当代教师教育，（2）：9－12.

孙静，王蕴，吴基盛 . 2007.360 度反馈在高职院校教师绩效评价中的运用 [J]. 职业技术教育，（20）：59－60.

唐玲 . 2009. 基于 KPI 的高职院校教师绩效评价体系设计：以株洲职业技术学院为例 [J]. 科教纵横，（5）：209.

陶西平 . 1998. 教育评价辞典 [M]. 北京：北京师范大学出版社 .

田琳 . 2009. 我国高校教师激励机制完善研究 [D]. 济南：山东大学 .

王光彦，李元元，邱学青，等 . 2008. 高校教师绩效评价指标体系的实证研究与思考 [J]. 中国高教研究，（2）：46.

王光彦 . 2009. 大学教师绩效评价研究：基于教师自主发展的探索 [D]. 上海：华东师范大学 .

王光彦 . 2009. 大学教师绩效评价研究：基于教师自主发展的探索 [M]. 北京：教育科学出版社 .

王克君 . 2013. 美国高校教师绩效评价体系及对我国的启示 [J]. 东北大学学报：社会科学版，（6）：642－646.

王平心，殷俊明 . 2010. 高等院校内部绩效评价研究 [M]. 北京：科学出版社 .

汪卫平 . 2013. 基于职业发展通道设计的高职教师绩效评价研究 [D]. 武汉：武汉工程大学 .

王鑫 . 2015. 层次分析法在高校教师绩效考核中的应用研究 [D]. 长沙：湖南

大学 .

王燕 . 2012. 构建我国高等教育评价伦理规范体系的研究 [D]. 重庆：中国人民解放军第三军医大学 .

王瑜 . 2003. 现代高等教育评价理论及其社会动因探析 [J]. 交通高教研究，(5)：31 - 33.

王中林 . 2002. 美国大学如何评审教授年度工作成绩 [J]. 中国高等教育，(12)：43 - 44.

魏红，胡祖莹 . 1993. 高校学生评价教师教学质量的可行性研究 [J]. 教师教育研究，（6）：68 - 73.

魏雪峰 . 2006. 基于发展性评价理论的教师评价模型研究 [D]. 天津：天津师范大学 .

吴德胜 . 2006. 数据包络分析若干理论和方法研究 [D]. 合肥：中国科学技术大学 .

吴述尧 . 1996. 同行评议方法论 [M]. 北京：科学出版社 .

吴湘萍，徐福缘，周勇 .2006. 高校教师工作绩效的影响因素分析 [J]. 华东师范大学学报：教育科学版，（1）：30 - 37.

席酉民，唐方成，郭士伊 . 2004. 和谐理论 [M]. 西安：西安交通大学出版社 .

夏茂林，冯碧瑛，沈小强，等 . 2011. 美国高校教师绩效薪资制度的主要特点、问题及启示 [J]. 大学教育科学，（1）：92 - 96.

肖鸣政 . 2007. 现代绩效考评技术及其应用 [M]. 北京：北京大学出版社 .

邢广陆，李莉，郑洪利 . 2017. 高职学前教育专业“三位一体”合作育人模式理论与实践探析 [J]. 北京农业职业学院学报，（4）：91 - 97.

熊俊峰 . 2014. 大学教师薪酬结构研究 [D]. 武汉：华中科技大学 .

徐蔼婷 . 2006. 德尔菲法的应用及其难点 [J]. 中国统计，（9）：57 - 59.

徐晓黎 . 2003. 管理学原理 [M]. 重庆：重庆大学出版社 .

荀振芳 . 2003. 大学教学评价的价值反思 [M]. 青岛：中国海洋大学出版社 .

演克武，朱金福，何涛 . 2007. 层次分析法在多目标决策过程中的不足与改进 [J]. 统计与决策，（9）：10 - 11.

晏令，刘凤立 . 2007. 基于 DEA 的兰州大学教师绩效评价研究 [J]. 经济视角：下，（2）：128 - 130.

闫艳 . 2011. 我国公立高校教师民主管理权研究 [D]. 沈阳：沈阳师范大学 .

严玉萍 . 2008. 中美教师评价的比较研究 [D]. 上海：华东师范大学 .

杨秀玉 . 1999. 教师发展阶段论综述 [J]. 外国教育研究，（6）：36 - 41.

杨志兵 . 2007. 高等学校薪酬制度与薪酬战略研究 [D]. 武汉：武汉理工大学 .

殷青伟 . 2012. 员工绩效评价的理论与系统研究 [D]. 天津：天津大学 .

俞可平 . 2007. 公民参与的几个理论问题 [J]. 青海人大，（1）：56 - 58.

俞明传，顾琴轩 . 2013. 国外高校教师绩效多源评价内容特征研究 [J]. 外国教育研究，（11）：59 - 66.

余学林 . 1992. 数据包络分析（DEA）的理论、方法与应用 [J]. 科学学与科学技术管理，（9）：27 - 33.

袁金宇 . 2014. 突出职教服务特色构建“三面—四层—五维”教师绩效评价体系 [J]. 职业教育研究，（11）：65 - 68.

曾莉 . 2013. 公众主观评价的影响因素研究述评：兼谈参与式政府绩效评价的进路 [J]. 华东理工大学学报：社会科学版，（1）：96 - 103.

张发明 . 2011. 多主体参与下的高校教师绩效评价信息集结方法 [C]// 第十三届中国管理科学学术年会论文集 .

张桂宁，韦传亮 . 2007. 高职院校教师绩效管理体系探析 [J]. 机械职业教育，（9）：13 - 14.

张衡，陈利荣 . 2011. 高校教师绩效评价问题述评 [J]. 现代教育管理，（8）：97 - 100.

张惠添，陈珩，李永俊 . 2007. 绩效定量管理 [J]. 企业管理，（1）：66 - 68.

张将星，王占军 . 2011. 美国高校教师绩效评价：主体、内容与方法 [J]. 中国大学教学，（5）：90 - 93.

张俊友 . 2007. 客观对待教师绩效评价和发展性教师评价 [J]. 教育学报，（1）：47 - 53.

张宁 . 2012. 高校教师绩效评价的定性分析及数学模型 [J]. 江苏社会科学，（S1）：81 - 84.

张鑫，冯跃，李国昊 . 2005. 基于波特 - 劳勒综合型激励理论的高校激励机制 [J]. 江苏高教，（2）：94 - 96.

张耀嵩 . 2014. 高等职业教育质量评价与保障体系研究 [M]. 上海：复旦大学出版社 .

张悦玫，栾庆伟 . 2003. 基于平衡积分卡的战略实施框架研究 [J]. 中国软科学，（2）：86 – 90.

郑国富 . 2010.“双师型”教师专业发展阶段研究 [D]. 上海：华东师范大学 .

郑楠 . 2013. 基层政府绩效考评机制建构研究 [D]. 济南：山东师范大学 .

国家统计局，科学技术部 . 2013. 中国科技统计年鉴 [M]. 北京：中国统计出版社 .

中国社会科学院语言研究所词典编辑室 . 2016. 现代汉语词典 [M]. 7 版 . 北京：商务印书馆 .

周春燕 . 2008. 基于教师职业特点的高校教师绩效评价研究 [J]. 未来与发展，（12）：46 – 49.

周春燕 . 2009. 复杂性视阈中的高校教师绩效评价研究 [D]. 镇江：江苏大学 .

周景坤，程道品 . 2013. 高校教师绩效管理的优化路径研究 [J]. 广西社会科学，（11）：186 – 191.

周景坤，邱房贵 . 2013. 区分性高校教师绩效管理研究 [J]. 广西社会科学，（6）：171 – 175.

周双喜，谢延浩 . 2015. 多元主体视角的教师绩效评价系统模型 [J]. 黑龙江高教研究，（4）：23 – 25.

周治金，朱新秤，王伊兰，等 . 2009. 高校教师工作绩效及其影响因素的调查与分析 [J]. 高等工程教育研究，（2）：111 – 115.

朱珠 . 2008. 高校教师民主参与学校决策的研究 [D]. 南宁：广西大学 .

Allen N J, Meyer J P. 1990. The measurement and antecedents of affective continuance and normative commitment to the organization[J]. Journal of Occupational Psychology, 63(1): 1 – 18.

Ansoff H I. 1965. Corporate Strategy[M]. New York: McGraw Hill Inc.

Anthony T R. 1998. Exploring connections among teacher empowerment, teacher efficacy, transformational leadership and student achievement[D]. Lexington: University of Kentucky.

Banker R D, Charnes A, Cooper W W. 1984. Some models for estimating technical and scale inefficiencies in data envelopment analysis[J]. Management Science, 30(9): 1031 – 1142.

Barnett J A. 2012. Experienced teacher evaluation through performance appraisals: Is consistency possible?[J]. Procedia—Social and Behavioral Sciences, 69: 1853 - 1860.

Bergsmann E, Schultes M T, Winter P, et al. 2015. Evaluation of competence-based teaching in higher education: from theory to practice[J]. Evaluation and Program Planning, 52: 1 - 9.

Borman W C, Motowidlo S J. 1993. Expanding the criterion domain to include elements of contextual performance[M]// Schimitt N, Borman W C. Personnel Selection in Organizations. San Francisco: Jossey-Bass.

Brumbrach A. 1988. Performance Management[M]. London: The Cronwell Press.

Campbell J P, McCloy R A, Oppler S H, et al. 1993. A theory of performance[M]// Schmitt N, Borman W C. Personnel Selection in Organizations. San Francisco: Jossey-Bass.

Charnes A, Cooper W W, Rhodes E. 2011. Evaluating program and managerial efficiency: An application of data envelopment analysis to program follow through[J]. Management Science, 27(6): 668 - 697.

CrowtherF, Hann L,McMaster J. 2001. Parallel leadership: A new strategy for successful school reform[J]. The Practicing Administrator, 23(4): 12 - 14.

Danielson C, McGreal T L. 2000. Teacher Evaluation to Enhance Professional Practice[M]. Danvers: Association for Supervision & Curriculum Development.

Freeman R E. 2010. Strategic Management: AStakeholder Approach[M]. Cambridge: Cambridge University Press.

Ingvarson L, Chadbourne R. 1997. Reforming teachers' pay systems: The advanced skills teacher in Australia[J]. Journal of Personnel Evaluation in Education, 11(1):7 - 30.

Johnes J, Yu L. 2008. Measuring the research performance of Chinese higher education institutions using data envelopment analysis[J]. China Economic Review, 19(4): 679 - 696.

Campbell J P, Bozeman W C. 2008. The value of student ratings: Perceptions of students, teachers, and administrators[J]. Community College Journal of Research and Practice, 32(1):13 - 24.

Kaplan R S, Norton D P. 1992. The balanced scorecard—measures that drive performance[J]. Harvard Business Review, 70(1):71 - 79.

Schulte W D. 2005. The strategy–focused organization: How balanced scorecard companies thrive in the new business environments[J]. Academy of Management Learning & Education, 4(4): 519 - 522.

Kaplan R S, Norton D P. 2006. How to implement a new strategy without disrupting your organization[J]. Harvard Business Review, 84(3): 100 - 109.

Kelemen G. 2015. Performer, a way to promote performance in teachers training[J]. Procedia—Social and Behavioral Sciences, 191(2): 1745 - 1749.

Iica B. 1980. The theory of the growth of the firm[M]//The Theory of the Growth of the Firm. Oxford: Blackwell.

Mathews B P, Shepherd J L. 2002. Dimensionality of Cook and Wall' s British organizational commitment scale revisited[J]. Journal of Occupational & Organizational Psychology, 75(3): 369 - 375.

Meyer J P, Allen N J. 1984. Testing the "side–bet theory" of organizational commitment: Some methodological considerations[J]. Journal of Applied Psychology, 69(3):372.

Armstrong M. 1998. Performance Management[M]. London: The Cronwell Press.

Penrose E T. 1980. The Theory of the Growth of the Firm[M]. Oxford: Blackwell.

Romano C. 1994.Conquering the fear of feedback[J]. Human Resource Focus, 71(3):327 - 341.

Swanson R A. 2007. Analysis for Improving Performance: Tools forDiagnosing Organizations and Documenting Workplace Expertise[M]. San Francisco: Berrett–Koehler Publishers, Inc.

后 记

本书源于我的博士论文。论文的写作过程，不啻十月分娩，其“痛苦”程度是起初不曾预料的。

理论、方法和研究实践的挑战连延不断。本研究采用顺序式混合式研究策略，定性和定量均需要大量的数据资料。为了能够有效地对访谈资料进行分析，我将整理出的近 30 万字的访谈资料反复看了三遍，有些不清楚的地方，对照录音反复听，力争真实准确地理解被访谈教师的本意。在对全校 404 位专任教师实施问卷和数据分析的过程中，更是遇到了很多预想不到的困难，足足用了三个半月，尽量多地分析挖掘相关的数据关系。苦尽甘来，终于借助于丰富的数据，解决了本研究预期研究的问题。

博士论文写作的过程，又是如此“温暖”，充满了那么多真诚的关心与支持。

与导师褚宏启教授这四年的师生缘分是我人生的宝贵记忆。在这四年里，褚老师从北京师范大学升任北京教育科学研究院副院长，其间又挂职河北省教育厅副厅长，工作非常繁忙。然而褚老师对研究的专注和对学生的关注是始终如一的。当我面对自己的工作压力和学习压力，在论文写作过程中遇到瓶颈，每每迷茫无助想要放弃的时候，总是能够得到褚老师醍醐灌顶的启发和引导。褚老师言传身教，鼓励我一次次战胜困难，走了出来。我深深地体会到“导师”对于学生来讲不仅仅是学问之师，更是为人之师。我会永远珍惜这份师生情谊。

因褚老师，我还有缘结识了同门兄弟姊妹，虽无深交，但却得到了他们无私的帮助，分享了他们的智慧。北京师范大学是我无悔的选择，在师大求学的过程里，无论是班主任朱志勇老师，还是每一位任课老师、共同求学的同学，在他们身上我都学到了很多。

我还要感谢我亲爱的同事们。在访谈过程中，感动于每一位接受访谈的同事，他们是那么坦诚与认真，给予我无比的信任和支持。正是他们为我提供了宝贵的第一手研究资料。我感谢在我研究过程中直接和间接帮助到我的每一位同事，他们像家人一样鼓励我、包容我、支持我。

想到我的家人，我不禁热泪盈眶。无论是爸爸妈妈、公公婆婆和双方兄弟姊妹和外甥们构成的大家庭，还是我和丈夫、女儿这个三人的小家庭，他们中的每一位都关心爱护着我，给我生活上无微不至的关爱。每当我抱歉地表示很少陪爸爸妈妈逛逛街、购购物、兜兜风，妈妈总是说："趁爸妈能够照顾自己的时候，你想做什么就去做什么。努力提高自己，不要牵挂我们。"我丈夫承担起家庭里里外外的事情，给我撑起一片可以专注于论文写作的空间。疲惫不堪时，正读高三的女儿"妈妈，你真棒"的鼓励，也会让我再次打起精神。现在我的女儿已经顺利地升入了大学，我很欣慰的是攻读博士的过程给我的女儿树立了榜样，我们娘俩仿佛同窗了四载有余。

是"爱"支持着我，完成了这件对我来说艰巨的论文写作任务，这份情感满满地投射在我的论文里。我希望本论文所倡导的民主、协同观念指导下的教师绩效评价，从爱每一位老师和每一位学生出发，能够让每一位老师和学生在爱的氛围里，共同学习成长。

最终决心将论文成书，也是在大家的鼓励支持下。希望本文所收集到的一手数据能够为研究者提供真实、可靠的素材；希望本文所采用的研究方法和研究工具能够给研究生们提供一定参考；希望本文的一些研究结论能够给管理者提供一些工作思路。总之，抛砖引玉，期待更多的人能够关注该题目，并一起投入有益的研究实践。

图书在版编目（CIP）数据

高职院校教师绩效评价研究 / 邢广陆著. —青岛：中国海洋大学出版社，2018.12

ISBN 978-7-5670-2056-6

Ⅰ.①高… Ⅱ.①邢… Ⅲ.①高等职业教育－教师－人力资源管理－研究－中国 Ⅳ.①G715

中国版本图书馆 CIP 数据核字（2018）第 286482 号

高职院校教师绩效评价研究

出版发行 中国海洋大学出版社
社　　址 青岛市香港东路 23 号　**邮政编码** 266071
出 版 人 杨立敏
网　　址 http://www.ouc-press.com
电子信箱 zhengxuejiao@ouc-press.com
责任编辑 郑雪姣　**电　　话** 0532-85901092
装帧设计 青岛艺非凡文化传播有限公司
印　　制 北京虎彩文化传播有限公司
版　　次 2018 年 12 月第 1 版
印　　次 2018 年 12 月第 1 次印刷
成品尺寸 185mm × 260mm
印　　张 17.5
字　　数 310 千
印　　数 1-1000
定　　价 59.00 元
订购电话 0532-82032573（传真）

访谈者的心里话

“组织对教师的评价还是应该以帮助教师成长为目的，不应该过多地奖罚，当然如果是教师自身在教学纪律等基本规范方面的违规行为该罚。”